Paolo E. Balboni

il BALBONI A-UNO

Corso comunicativo di italiano per stranieri

Bonacci editore

LŒSCHER EDITORE TORINO © Loescher Editore - Torino 2015
www.loescher.it

Ristampe

7	6	5	4	3	2	1
2026	2025	2024	2023	2022	2021	2020

ISBN 9788820126889

Nonostante la passione e la competenza delle persone coinvolte nella realizzazione di quest'opera, è possibile che in essa siano riscontrabili errori o imprecisioni. Ce ne scusiamo fin d'ora con i lettori e ringraziamo coloro che, contribuendo al miglioramento dell'opera stessa, vorranno segnalarceli al seguente indirizzo:

Loescher Editore
Sede operativa
Via Vittorio Amedeo II,
18 10121 Torino
Fax 011 5654200
clienti@loescher.it

Loescher Editore Divisione di Zanichelli Editore S.p.A.
opera con sistema qualità certificato secondo la norma
UNI EN ISO 9001. Per i riferimenti consultare www.loescher.it

Coordinamento editoriale: Chiara Romerio
Coordinamento redazionale: Francesca Asnaghi
Progetto grafico e impaginazione: Laura Rozzoni
Redazione: Marta Falco
Illustrazioni: Franco Grazioli (matite), Sergio Caruso (colore)
Ricerca iconografica: Sara Belolli
Cartine: Studio Aguilar s.a.s.

Copertina: LeftLoft - Milano/New York
Stampa: Grafica Veneta S.p.A. - Via Malcanton 2 - 35010 Trebaseleghe (PD)

Referenze fotografiche:

(le referenze sono indicate dall'alto verso il basso, da sinistra a destra, in senso orario)

p.14: ICPonline; B. Antonello; Shutterstock; Oleksiy Mar/Thinckstock.com; Maxx-Studio/Shutterstock.com, 2013; 2012 Shutterstock.com; www.rpls.ws; tele52/Shutterstock.com; creativedoxfoto / Shutterstock.com, 2011; Oliko/Shutterstock.com, 2013; Stanislav Khokholkov; p.20: www.skyscrapercity.com/Flickr.com; A. Vecchi/wikimedia.org; D. Pampolini/wikimedia.org; A. Ricci/wikimedia.org; Valerie Potapova/Shutterstock; wikipedia.org; rsooll/Shutterstock.com; Yuttasak Jannarong/Shutterstock; p.21: Zocchi/Shutterstock.com, 2011; L.Villanova/2011 Shutterstock.com, 2011; wikipedia.org; sergioboccardo/Shutterstock.com; Icponline.com; p.27: Icponline; 2012 Shutterstock.com; p.33: S.Belolli; p.34: YanLev/Shutterstock; p.38: Stockimages/Shutterstock.com, 2014; Jeanette Dietl/Shutterstock.com; Rido/Shutterstock.com, 2014; c12 / 2012 Shutterstock.com; 2010 Photos.com; p.41: Visionsi/Shutterstock.com, 2014; Photos.com, 2010; Monkey Business Images/Shutterstock.com; K.Grinvalds/Shutterstock.com, 2015; p.42: © Hugo Felix/Shutterstock; p.44: © Artur Synenko/Shutter; p.48: © www.blitzquotidiano.it; wikipedia.it; F. Gasparetti, it.wikipedia.org; Frengo/www.flickr.com; Digoarpi/Shutter; 2011 Shutterstock.com; p.50: © P.Tarasenka/Shutterstock.com, 2013; Mircea Netvai/Shutterstock.com, 2013; holbox/Shutterstock.com; PathDoc/Shutterstock.com, 2014; p.53: Martan/Shutterstock.com, 2013; ICPonline; Pixelbliss /Shutterstock.com; Sanpellegrino; Africa Studio/Shutterstock.com; S1001/Shutterstock.com; yf1/Shutterstock.com, 2012; p.54: littleny/Shutterstock.com, 2014; A.B.Pavlovic/Shutterstock.com, 2015; p.55: Patrick Hermans/Shutterstock.com; Arieliona/Shutterstock.com; Jupiter Images; J.Stitt/Shutterstock.com, 2015; wavebreakmedia/Shutterstock.com; karelnoppe/Shutterstock.com, 2014; p.57: Ambrosiana Pictures; P.Bona/Shutterstock.com, 2014; Hoff1980/commons.wikimedia.org; p.58: www.boards.ie; p.59: A.Destasi, 2009/www.trainzitaliafoto.com; wikipedia.org; p.63: 2010, Photos.com; 2015, Shutterstock.com; leungchopan/Shutterstock.com, 2014; Photos.com, 2011; 2011 Shutterstock.com; p.66: Roger Jegg - Fotodesign-Jegg.de/Shutterstock.com, 2014; p.69: http://thetalesofrosieroo.blogspot.compp.70-71: G.Bakhshetsyan/Shutterstock.com, 2014; Hartmut Riehm/commons.wikimedia.org; Quanthem/Shutterstock.com, 2014; Skira, 2008; JCo/commons.wikimedia.org; villa del Casale, Piazza Armerina (EN); commons.wikimedia.org; p.72: javi_indy/Shutterstock.com; p.80: immagini.4ever.eu; 4freephotos.com; V.Maschek/Shutterstock.com, 2015; Juhku/Shutterstock.com; ICPonline; Shukaylova Zinaida /Shutterstock.com; 2011 Photos.com; 91: ImageSource/Tipsimages.com, 2008; Jupiter Images, 2010; 2011 shutterstock.com; claudia veja/Shutterstock.com; Yuri Arcurs/Shutterstock.com; p.92: mast3r/Shutterstock.com, 2012; p.94: Berthold Werner/en.wkipedia.org; pp.98-99: Pavel Losevsky/123RF; commons.wikimedia.org; www.scaffalature2f.it; pcruciatti / Shutterstock.com; pio3/Shutterstock.com, 2013; M.Milanesio/Shutterstock.com, 2014; p.100: kuomfurnitures.com; Mostphotos/Shutterstock.com; Ioan Panaite/shutterstock; stormur/Shutterstock.com, 2013; STEVEN CHIANG /Shutterstock.com; ICPonline, 2010; ICPonline; A.Kucherova/Shutterstock.com, 2014; photowings/Shutter; D.Rozhnovsky/Shutterstock.com, 2015; 2009 Photos.com; zhaoyan /Shutterstock; V.Volkov/Shutterstock.com, 2013: Coprid/Shutterstock.com; 2010 Photos.com; StockPhotosArt/Shutterstock.com, 2015; Jupiter Images; 2010 istockphoto.com; Oleg Doroshin/123RF; Nordling/Shutter; p.101: N.Aksenova/Shutterstock.com, 2013 ; 2011 Shutterstock.com; racorn/Shutterstock.com, 2014; p.103: albertomoglioni.com; B. Antonello; Rustamir/Shutterstock.com, 2013; http://www.atalanta1.com; jocic/Shutterstock.com; Africa Studio/Shutterstock.com, 2013; p.104: ICPonline; p.110: 2011 Shutterstock.com; strangerelationship.wordpress.com; A. Raths/Shutterstock.com, 2015; Tracy Whiteside/Shuuterstock.com; pp.112-113: A.Leonov/Shutterstock.com, 2014; www.studioimmobiliareboschi.it; 2011 Shutterstock.com; www.friendlyrentals.com; www.marefosca-costruzioni.it; G. Evangelisti, 2014; pp.114-115: Fotosearch/SassyStock Photos Photograph Royalty Free; Hfng/Shutterstock.com, 2015; Bloomua/Shutterstock.com; p.119: Shutterstock; p.120: 2011 Shutterstock.com; indu/Shutter; p.125: Gucci/http://donna.fanpage.it; http://blog.eataly.com; Darq/Shutterstock.com; cfmayer9, 2007; 2010 photo.com; p.126: Olga Miltsova/Shutterstock; Bepsy/Shutterstock.com, 2014; www.flickr.com; commons.wikimedia.org; p.127: FPWing/Shutterstock.com; p. 131: Hfng/Shutterstock.com, 2015; p.133: Okkiproject/it.wikipedia.org; p.134: http://oqueemeuenosso.blogspot.com; Pinacoteca di Brera, Milano; Foto White Images/Scala Firenze; p. 135: Farabola, 1994; 4.bp.blogspot.com; www.festivalblogosfere.it; Wikipedia.org; p. 136: 2010 Photos.com; p.139: Daniel Paquet, 2007; Icponline; p.143: Jupiterimages, 2009; Franz-Peter Tschauner/dpa/Corbis; S.Butorin/Shutterstock.com, 2015; A.Guillem/Shutterstock.com, 2015; wavebreakmedia/Shutterstock.com; Photodisc/Thinkstock.com, 2013; commons.wikimedia.org; p.147: villaserbelloni.com; Dmitry Kalinovsky/Shutterstock.com; D.Kalinovsky/Shutterstock.com, 2013; Christine Langer-Pueschel/shutterstock; p.148: P. Mayall, 2008; 2011 Shutterstock.com; p.149: Serhiy Kobyakov/Shutterstock.com; shironosov/Thinkstock.com, 2014; Shutterstock.it; www.mole24.it; p.150: Rics1299/it.wikipedia.org; sengkok.com; sevenke/Shutterstock; Pakhnyushchy/Shutterstock.com, 2014; Karkas /Shutterstock.com; jocic / Shutterstock, 2011; Jupiter Images 2010; szefei/Shutterstock.com, 2014; andrej_sv /Shutterstock.com; O.Popova / Shutterstock, 2011; www.internationalblitz.it; p.151: www.outletmassa.com; www.theclutcher.com; Icponline; R.Kudrin/Shutterstock.com, 2015; p.152: Pakhnyushcha/Shutterstock.com, 2013; Karkas /Shutterstock.com; p.153: Icponline; p.154: designandstyle.blogosfere.it; 2011 Shutterstock.com; anyaivanova/Shutterstock.com, 2014; giornalemetropolitano.it; Collezione Boldini, Pistoia; www.shinystyle.tv; stockimages/Shutterstock.com, 2013; Ruzgar344/Shutterstock.com, 2015; Pecold/Shutterstock; Scala, 1994/Museo Nazionale del Bargello, Firenze; p.157: M.Pederzoli, 2013; p.158: Shutterstock; Istockphoto.com; p.160: myrome.me; inmeteo.net; p. 162: Stock/Thinkstock.com, 2013; HadK/Shutterstock.com, 2014; C.Whitman/Shutterstock.com, 2013; Shutterstock; ICPonline; Olaf Stemme/IPS International; p.166: Brykaylo Yuriy/Shutterstock ; p.167: "Combipel", 2002; E.Pawlowska / Shutterstock.com; 2010 Photos.com; Istockphoto.com

© 2015, Shutterstock.com: pagine 9, 13, 14, 25, 34, 35, 42, 44, 45, 50, 63, 64, 65, 73, 97, 100, 101, 103, 108, 115, 125, 126, 133, 135, 137, 144, 152, 155, 158, 159, 162, 163, 166, 167

Indice

1 Amici in moto

2 Un corso di italiano

3 Parla di te!

4 Vengo a vivere in Italia

5 Tornano tutti i nostri amici!

Come è fatto *il Balboni A-Uno* e perché

Il principio base: innovazione innestata sulla tradizione

L'ipotesi fondante è che le "mode" glottodidattiche, che contrappongono "vecchio" a "nuovo", siano un danno per la didattica. Questo manuale è:

a. ***innovativo***

- nella *preminenza data alla comprensione orale*, pur temperata dalla volontà di non costringere lo studente adulto a parlare troppo precocemente; questa circostanza rischia, infatti, di innescare filtri affettivi, paura di perdere la faccia e di sbagliare, emozioni che producono danni permanenti nel percorso acquisitivo;
- nell'*approccio induttivo*, per cui una regola grammaticale viene prima intuita e poi, con l'aiuto del manuale e sotto la guida sapiente del docente, solo successivamente sistematizzata, senza trovare quasi mai la "regola" pronta all'uso: se non si usa la testa autonomamente, non si acquisisce stabilmente;
- nello *sviluppo lessicale*, anche questo ottenuto secondo un principio intuitivo prima e sistematico poi, con un percorso scandito da 30 momenti di autovalutazione della propria memorizzazione lessicale;

b. ***tradizionale*** in quanto:

- dopo i percorsi induttivi, i materiali diventano oggetto di sistematizzazione grammaticale e poi di esercitazione, di fissazione anche meccanica ma non per questo meno necessaria;
- accanto alla strutturazione per *atti comunicativi*, che realizzano le varie funzioni, ci sono i corrispondenti aspetti grammaticali che fungono da supporto;
- sul piano dello sviluppo delle abilità prevalgono quelle ricettive (ascolto e lettura) per evitare, come si è detto precedentemente, una richiesta troppo precoce di "buttarsi e nuotare", che è bella come idea, ma spesso blocca gli studenti, soprattutto quelli adulti;
- online si trovano materiali supplementari da scaricare e stampare, ma non ci sono attività da svolgere direttamente in rete, visto che questa in molti Paesi è ancora poco efficiente e comunque richiede una connessione che non sempre è disponibile.

I 10 principi metodologici di base sono descritti nella *Guida* online, accessibile gratuitamente a docenti e studenti.

La struttura del manuale

Un diagramma può facilmente illustrare lo schema costruttivo, l'architettura di questo manuale e dei seguenti *A-Due*, *B-Uno* e *B-Due*:

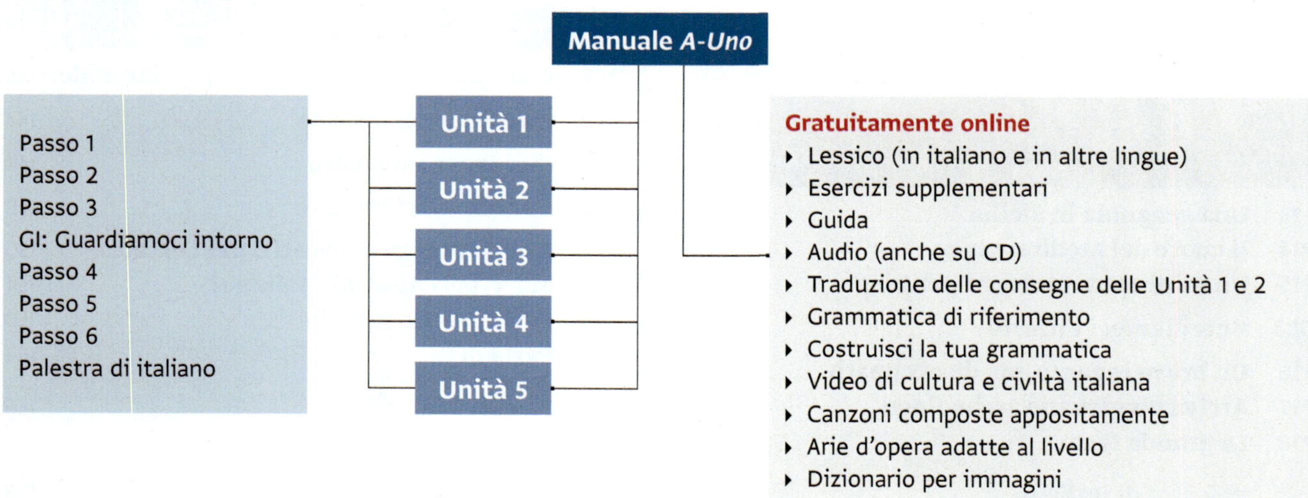

Ogni **Passo**:

a. è un'***unità di acquisizione***, cioè un blocco minimo di contenuti che può essere affrontato in 2-3 ore più lavoro domestico;

b. è organizzato secondo il ***percorso naturale di acquisizione***:
- si apre con una fase di ***comprensione globale***, intuitiva e generale, che fa molto ricorso alla memoria visiva;
- lentamente la percezione da globale si fa ***analitica***, focalizzandosi su alcuni punti; molto spesso l'analisi riguarda elementi che sono stati introdotti *intuitivamente* nei Passi precedenti, in modo che questi facciano il loro percorso psicolinguistico in autonomia e vengano in qualche modo pre-acquisiti (per esempio, alcuni passati prossimi utili, come *hai trovato* e *hai visto*, sono usati già nell'Unità 2, ma il passato prossimo viene affrontato nell'Unità 3);
- in conclusione si procede a una ***sintesi***, che nelle prime Unità è necessariamente minima, essendoci poco su cui riflettere, ma che dall'Unità 3 in poi diviene uno spazio di riflessione e sistematizzazione;

c. è costituito da ***tre tipi di attività***:
- esercizi di carattere ***induttivo***, in cui lo studente viene portato a *scoprire* la "grammatica" (nel senso più ampio), secondo i principi naturali del meccanismo di acquisizione linguistica;
- esercizi di carattere ***applicativo***, cioè esercizi tradizionali che aiutano a fissare e a riutilizzare quanto scoperto;
- esercizi di ***ricapitolazione***, costituiti sia da sintesi grammaticali sia da esercizi conclusivi (presenti alla fine di ogni *Passo*) su 20-30 parole che, dopo quel Passo, sono date per acquisite e che si trovano nel *Lessico* online con l'indicazione del Passo in cui sono state memorizzate. Allo studente si suggerisce di affiancare a quelle parole il corrispondente nella madrelingua, per aiutare la memorizzazione. Superata la metà del volume, viene suggerito di tornare a un Passo precedente e verificare se si ricordano tutte le parole di quell'esercizio, sottolineando con la matita quelle dimenticate, in modo che tornandoci più avanti si possa verificarne l'avvenuta memorizzazione e cancellare la sottolineatura, avendo una motivante riprova della propria acquisizione.

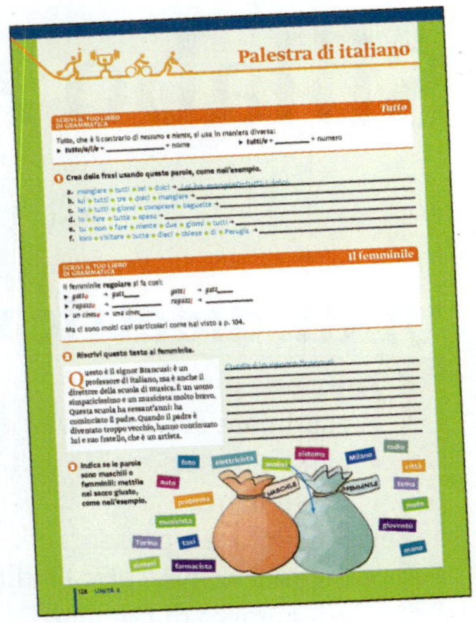

Nei Passi lo spazio è ridotto, per cui ci sono ulteriori esercizi sia nella **Palestra di italiano**, alla fine di ogni Unità, sia nei **Materiali supplementari online**, costituiti da schede PDF stampabili dal singolo studente;

d. include molti ***audio***, non solo quello d'apertura: alla base dell'approccio comunicativo naturale che sorregge questo manuale sta il **principio di Krashen** secondo il quale si acquisisce una lingua attraverso un ***input reso comprensibile*** dal manuale e dall'insegnante. Inoltre, soprattutto in un livello A1, il ruolo della lettura (che aumenta con il progredire, Passo dopo Passo) è limitato, e quello della scrittura è ridotto a brevi comunicazioni.
Gli audio (e le rispettive trascrizioni) sono disponibili gratuitamente online, perché lo studente deve riutilizzarli a casa, per ri-ascolto, auto-dettatura e approfondimenti;

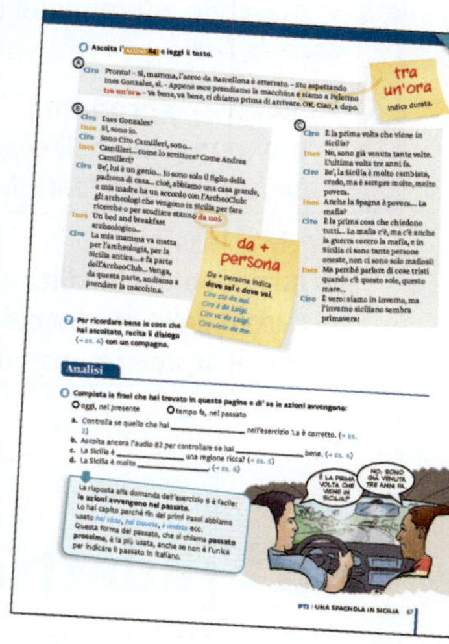

e. propone, sparsi qua e là, dei **post-it**, mini appunti con un elemento linguistico che non vale la pena trattare analiticamente, ma che può essere utile.

Le sezioni **Guardiamoci intorno**, una o due per Unità, sono pagine di civiltà, che nelle prime Unità sono necessariamente molto sintetiche, ma che poi arrivano a discutere il tema del lavoro, del sistema scolastico, del paesaggio e delle città. In queste sezioni non ci sono attività grammaticali ma solo lessicali.

Sillabo *A-Uno*

Unità didattica 1 (Passi 1-6, GI.1)

FUNZIONI

Funzione personale
- esprimere soddisfazione e accordo
- parlare di nazionalità e di provenienza
- presentare e presentarsi: chiedere e dire il nome, l'età, l'indirizzo e il numero di telefono
- dire i numeri di telefono
- parlare di quantità

Funzione interpersonale
- chiedere gentilmente e ringraziare
- salutare quando si arriva e quando si va via
- scusarsi
- attirare l'attenzione
- telefonare

Funzione referenziale
- affermare, confermare e negare
- chiedere e dire se *c'è* una cosa o se *ci sono* delle cose
- descrivere i luoghi e lo spazio

Funzione metalinguistica
- chiedere di ripetere qualcosa
- fare lo spelling
- usare le parole italiane degli esercizi

GRAMMATICA

Ortografia
- alfabeto
- *c* / *ch*, *g* / *gh*, *gn*, apostrofo

Articolo e nome
- articoli determinativi (singolari e plurali) e indeterminativi (singolari)
- singolare e plurale dei nomi in *-o* / *-e* / *-a*
- maschile e femminile dei nomi in *-o* / *-e*

Aggettivo e pronome
- pronomi personali soggetto (*io*, *tu*, *lui* / *lei*, *noi*, *voi*, *loro*); *lei* di rispetto
- numeri fino a 100
- singolare e plurale degli aggettivi in *-o* / *-e* / *-a*
- maschile e femminile degli aggettivi in *-o* / *-e*

Verbo
- forma affermativa, negativa e interrogativa
- presente indicativo regolare della prima coniugazione
- presente indicativo di *essere* e *chiamarsi*
- verbi irregolari: *andare* e *venire*
- *c'è* / *ci sono*

Preposizione, congiunzione, avverbio
- preposizioni *a* / *in* nei complementi di stato in luogo e di moto a luogo
- indicazioni di spazio (*alto*, *centro*, *basso*, *destra*, *sinistra*)
- parole interrogative (*quale?*, *come?*, *dove?*, *che cosa?*, *chi?*, *quando?*, *quanto?*)

Ambiti lessicali
- nazioni e nazionalità
- parole dello studio dell'italiano
- tipi di strade in una città italiana

Cultura e civiltà italiana
- Piemonte e Liguria
- paesaggio e strade

Unità didattica 2 (Passi 7-12, GI.2)

FUNZIONI

Funzione personale
- esprimere apprezzamento e accordo
- chiedere e dire l'età

Funzione interpersonale
- salutare, congedarsi (ripresa)

Funzione referenziale
- chiedere e dire dove è un luogo o una cosa

- chiedere e dire che cosa si fa *di solito* e che cosa si sta facendo *in questo momento*
- chiedere ed esprimere il possesso
- chiedere quando si svolge qualcosa
- confermare o non confermare
- dire l'ora
- chiedere e dare indicazioni stradali

Funzione regolativa
- chiedere ed esprimere la capacità
- dire che cosa serve per fare qualcosa

Approfondimenti e ripasso
- chiedere e dare dati personali; presentarsi, dire dove si abita e da dove si proviene
- chiedere che cosa significa una parola
- affermare e negare
- fare lo spelling

GRAMMATICA

Ortografia
- grafie diverse di *c, g, q, cq, gl, gn, sc*

Correzione fonetica
- problemi nella pronuncia delle consonanti doppie e di coppie di consonanti come *f / v, t / d, r / l,* è / é, ò / ó, *gn / ni, gl / li, p / b, s / sc*

Articolo e nome
- articoli determinativi e indeterminativi con partitivi plurali
- plurale dei nomi tronchi
- plurale regolare e alcuni plurali irregolari
- femminile irregolare dei nomi in *-ore* (*-trice / -essa*)

Aggettivo e pronome
- possessivi

Verbo
- verbo *avere*
- verbi irregolari: *potere, volere, dovere, dire, fare, stare*
- *venire* + *da / in, a*
- *dovere / potere / volere* + infinito
- presente regolare delle tre coniugazioni
- *fare* + nome
- *sapere* + nome / infinito
- gerundio; *stare* + gerundio
- *avere* + fame / sonno / sete / bisogno ecc.
- *bisogna / c'è bisogno*

Preposizione, congiunzione, avverbio
- preposizioni articolate
- *più / meno* e altre nozioni di quantità
- *di, a, da, in* nei complementi di luogo e provenienza
- *da* come preposizione di durata
- alcuni usi di *per* (scopo, tempo e destinazione)

Approfondimenti e ripasso
- parole per fare domande
- pronomi personali *tu / lei, voi* (di rispetto)

Ambiti lessicali
- giorni della settimana
- alcune nozioni di quantità

Cultura e civiltà italiana
- organizzazione dei corsi di italiano
- stazioni e treni
- Toscana e Umbria

Unità didattica 3 (Passi 13-18, GI.3)

FUNZIONI

Funzione personale
- esprimere gusti e preferenze
- esprimere desideri con *vorrei*
- esprimere una volontà con il riflessivo di enfasi
- fare esclamazioni formali (*che bello!*) e informali (*cavolo!*)

Funzione interpersonale
- chiedere come procede qualcosa e rispondere positivamente

Funzione referenziale
- raccontare eventi passati
- indicare il tempo trascorso da un evento o che manca a un evento
- indicare la successione, l'ordine
- parlare delle professioni e dei mestieri
- parlare di date, giorni, mesi e stagioni
- parlare della famiglia
- parlare della casa
- descrivere cose e persone

Funzione metalinguistica
- far riferimento a parti precedenti del testo
- chiedere un significato

Funzione regolativa
- chiedere il permesso e acconsentire
- dare e ricevere ordini

GRAMMATICA

Ortografia e pronuncia
- *dà / da; dài / dai*

Aggettivo e pronome
- possessivi: sintesi; con nomi di famiglia
- dimostrativi
- numeri ordinali
- *che* + qualità
- gradi

Verbo
- verbi irregolari: *bere, capire, dare, piacere, uscire*
- imperativo diretto e di rispetto
- passato prossimo e ausiliari (verbi transitivi e intransitivi)
- participio passato dei verbi regolari e di alcuni irregolari frequenti
- riflessivi veri ed enfatici
- *fare* + articolo nei mestieri
- *preferire, piacere* e uso di *vorrei*

Preposizione, congiunzione, avverbio
- *da* come moto a luogo, moto da luogo e stato in luogo
- *in* per indicare tempo, imminenza
- *fa, tra / fra* di tempo
- *a / il* con nozioni di tempo
- *verso le / sulle* + ora

Frase
- ordine delle parole nella frase, enfasi

Approfondimenti e ripasso
- *potere*
- possessivi
- dimostrativi

Ambiti lessicali
- famiglia, parentele
- casa e mobili
- lavoro e mestieri
- stagioni

- colori (senza aspetti morfologici)
- diversi significati di *fare*
- aggettivi per la descrizione fisica e del carattere
- mesi e stagioni

Cultura e civiltà italiana
- mari, monti, fiumi e laghi italiani
- regioni italiane e abitanti
- storia della Sicilia

Unità didattica 4 (Passi 19-24, GI.4-GI.6)

FUNZIONI

Funzione personale
- fare il punto
- creare il proprio codice fiscale
- ripresa di: saper parlare della vita quotidiana, delle faccende di casa e dei propri gusti a tavola

Funzione interpersonale
- cercare "complicità" con interlocuzioni come *sa*, *sai*, *vero?*
- invitare e accettare inviti
- revisione delle formule *come stai?*, *pronto* ecc.

Funzione referenziale
- parlare della qualità delle cose
- indicare vicinanza, lontananza e collocazione
- parlare della frequenza
- iniziare un sunto, un racconto con *allora*
- parlare della vita quotidiana

Funzione metalinguistica
- usare il dizionario

Funzione regolativa
- fare documenti in banca, in Comune ecc.
- fare la spesa in un negozio
- comprare le cose che servono per una casa
- ordinare in una pizzeria
- parlare del prezzo delle cose e dello sconto

GRAMMATICA

Sintesi generali
- femminile
- plurale
- nozioni di spazio e collocazione
- nozioni di tempo e frequenza
- gli ausiliari nel passato prossimo

Ortografia e pronuncia
- plurali e femminili di parole in *-co* e *-go*
- modifiche di *c* e *g* nei verbi

Aggettivo e pronome
- *tutto* + nome / numero
- numeri decimali e da 100 in poi
- dimostrativi *questo* / *quello*
- pronomi personali oggetto di 3ª persona
- *bello* per creare superlativi

Verbo
- irregolari: *aggiungere*, *cuocere*, *salire*, *scegliere*, *spegnere*
- imperativo con l'infinito e imperativo negativo
- verbi impersonali (*piove* e *nevica*)
- riflessivi e passato prossimo

Preposizione, congiunzione e avverbio
- formazione degli avverbi di modo in *-mente*

Ambiti lessicali
- documenti
- tavola e cibi
- cose di casa
- fare la spesa, andare nei negozi, pagare
- *allora* e *cioè* come segnali discorsivi
- routine quotidiana e faccende di casa

Cultura e civiltà italiana
- uffici pubblici, banche, agenzie
- cucina italiana, ricette e attrattiva nel mondo
- negozi, spesa, euro
- pizzerie
- case italiane
- tavola e preparazione dei cibi

Unità didattica 5 (Passi 25-30, GI.7-GI.8)

FUNZIONI

Funzione personale
- esprimere dolore e disagio fisico
- esprimere gioia e felicità
- esprimere l'incertezza

Funzione referenziale
- parlare del lavoro: orario, stipendio, tasse, straordinari, ferie, liquidazione
- indicare i colori
- parlare del tempo, del clima e delle stagioni
- indicare causa ed effetto
- descrivere i vestiti
- descrivere caratteristiche fisiche e caratteriali di una persona
- parlare di se stessi e del proprio Paese
- parlare delle malattie

Funzione regolativa
- chiamare un'ambulanza e dire dove si è

GRAMMATICA

Sintesi generali
- connettori che legano frasi e parole
- terminologia grammaticale

Nome
- i colori e il loro genere

Aggettivo e pronome
- pronomi personali oggetto (atoni e tonici)
- pronomi relativi *che* e *il quale*
- aggettivi *bello*, *buono* e *grande* con elisione
- pronome interrogativo *che*

Verbo
- ripresa di *piacere*
- introduzione a *sembrare*
- la doppia negazione
- ripresa della terza coniugazione e dei verbi in *-isc-*

Preposizione, congiunzione, avverbio
- *che* congiunzione
- *perché* ed *e* e la sequenza causa-effetto
- *forse* e *quasi* come indicatori di incertezza

Ambiti lessicali
- incidenti, malattie, sanità
- parti del corpo
- contratto di lavoro
- lavoro e mestieri
- vestiti
- colori
- clima e stagioni

Cultura e civiltà italiana
- imposte e tasse
- mondo del lavoro
- sistema scolastico

1

Amici in moto

Imparo l'italiano per:

- affermare, confermare e negare
- attirare l'attenzione
- chiedere di ripetere qualcosa
- chiedere gentilmente e ringraziare
- chiedere una camera in una pensione
- descrivere i luoghi e lo spazio
- dire i numeri di telefono
- fare lo spelling
- parlare di quantità
- presentarmi, dare i miei dati, dire la mia provenienza e la mia nazionalità
- salutare quando arrivo e quando vado via
- scusarmi
- usare le parole italiane degli esercizi

So come funzionano:

- alcuni avverbi e preposizioni di luogo
- alfabeto
- articoli determinativi (singolari e plurali) e indeterminativi (singolari)
- *c'è* / *ci sono*
- forma interrogativa e parole interrogative
- forma negativa
- maschile e femminile
- numeri fino a 100
- ortografia: *c* / *ch*, *g* / *gh*, *gn*, apostrofo
- pronomi personali soggetto; *tu* / *lei* di rispetto
- singolare e plurale
- verbi che finiscono in *-are*
- verbi irregolari: *andare*, *venire*
- verbo *essere*

Conosco alcune cose dell'Italia:

- paesaggio e strade
- Piemonte e Liguaria

Ricorda che il libro continua online

P1/Uno | Tre camere, per piacere

FIRST STEP 1 THREE ROOMS, PLEASE

Comprensione

COMPREHENSION

1 Guarda i disegni e immagina che cosa succede. (Look at the pictures and imagine what's happening)

2 Ascolta l'AUDIO 1 e rispondi alle domande. (Listen to audio 1 and answer the questions)

a. Quali nomi senti? (Which names are mentioned?)

○ Cristina
○ Hans
○ Francesco
○ Marianne
○ Paolo
○ Mario
○ François
○ Teresa

b. Che cosa vedono? (What do they see?)

○ una pensione
○ un hotel
○ un ristorante

Ascolta ancora e controlla la tua comprensione. (Listen again and check your comprehension)

3 Ascolta l'AUDIO 2 e rispondi alle domande. (Listen to audio 2 and answer the questions)

a. Quali saluti senti? (Which greetings are used?)

○ ciao
○ buon giorno
○ buona sera
○ addio
○ buona notte
○ ehi!

b. Che cosa chiede Paolo? (What does Paolo ask for?)

○ 5 camere
○ 3 camere
○ 2 camere

Ascolta ancora e controlla la tua comprensione. (Listen again and check your comprehension)

4 Ascolta l'AUDIO 3 e rispondi alle domande. (Listen to audio 3 and answer the questions)

a. Quali camere sono singole e quali sono doppie? (Which rooms are single and double?)

○ singola: camera 1
○ singola: camera 3
○ doppie: camere 1 e 2
○ doppie: camere 2 e 3

b. Che cosa chiede la signora della pensione? (What does the landlady ask for?)

○ carte d'identità
○ passaporti

Ascolta ancora e controlla la tua comprensione. (Listen again and check your comprehension)

5 Ascolta tutto il dialogo nell'AUDIO 4. (Listen to the whole dialogue in audio 4)

6 **Ascolta l'AUDIO 5 e ripeti il dialogo.** (Listen to audio 5 and repeat the dialogue)

7 **Ascolta l'AUDIO 4 e leggi il testo.** (Listen to audio 4 and read the text)

A

Paolo Ehi! Hans! Marianne!
Hans Che cosa c'è, Paolo?
Paolo Là, in fondo: una pensione!
Marianne Wow, c'è una pensione!
Paolo Forza, andiamo!

B

Signora Buona sera.
Paolo Buona sera. Sono Paolo Mari. Ehm... ci sono camere libere?
Signora Sì... ci sono tre camere.
Paolo OK. Una per me, due per i miei amici.
Signora Quanti siete?
Paolo Io sono solo, e ci sono due coppie. Tre camere sono OK.

C

Signora Bene: lei, la camera 1, singola; voi la camera 2 e voi la 3, sono camere doppie.
Paolo OK, grazie.
Signora Un momento... le carte d'identità, per piacere.
Paolo Oh, sì... un momento... ecco.
Gli altri Ecco... OK... Voilà.
Signora Grazie. Le camere sono al primo piano.

Analisi

ANALYSIS

8 **Adesso sai salutare. Scrivi il saluto della sera: è nel dialogo.** (Now you can greet someone. Write the greeting used in the evening: it's in the dialogue)

Per salutare un amico dici ...., per salutare altre persone dici *buon* .... o *buona* ....

9 **Adesso sai dire *sì*, confermare.** (Now you can say *yes*, confirm something)

Ci sono molti modi per confermare; in italiano si dice .... e ...., ma c'è anche una parola internazionale: ....

10 **Adesso sai chiedere e ringraziare.** (Now you can ask for something and thank somebody)

11 **Adesso sai dire che *c'è* una cosa o *ci sono* delle cose in un luogo.** (Now you can say that *there is* something or *there are* some things in a place)

In italiano ci sono due forme differenti, una per il **singolare** e una per il **plurale**:

- ***c'*** ....
  ○ singolare ○ plurale
- ***ci*** ....
  ○ singolare ○ plurale

Sintesi

FINAL SYNTHESIS

12 **Adesso sai tante cose e puoi recitare il dialogo (→ ES. 7) con i compagni.** (Now you know a lot of things and you can perform the dialogue with your mates)

13 **A casa, copia il dialogo (→ ES. 7): non è un esercizio per bambini, è molto utile!** (At home, copy down the dialogue. This is not an exercise for children, it's very useful!)

14 **A casa, usa l'AUDIO 5 per fare un dettato.** (At home, use audio 5 for a dictation exercise)

15 **Ricordi queste parole? Scrivi le parole corrispondenti nella tua lingua madre.** (Do you remember these words? Write the equivalents in your mother tongue)

(a) casa ....
ascoltare, leggere, scrivere ....
buon giorno, buona sera, ciao ....
comprensione, dialogo, testo ....
copiare, ripetere, controllare ....
pensione, camera, singola, doppia, libera ....
....
per piacere, grazie ....

16 **Ascolta l'AUDIO 6 e ripeti le parole dell'esercizio 15.** (Listen to audio 6 and repeat the words in exercise 15)

17 **Adesso sai le parole italiane degli esercizi. Scrivi le parole italiane corrispondenti alle parole inglesi.** (Now you know the Italian words used in the exercises. Write the Italian equivalents of the English words)

a. *to check, comprehension* (→ ES. 2) *controllare*
....
b. *dialogue* (→ ES. 5) ....
c. *to repeat* (→ ES. 6) ....
d. *to listen, to read* (→ ES. 7) ....
e. *text* (→ ES. 7) ....
f. *to write* (→ ES. 8) ....
g. *to copy* (→ ES. 13) ....
h. *at home* (→ ES. 13) ....

P2 / Due | La carta d'identità

SECOND STEP 2 THE ID

Comprensione

COMPREHENSION

1 **Guarda il disegno: che cosa dà Paolo alla signora della pensione?** (Look at the picture: what is Paolo handing to the landlady?)

a. ○ una foto
b. ○ la carta d'identità
c. ○ la carta di credito

2 **Ascolta l'AUDIO 7 e leggi la carta d'identità.** (Listen to audio 7 and read the ID)

a. Mari è
○ il nome
○ il cognome

b. Paolo è
○ il nome
○ il cognome

c. Vive a
○ Milano
○ Torino

d. In piazza Garibaldi numero
○ 10 ○ 12

3 **Ascolta l'AUDIO 8 e ripeti il dialogo.** (Listen to audio 8 and repeat the dialogue)

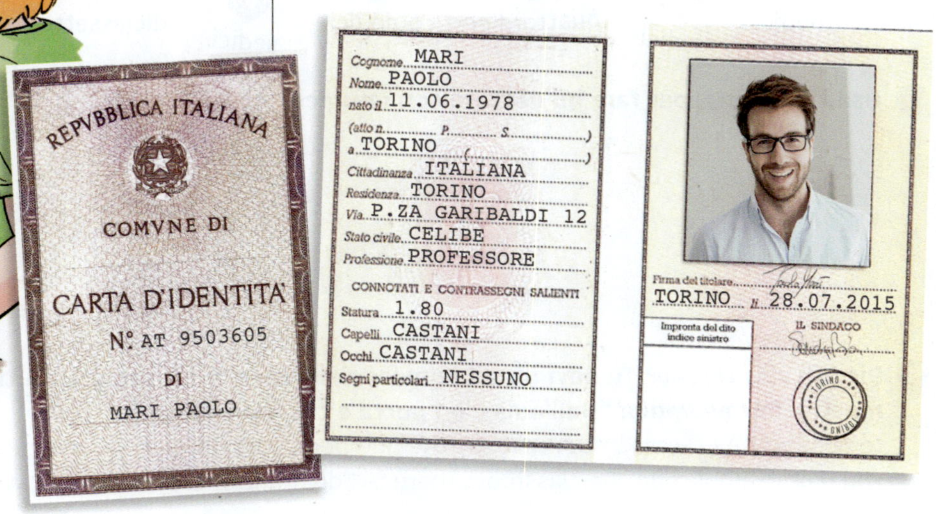

REPVBBLICA ITALIANA
COMVNE DI
CARTA D'IDENTITA'
N° AT 9503605
DI
MARI PAOLO

Cognome MARI
Nome PAOLO
nato il 11.06.1978
(atto n. ..... P. ..... S. .....)
a TORINO (.....)
Cittadinanza ITALIANA
Residenza TORINO
Via P.ZA GARIBALDI 12
Stato civile CELIBE
Professione PROFESSORE
CONNOTATI E CONTRASSEGNI SALIENTI
Statura 1.80
Capelli CASTANI
Occhi CASTANI
Segni particolari NESSUNO

Firma del titolare
TORINO li 28.07.2015
Impronta del dito indice sinistro
IL SINDACO

4 **Gli amici di Paolo sono Francesco e Cristina, italiani, e Hans e Marianne, lui tedesco e lei francese. Ascolta l'AUDIO 9 e scrivi il nome nelle schede qui sotto.** (Paolo's friends are Francesco and Cristina, who are Italian, and Hans and Marianne: he is German, she is French. Listen to audio 9 and write the names in the forms below)

Pensione Anna
Nome .....
Cognome Borello
Nato/a a Genova
Il 11 marzo 1981
Residente a Genova, via Carro 16

Pensione Anna
Nome .....
Cognome Mentana
Nato/a a Sanremo
Il 12 gennaio 1983
Residente a Genova, via Carro 16

Pensione Anna
Nome .....
Cognome Freundbach
Nato/a a Stuttgart
Il 14 dicembre 1975
Residente a Strasbourg, 15 rue Molard

Pensione Anna
Nome .....
Cognome Chateaubriand
Nato/a a Strasbourg
Il 13 aprile 1974
Residente a Strasbourg, 15 rue Molard

5 **Ascolta l'AUDIO 10, ripeti e controlla le schede.** (Listen to audio 10, repeat and check the forms)

Analisi

ANALYSIS

6 **Nei dialoghi di P1 e P2 ci sono molti numeri. Quali sai in italiano?** (In the dialogues in P1 and P2 there are many numbers. Which ones do you know in Italian?)

1 2 3 4 5
6 7 8 9 10

7 **Nelle schede della pensione ci sono molti numeri. Quali sai in italiano?** (In the boarding house forms there are many numbers. Which ones do you know in Italian?)

11 12 13 14 15
16 17 18 19 20

8 **Ascolta l'AUDIO 11 e ripeti i numeri da 1 a 20.** (Listen to audio 11 and repeat the numbers from 1 to 20)

1 uno, 2 due, 3 tre, 4 quattro, 5 cinque, 6 sei, 7 sette, 8 otto, 9 nove, 10 dieci

11 undici, 12 dodici, 13 tredici, 14 quattordici, 15 quindici, 16 sedici, 17 diciassette, 18 diciotto, 19 diciannove, 20 venti

9 **Usa l'AUDIO 12 per fare un dettato con i numeri.** (Use audio 12 for a dictation exercise with numbers)

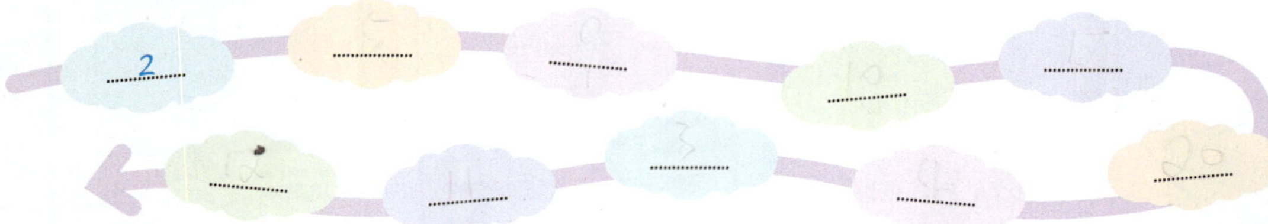

10 **Ricordi *c'è / ci sono*? Tu devi dire il numero delle cose che l'insegnante ti mostra. Per esempio: "Nell'aula c'è 1 porta e ci sono 3 finestre".** (Do you remember *c'è / ci sono*? You must say the number of the objects the teacher shows you. For example: "In the classroom there is 1 door and there are 3 windows")

11 **Ascolta l'AUDIO 13 per sentire la pronuncia di queste parole. Ripeti le parole dopo lo speaker.** (Listen to audio 13 to hear the pronunciation of these words. Repeat the words after the speaker)

penna / penne

libro / libri

banco / banchi

zaino / zaini

matita / matite

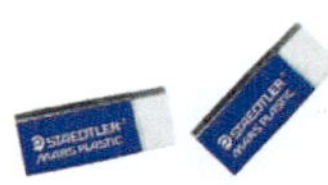

gomma / gomme

tablet / tablet

quaderno / quaderni

telefono / telefoni

diario / diari

cellulare / cellulari

12 **Adesso lavora con un compagno o una compagna. Lui o lei deve dire il nome e il numero della cosa o delle cose che tu mostri. Per esempio: tu mostri 2 libri e il tuo compagno o la tua compagna dice "Ci sono 2 libri".** (Now work with your mate. He or she must say the name and the number of the thing(s) you show. For example: you show him or her 2 books and your mate says "There are 2 books")

13 **Le quattro parole nello schema sono molto importanti in grammatica. Completa la tabella.** (These are four important grammar words. Complete the table)

	singolare	plurale
maschile	compagn o	compagn......
femminile	compagn......	compagn e

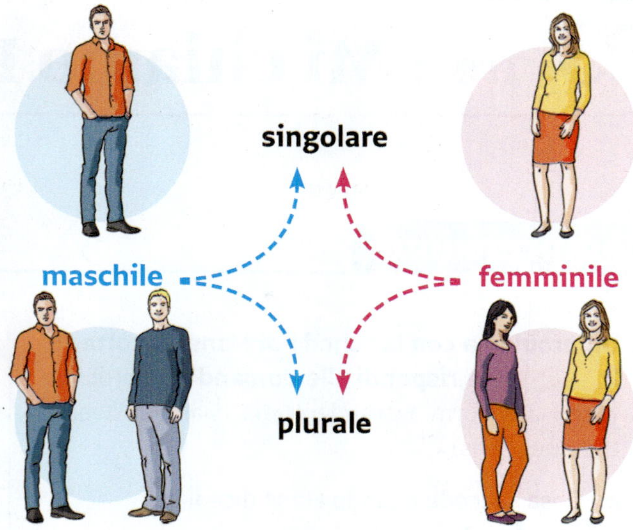

Sintesi

FINAL SYNTHESIS

14 **Scrivi il numero vicino a ogni parola.** (Write the number next to the words)

due 2	diciotto	tredici	quattro	dieci ......
sei	uno	diciassette	otto	quindici ......
dodici	cinque	tre	nove	diciannove ......
quattordici	undici	sette	venti	sedici ......

15 **Completa le schede.** (Complete the forms)

Tu

Il tuo compagno o la tua compagna

16 **A casa, usa l'AUDIO 10 per fare un dettato.** (At home, use audio 10 for a dictation exercise)

17 **Ricordi queste parole? Scrivi le parole corrispondenti nella tua lingua madre.** (Do you remember these words? Write the equivalents in your mother tongue)

amico ......
francese, tedesco ......
nome, cognome, nato a ......
telefono, cellulare ......
via, piazza, numero ......
aula, insegnante ......
dettato ......
libro, quaderno ......
matita, penna ......
porta, finestra ......
dire, mostrare, ricordare ......
foto ......
vicino a ......

18 **Ascolta l'AUDIO 14 e ripeti le parole dell'esercizio 17.** (Listen to audio 14 and repeat the words in exercise 17)

19 **Adesso sai altre parole italiane degli esercizi. Scrivi le parole italiane corrispondenti alle parole inglesi.** (Now you know some more Italian words used in the exercises. Write the Italian equivalents of the English words)

a. *to look at the picture* (→ **ES. 1**) *guardare il disegno*
b. *number* (→ **ES. 6**) ......
c. *dictation* (→ **ES. 9**) ......
d. *to remember, example* (→ **ES. 10**) ......
e. *classroom, door, window* (→ **ES. 10**) ......
f. *to say, teacher, to show* (→ **ES. 10**) ......
g. *pronunciation* (→ **ES. 11**) ......
h. *mate, thing* (→ **ES. 12**) ......
i. *grammar* (→ **ES. 13**) ......
j. *next to* (→ **ES. 14**) ......

TERZO PASSO

P3 / Tre | Mi chiamo Paolo

THIRD STEP 3 MY NAME'S PAUL

Comprensione

COMPREHENSION

1 **Un problema con la scheda di Hans. Ascolta l'AUDIO 15 e rispondi alle domande.** (A problem with Hans' form. Listen to audio 15 and answer the questions)

a. Cosa succede quando Hans dice il suo cognome?
- ◯ La signora capisce bene.
- ◯ La signora non capisce bene.

b. Cosa fa Hans?
- ◯ Scrive il suo cognome sulla scheda.
- ◯ Fa lo spelling del suo cognome.

c. Con chi vive Hans?
- ◯ Vive con Marianne.
- ◯ Vive con Cristina.

2 **Ascolta ancora l'AUDIO 15 e leggi il dialogo tra Hans e la signora della pensione.** (Listen again to audio 15 and read the dialogue between Hans and the landlady)

Signora Buon giorno. Lei si chiama...?
Hans Io mi chiamo Hans. Hans Freundbach.
Signora Eh!? Hans, con l'H, ok? E poi?
Hans Freundbach... F R E U N D e poi Bach, come il musicista.
Signora OK, B A C H. Lei è tedesco?
Hans Sì, ma vivo in Francia, a Strasburgo. Vivo con lei, Marianne Chateaubriand, che è francese.
Signora Bene, allora voi siete in una camera doppia, la numero 3.

Analisi

ANALYSIS

3 **Osserva queste frasi di P1, P2 e P3: ecco come si indicano le persone.** (Look at these sentences in P1, P2 and P3: here is how to indicate the persons)

a. **Voi** la camera 2 e **voi** la 3. (→ **P1, ES. 7**)
b. Hans e Marianne, **lui** tedesco e **lei** francese. (→ **P2, ES. 4**)
c. **Tu** devi dire il numero delle cose. (→ **P2, ES. 10**)
d. **Io** mi chiamo Hans. (→ **P3, ES. 2**)
e. Vivo con **lei**, Marianne. (→ **P3, ES. 2**)

Completa i fumetti con le parole in neretto nelle frasi. (Complete the cartoon bubbles with the words in bold in the sentences.)

> ***Io, tu, lui, lei, voi, noi, loro*** indicano le **persone**.
>
> Sono pronomi personali: **pronomi** perché sono al posto di un nome (Hans, Paolo, Marianne ecc.), **personali** perché indicano le 6 persone di un verbo.

4 **Scrivi i pronomi personali.** (Write the personal pronouns)

5 **Inserisci la forma corretta del verbo *essere*.** (Insert the correct form of the verb *essere*)

- **a.** Io ....*sono*.... Hans e .... tedesco; io vivo con Marianne: lei .... francese.
- **b.** Francesco e Cristina .... due miei amici, vivono a Genova.
- **c.** Paolo .... di Torino.
- **d.** Noi .... un gruppo di amici e .... tutti motociclisti.
- **e.** Voi .... nella camera doppia, la numero 3.
- **f.** "Paolo, tu .... nella camera 2?" "No, io .... nella camera 1".

Sono, sei, è, siamo, siete, sono: queste sono le forme del verbo **essere**, che è importantissimo, come *to be, être, ser, sein, будущий* ecc. nelle altre lingue.

- *Sono, sei, è* sono forme **singolari**.
- *Siamo, siete, sono* sono forme **plurali**.

6 **E adesso... un problema: *tu* / *lei*. Completa i fumetti con i pronomi personali.** (And now... a problem: *tu* / *lei*. Complete the cartoon bubbles with the personal pronouns)

- Gli amici dicono ***tu***: *Hans, **tu** sei tedesco?*
- Le persone che si conoscono poco dicono ***lei***. Quindi il pronome *lei* ha **due usi**:
  - **2ª persona singolare** per indicare **rispetto** per un uomo o per una donna: *Signor Freundbach, **lei** è tedesco?*; *Signora Chateaubriand, **lei** è francese?*;
  - **3ª persona singolare** per indicare una **donna**: *Hans vive con Marianne: **lei** è francese*.

Quale pronome di rispetto si usa nella tua lingua? ....

7 **Di dove sono queste bandiere? Unisci la bandiera alla parola che indica la nazionalità, come nell'esempio.** (Where are these flags from? Link the flag to the word indicating nationality as in the example)

(6) cines**e**	◯ brasilian**o/a**
◯ american**o/a**	◯ russ**o/a**
◯ tedesc**o/a**	◯ argentin**o/a**
◯ frances**e**	◯ indian**o/a**
◯ spagnol**o/a**	◯ ingles**e**

- Una parola che finisce con ***-o*** è
  - ◯ maschile
  - ◯ femminile
  - ◯ maschile + femminile
- Una parola che finisce con ***-a*** è
  - ◯ maschile
  - ◯ femminile
  - ◯ maschile + femminile
- Una parola che finisce con ***-e*** è
  - ◯ maschile
  - ◯ femminile
  - ◯ maschile + femminile

8 **Ascolta e ripeti l'AUDIO 16 per comprendere perché alcune parole dell'esercizio 7 finiscono con *-o* / *-a* / *-e*.** (Listen to audio 16 and repeat to understand why some words in exercise 7 end in *-o* / *-a* / *-e*)

Sintesi

FINAL SYNTHESIS

9 **Ascolta l'intera conversazione di P1, P2 e P3 nell'AUDIO 17.** (Listen to the whole conversation in P1, P2 and P3 in audio 17)

10 **Scrivi di dove sono queste persone. Usa il verbo *essere*.** (Write where these people are from. Use the verb *essere*)

a. Io *sono americano*.

b. Lui ....

c. Tu ....

d. Lei ....

11 **A casa, copia il dialogo (→ ES. 2): non è un esercizio per bambini, è molto utile!** (At home, copy down the dialogue: this is not an exercise for children, it is very useful!)

Osserva come si scrive il **suono /k/**:
- ***co, ca, cu***: *come*, *con*, *tedesco*, *camera*, *alcune*;
- ***chi, che***: *chiama*, *anche*.

Il suono di *ci-* e *ce-* senza *h* è diverso: *musicista*, *francese*.

12 **Ricordi queste parole? Scrivi sul quaderno le parole corrispondenti nella tua lingua madre.** (Do you remember these words? Write the equivalents in your mother tongue)

vivere ● americano, argentino, brasiliano ● cinese, indiano ● inglese, russo, spagnolo ● corretto ● forma ● inserire, unire ● motociclista ● problema

13 **Ascolta l'AUDIO 18 e ripeti le parole dell'esercizio 12.** (Listen to audio 18 and repeat the words in exercise 12)

14 **Adesso sai altre parole italiane degli esercizi. Scrivi le parole italiane corrispondenti alle parole inglesi.** (Now you know some more Italian words used in the exercises. Write the Italian equivalents of the English words)

a. *sentence* (→ **ES. 3**) *frase*

b. *personal, pronoun* (→ **ES. 4**) ....

c. *to insert, correct, form, verb* (→ **ES. 5**) ....

d. *to link* (→ **ES. 7**) ....

GI.1 | Guardiamoci intorno

LET'S LOOK AROUND

Viviamo in un alfabeto!

WE LIVE INSIDE AN ALPHABET!

vocali e consonanti

- ***a, e, i, o, u*** sono **vocali**
- le altre lettere sono **consonanti**

1 L'alfabeto italiano. (The Italian alphabet)

Questo è l'alfabeto italiano, con le lettere minuscole, maiuscole e in corsivo. Ci sono anche alcune lettere inglesi - *j, k, w, x, y* - usate in italiano. Nell'ultima colonna trovi la pronuncia: ascolta l'AUDIO 19 e ripeti. (This is the Italian alphabet, with small letters, capital letters and italics. There are also some English letters - *j, k, w, x, y* - used in Italian. In the last column you can find the pronunciation: listen to audio 19 and repeat)

a	A	*a*	*A*	a
b	B	*b*	*B*	bi
c	C	*c*	*C*	ci
d	D	*d*	*D*	di
e	E	*e*	*E*	e
f	F	*f*	*F*	effe
g	G	*g*	*G*	gi
h	H	*h*	*H*	acca
i	I	*i*	*I*	i
j	J	*j*	*J*	jay
k	K	*k*	*K*	cappa
l	L	*l*	*L*	elle
m	M	*m*	*M*	emme
n	N	*n*	*N*	enne
o	O	*o*	*O*	o
p	P	*p*	*P*	pi
q	Q	*q*	*Q*	cu
r	R	*r*	*R*	erre
s	S	*s*	*S*	esse
t	T	*t*	*T*	ti
u	U	*u*	*U*	u
v	V	*v*	*V*	vi, vu
w	W	*w*	*W*	doppia vu
x	X	*x*	*X*	ics
y	Y	*y*	*Y*	ipsilon
z	Z	*z*	*Z*	zeta

2 Fai lo spelling di questi nomi di aziende italiane. (Spell these names of Italian companies)

Ricorda che le lettere uguali, come in *Ferrari* o *Gabbana*, sono "doppie": "doppia erre", "doppia bi". (Remember that the repeated letters, as in *Ferrari* or *Gabbana*, are double: "double *r*", "double *b*")

3 Fai lo spelling di una parola e il tuo compagno la scrive. Poi lui detta una parola a te. (Spell a word to your mate, who will write it down. Then he/she will spell a word to you)

Ogni parola corretta è 1 punto: continuate fino a 10 punti. (Each correct word scores 1 point: continue until you score 10 points)

Dove vivono gli italiani?

WHERE DO ITALIANS LIVE?

Gli italiani vivono in **città**, come Torino (foto a ***sinistra*** ■□□), o in **paesi** – e l'Italia è piena di piccole città, paesi e villaggi. Le città e i paesi sono in **pianura** (foto al ***centro*** □■□) o sulle **colline** (foto a ***destra*** □□■).

1

2

3

In città ci sono **vie** (foto a ***sinistra*** ■□□), **viali** (foto al ***centro*** □■□) e **piazze** (foto a ***destra*** □□■).

4

5

6

In campagna ci sono **strade diritte** (foto a ***sinistra*** ■□□), in collina e in montagna ci sono **strade con curve** (foto al ***centro*** □■□); le **autostrade** (foto a ***destra*** □□■) sono in pianura o in montagna.

7

8

9

4 **Ascolta l'AUDIO 20 che descrive le foto in *alto* (■■■ / □□□ / □□□), le foto al *centro* (□□□ / ■■■ / □□□) e le foto in *basso* (□□□ / □□□ / ■■■).**

(Listen to audio 20 which describes the top, middle and bottom pictures)

Foto in alto. **1.** Foto a sinistra: questa è Torino, la città dove vive Paolo; a Torino ci sono la Fiat e la Maserati. **2.** Foto al centro: questo paese è nella pianura piemontese. Il Piemonte è la regione di Torino. **3.** Foto a destra: ecco un paese sulle colline piemontesi. Vicino a questo paese c'è la pensione dove ci sono Paolo e i suoi amici.
Secondo gruppo di foto. **4.** La foto a sinistra mostra una via, in città. Francesco e Cristina vivono in via Carro 16, a Genova. **5.** La foto al centro mostra un viale, una grande via con alberi. **6.** La foto a destra mostra una piazza; Paolo abita in piazza Garibaldi 12, a Torino.
Il gruppo di foto in basso mostra la campagna, la collina e la montagna. **7.** La foto a sinistra è una strada di campagna. In città ci sono "vie", in campagna e in collina ci sono "strade". **8.** La foto al centro mostra una strada in collina: è vicina alla pensione dove ci sono Paolo e i suoi amici. **9.** La foto a destra mostra un'autostrada in montagna. In Italia ci sono molte montagne.

Il Piemonte e la Liguria

Hans e Marianne vivono a Strasburgo, in Francia; Paolo vive a Torino, la principale città del **Piemonte** (nella pagina a sinistra ci sono foto della pianura, delle colline e delle montagne piemontesi); Francesco e Cristina vivono a Genova, la principale città della **Liguria**.

Il **Monte Rosa** è la seconda montagna **più** alta delle Alpi dopo il Monte Bianco, in Valle d'Aosta.

Torino è la principale città del Piemonte.

Genova è il **più** importante porto italiano.

In Piemonte c'è il **Po**, il fiume **più** lungo d'Italia.

A Sanremo c'è il Festival della Canzone italiana.

più

- **lungo** → *il fiume **più** lungo, il **più** lungo fiume*
- **importante** → *il **più** importante porto, il porto **più** importante*
- **alta** → *la montagna **più** alta, la **più** alta montagna*

in / a

- *vivo **in** Italia, vado **in** Francia*
- *abito **in** piazza Garibaldi*
- *vivo **a** Torino, vado **a** Strasburgo*

▼ La Liguria è una regione di montagne e mare. Ci sono dei paesi molto belli, come **Portofino**.

5 **Ricordi queste parole? Ascolta l'AUDIO 21 e scrivi sul quaderno le parole corrispondenti nella tua lingua madre.** (Do you remember these words? Listen to audio 21 and write the equivalents in your mother tongue on your exercise book)

alfabeto ● alto, basso, centro ● strada, via, viale, piazza, autostrada ● città, paese, villaggio ● campagna, pianura, collina, montagna ● sinistra, destra ● diritto, lungo ● importante, principale ● più

P4 / Quattro | Due nuovi amici

Comprensione

COMPREHENSION

1 **Guarda i disegni: che cosa succede?** (Look at the pictures: what's happening?)

2 **Ascolta l'AUDIO 22, controlla le tue ipotesi e completa.** (Listen to audio 22, check your hypoteses and complete)

a. Paolo chiede
- ○ tè
- ○ cappuccino
- ○ caffè

b. Chi arriva?
- ○ 2 motociclisti
- ○ 3 motociclisti
- ○ 4 motociclisti

c. Il ragazzo in moto si chiama
- ○ Gianni
- ○ Marco
- ○ Mario

d. La ragazza in moto viene dalla
- ○ Francia
- ○ Grecia
- ○ Spagna

3 **Ascolta ancora l'AUDIO 22 e completa.** (Listen again to audio 22 and complete)

a. Quali saluti senti?
○ buon giorno ○ buona sera
○ ciao ○ buona notte

b. Paolo chiede un caffè e dice:
○ per piacere ○ grazie

c. Paolo dice il suo nome:
○ io sono Paolo ○ io mi chiamo Paolo

d. Gianni dice il nome della ragazza:
○ lei è Violeta ○ lei si chiama Violeta

e. Paolo dice il nome del paese:
○ è San Marco ○ si chiama San Marco

f. Paolo dice il nome della pensione:
○ è la pensione "Anna" ○ si chiama "Anna"

4 **Ascolta ancora l'AUDIO 22 e leggi il testo.** (Listen again to audio 22 and read the text)

(A)

Paolo Buon giorno, ragazzi!
Gli altri Ciao Paolo! – Bonjour! – Buon giorno!
Cristina Ehi, sono le 9! Sei in ritardo!
Paolo Eh sì… Signora, un caffè, per piacere.
Ehi, ci sono delle moto, fuori!
Gli altri Forza, andiamo – **dài**, andiamo a vedere!

(B)

Gianni Ciao a tutti.
Paolo Ciao. Siamo anche noi in moto. Io mi chiamo Paolo.
Gianni Gianni, piacere. E lei si chiama Violeta: parla poco l'italiano, ma lo capisce…
Paolo Da dove viene?
Gianni Violeta è spagnola. Io sono di Milano.
Hans Io mi chiamo Hans. Piacere.
Gianni Bello questo posto… come si chiama?
Paolo Il paese laggiù è San Marco, la pensione si chiama "Anna". **Dài**, venite dentro a prendere un caffè!

dài!
È un invito a fare qualcosa.

5 **Ascolta l'AUDIO 23 e ripeti il dialogo.** (Listen to audio 23 and repeat the dialogue)

Analisi

ANALYSIS

6 **Osserva la coniugazione del verbo *parlare*.** (Observe the conjugation of the verb *parlare*)

La parte del verbo in rosso si chiama **desinenza**: queste desinenze vanno bene per tutti i verbi regolari che finiscono in ***-are***, come per esempio ***parlare***:

(io)	parl**o**	(noi)	parl**iamo**
(tu)	parl**i**	(voi)	parl**ate**
(lui / lei)	parl**a**	(loro)	parl**ano**

Completa il verbo *amare*. (Complete the verb *amare*)

(io)	am*o*	(noi)	am........
(tu)	am........	(voi)	....
(lui / lei)	am........	(loro)	....

7 **Dire il nome.** (Say the name)

Per dire il nome di una persona, di un paese ecc., puoi usare il verbo ***essere*** (→ **P3, ES. 5**) o il verbo ***chiamarsi***, che è difficile perché tra il pronome personale e il verbo serve una **seconda forma**:

(io)	**mi** chiam**o**	(noi)	**ci** chiam**iamo**
(tu)	**ti** chiam**i**	(voi)	**vi** chiam**ate**
(lui / lei)	**si** chiam**a**	(loro)	**si** chiam**ano**

8 **In P1 e P3 hai trovato *non*: usi questa parola nella forma negativa. Completa le frasi con *non*.** (In P1 and P3, the word *non* appears often, along with the negative form. Complete the sentences with *non*)

a. Lui ....*non*.... si chiama Giovanni, si chiama Gianni.
b. Violeta .... viene dal Portogallo, viene dalla Spagna.
c. Paolo ama la motocicletta, ... la bicicletta.
d. Gianni è di Milano, ... di Torino.
e. Violeta .... parla bene l'italiano.
f. Hans e Marianne .... sono italiani.

9 **In P1-P4 hai trovato molte domande, cioè forme interrogative. Scrivi il punto interrogativo ? quando ci sono delle domande.** (In P1-P4 there are many questions, that is, sentences in interrogative form. Write the question mark ? at the end of the questions)

Signora Buona sera........
Paolo Buona sera........ Ehm… ci sono camere libere........
Signora Sì… ci sono tre camere........ Quanti siete........
Paolo Io sono solo; e ci sono due coppie........ Tre camere sono OK........
Signora Buon giorno........ Lei si chiama........
Hans Io mi chiamo Hans........ Hans Freundbach........
Signora Lei è tedesco........
Hans Sì, ma vivo in Francia, a Strasburgo........

10 **La sintesi della forma negativa e della forma interrogativa.** (The summary of the negative form and of the interrogative form)

La **forma negativa** e la **forma interrogativa** sono molto importanti:

- per dire *no*, nelle frasi negative, metti ***non*** prima del verbo o della parola che vuoi negare;
- in italiano per fare domande non serve un verbo come *do? does?* e non serve mettere il soggetto dopo il verbo, come *are you? do they?*: quando parli usi l'**intonazione**; quando scrivi usi il punto di domanda.

Nella trascrizione del dialogo (→ **ES. 4**) *vedi* le forme interrogative perché c'è il punto interrogativo (?). E in un audio come *senti* le domande? Ascolta l'**AUDIO 24** e trova la differenza tra l'intonazione della forma normale e l'intonazione della forma interrogativa.

Sintesi

FINAL SYNTHESIS

11 **Negli esercizi hai trovato delle parole che servono per domandare. Come sono queste parole interrogative nella tua lingua?** (In the exercises you found some words that you use to ask questions. What are they in your mother tongue?)

a. Quale? .... **d. (Che) cosa?** ....
b. Come? .... **e. Chi?** ....
c. Dove? .... **f. Quando?** ....

12 **C'è un'altra parola importante per fare domande: *quanto*. Guarda la tua aula e la tua classe e rispondi alle domande. Usa i numeri (→ P2).** (There is another important word used for asking questions: *quanto*. Look at your classroom and at your mates and answer the questions. Use numbers)

a. *Quante* porte ci sono nella tua aula?
C'è / Ci sono ....
b. *Quante* finestre ci sono nella tua aula?
....
c. *Quante* ragazze ci sono nella tua classe?
Ci sono ....
d. *Quanti* ragazzi ci sono nella tua classe?
....
e. *Quanti* libri ci sono sul tuo banco?
....
f. *Quante* penne ci sono sul tuo banco?
....

13 **A casa, usa l'AUDIO 23 per fare un dettato.** (At home, use audio 23 for a dictation exercise)

Osserva l'**uso della lettera *g***:

- nelle parole ***giorno***, ***Gianni***, ***laggiù*** il suono è come la ***j* in inglese**;
- in ***ga-***, ***go-***, ***gu-*** (***ragazzi***, ***dialogo***, ***figura***) il suono è **/g/**;
- nelle parole ***signora***, ***spagnola***, ***Spagna*** il suono ***gn*** è come lo spagnolo ***ñ*** o il portoghese ***nh***.

14 **Ricordi queste parole? Scrivi sul quaderno le parole corrispondenti nella tua lingua madre.** (Do you remember these words? Write the equivalents in your mother tongue on your exercise book)

caffè, cappuccino ● grazie, per piacere ● classe, aula ● chiamarsi ● domanda, domandare, punto interrogativo ● forma interrogativa, forma negativa ● intonazione ● qualcosa

15 **Ascolta l'AUDIO 25 e ripeti le parole dell'esercizio 14.** (Listen to audio 25 and repeat the words in exercise 14)

16 **Adesso sai altre parole italiane degli esercizi. Scrivi le parole italiane corrispondenti alle parole inglesi.** (Now you know some more Italian words used in the exercises. Write the Italian equivalents of the English words)

a. *what's happening* (→ **ES. 1**) *che cosa succede* ....
b. *to check your hypothesis* (→ **ES. 2**) ....
c. *to complete the verb* (→ **ES. 6**) ....

QUINTO PASSO

P5 / Cinque | Andiamo in moto!

FIFTH STEP 5 LET'S GO BY MOTORBIKE!

Comprensione

COMPREHENSION

1

2

3

4

1 Guarda i disegni 1 e 2, ascolta l'AUDIO 26 e completa. (Look at pictures 1 and 2, listen to audio 26 and complete)

a. Gli amici vanno a
- ○ Torino ○ Milano ○ Barolo

b. La strada è
- ○ in alto e poi a destra
- ○ in alto e poi a sinistra

c. Gli amici salutano la signora e dicono
- ○ ciao
- ○ arrivederci
- ○ buon giorno

2 Guarda il disegno 3 e ascolta l'AUDIO 27. Rispondi alle domande. (Look at picture 3 and listen to audio 27. Answer the questions)

a. Chi va avanti perché conosce la strada?
- ○ Gianni ○ Paolo ○ Francesco

b. Chi viene dietro?
- ○ Gianni ○ Paolo ○ Francesco

c. Chi va in camera a prendere il telefono?
- ○ Gianni ○ Paolo ○ Francesco

3 Guarda il disegno 4 e ascolta l'AUDIO 28. Unisci i numeri di cellulare a Paolo e a Gianni. Puoi dire i numeri di telefono in due modi. (Look at picture 4 and listen to audio 28. Link the numbers of mobile phones to Paolo and Gianni. You can say mobile phone numbers in two ways)

3-3-9-2-1-4-5-3-2-0
3-39-21-45-32-0
3-6-7-8-5-9-8-5-7-3
3-67-85-98-5-73

4 Ascolta tutto il dialogo dei nostri amici che vanno a Barolo nell'AUDIO 29. (Listen to the whole dialogue among our friends who are going to Barolo)

5 Ascolta l'AUDIO 30 e ripeti il dialogo. (Listen to audio 30 and repeat the dialogue)

Tieni gli occhi chiusi per ascoltare con più attenzione. (Close your eyes in order to listen more attentively)

Analisi

ANALYSIS

6 **Ci sono molte cose importanti nel dialogo tra i nostri amici che vanno in moto a Barolo. Leggi i dialoghi mentre ascolti l'AUDIO 30 e sottolinea le parole che indicano *andare* e *venire*.** (There are many important things in the dialogue among our friends who are going to Barolo by motorbike. Read the dialogues while listening to audio 30 and underline the words concerning *andare* e *venire*)

Attento, alcune forme di questi verbi sono "irregolari": la prima parte non è *and-* e *ven-*. (Pay attention: some forms of these verbs are irregular, the first part is not *and-* or *ven-*)

(A)

Paolo	Scusi, per andare a Barolo...
Signora	Barolo? Andate su, in alto, e dopo la collina andate a destra.
Paolo	Grazie. Arrivederci, a questa sera.
Signora	Arrivederci.
Gli altri	Arrivederci - A questa sera - A 'sta sera.

(B)

Gianni	Bene. Paolo, tu vai avanti e noi veniamo dietro, tu conosci queste strade...
Paolo	OK Gianni! Francesco, tu vieni?
Francesco	Scusate un momento, vado in camera a prendere il telefono... Vengo subito! Voi andate avanti.

(C)

Gianni	Paolo, mentre Francesco va a prendere il cellulare, dammi il tuo numero, è meglio.
Paolo	Giusto! 3-3-9-2-1-4-5-3-2-0.
Gianni	Un momento, controlliamo: 3-39-21-45-32-0. Sì? Ecco il mio: 3-67-85-98-5-73.
Paolo	Scusa, gli ultimi 3 numeri?
Gianni	5-7-3.
Francesco	Eccomi, sono qui, scusate...

7 **Completa il presente dei verbi *andare* e *venire*.** (Complete the present tense of the verbs *andare* and *venire*)

Questi due verbi sono irregolari in molte lingue. Anche nella tua lingua madre? (Are these verbs irregular in your mother tongue, too?)

andare	
(io)	vad........
(tu)	va........
(lui / lei)	v........
(noi)	andiamo
(voi)	and........
(loro)	vanno

venire	
(io)	veng........
(tu)	....
(lui / lei)	viene
(noi)	....
(voi)	venite
(loro)	vengono

8 **Scusate, c'è un problema. Unisci le parole *scusa*, *scusi*, *scusate* nei fumetti al loro significato.** (Sorry, there's a problem. Link the words *scusa*, *scusi*, *scusate* in the cartoon bubbles to their meaning)

(1)

(2)

(3)

chiedere scusa (apologizing)

attirare l'attenzione (attracting attention)

chiedere di ripetere (asking to repeat)

a. Come si chiede scusa nella tua lingua madre?

....

b. Come si attira l'attenzione?

....

c. Come si chiede di ripetere?

....

- ***Scusi!*** Usi questa forma di rispetto con una persona che non conosci.
- ***Scusa!*** Usi questa forma con un amico.
- ***Scusate!*** Usi questa forma con due o tre amici.

9 **In P2 ci sono i numeri da 1 a 20. Nei numeri dei cellulari di Paolo e Gianni (→ ES. 3) ci sono numeri più grandi di 20: scrivi i numeri.** (In P2 there are the numbers from 1 to 20. In Paolo and Gianni's mobile numbers there are numbers bigger than 20: write the numbers)

21	ventuno	....	sessantasette
....	trentadue	....	settantatré
....	trentanove	....	ottantacinque
....	quarantacinque	....	novantotto

Adesso sai anche questi **numeri:**

20	venti	70	....
30	....	80	....
40	....	90	....
50	cinquanta	100	cento
60	....		

Sintesi

FINAL SYNTHESIS

10 **Scrivi sul quaderno i numeri dell'AUDIO 31. Poi controlla con un compagno.** (Write the numbers in audio 31 on your exercise book. Then check with a mate)

11 **I numeri di telefono.** (The telephone numbers)

Detta il numero del tuo cellulare al tuo compagno. Poi lui detta a te il numero del suo cellulare. Controllate se i numeri sono corretti. (Dictate your cell number to your mate. He will then dictate his or her cell number. Check if the numbers are correct)

In Italia i numeri dei cellulari cominciano con 3, i numeri dei telefoni di casa con 0. Il prefisso internazionale è 0039.

Quando rispondi al telefono dici "pronto!". Come si dice nella tua lingua madre? ....

12 **Inserisci le forme corrette dei verbi tra parentesi.** (Insert the correct forms of the verbs in brackets)

Paolo Francesco, (*venire*) vieni al cinema con noi!

Francesco Non posso (*venire*) .... al cinema perché (*andare*) .... a Torino con Cristina.

Paolo Perché non (*venire*) .... al cinema anche Cristina e (*andare*) .... a Torino dopo il film?

Francesco Ehm... OK, (*andare*) .... da Cristina, e poi (*venire*) .... al cinema con voi; dopo prendiamo la moto e (*andare*) .... a Torino.

13 **A casa, usa l'AUDIO 30 per fare un dettato: è importante per imparare a scrivere.** (At home, use audio 30 for a dictation exercise: it's important to learn to write)

14 **Ricordi queste parole? Scrivi sul quaderno le parole corrispondenti nella tua lingua madre.** (Do you remember these words? Write the equivalents in your mother tongue)

andare, venire • conoscere, salutare, ciao, arrivederci • telefono, cellulare • compagno • disegno • imparare, attenzione, sottolineare • dopo, poi • scusarsi • significato

15 **Ascolta l'AUDIO 32 e ripeti le parole dell'esercizio 14.** (Listen to audio 32 and repeat the words in exercise 14)

16 **Adesso sai altre parole italiane degli esercizi. Scrivi le parole italiane corrispondenti alle parole inglesi.** (Now you know some more Italian words used in the exercises. Write the Italian equivalents of the English words)

a. *to underline, to pay attention* (→ ES. 6) sottolineare ....
b. *irregular* (→ ES. 7) ....
c. *meaning* (→ ES. 8) ....
d. *exercise book, mate* (→ ES. 10) ....
....
e. *to learn* (→ ES. 13) ....

SESTO PASSO

P6 / Sei | Riflettiamo sull'italiano

SIXTH STEP 6 LET'S REFLECT ON ITALIAN

Comprensione

COMPREHENSION

1 **Guarda i gruppi di cartelli. Le parole nei due gruppi sono di natura differente.** (Look at the groups of signposts. The words in the two groups have different meanings)

a. Nei cartelli a ○ sinistra ○ destra ci sono significati contrari.
b. Nei cartelli a ○ sinistra ○ destra ci sono nozioni grammaticali contrarie.

conoscenza intuitiva (intuitive knowledge)

In **P1-P5** ci sono tutte le parole e le forme che vedi nei cartelli. La differenza è che nei Passi 1-5 è conoscenza **intuitiva**: c'è una parola in un Passo e il suo opposto in un altro, il singolare in una pagina e il plurale in un'altra.
In questo Passo, invece, la conoscenza è **razionale**: vedi le cose nel loro insieme e trovi una "regola".
Imparare una lingua significa andare **dall'intuitivo al razionale**.

conoscenza razionale (rational knowledge)

Analisi

ANALYSIS

2 **Gli articoli.** (The articles)

a. Osserva le parole nei cartelli. (Look at the words in the signposts)
Le parole nei cartelli sono articoli: sono molto importanti perché ti dicono che la parola dopo l'articolo è maschile / femminile o singolare / plurale.

b. Scrivi gli articoli nella tabella. (Write the articles in the table)

	singolare	plurale
maschile	il	....
femminile	....	....

3 Articoli "determinativi" e "indeterminativi".
("Definite" and "indefinite" articles)

Osserva l'uso degli articoli nelle frasi dei due cartelli. (Look at the use of the articles in the sentences in the two signposts)

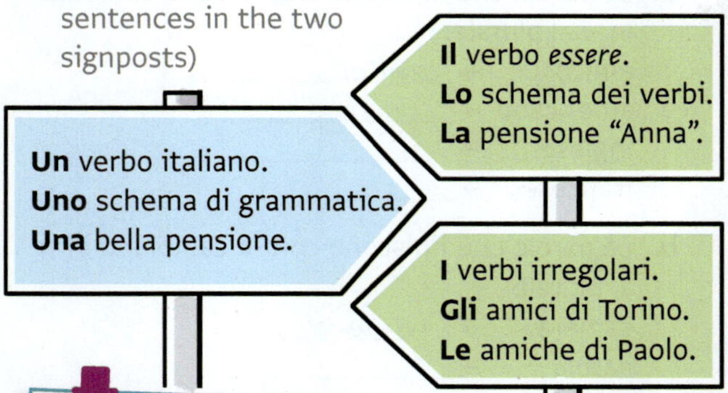

- Gli articoli *il*, *lo*, *la*, *i*, *gli*, *le* indicano una cosa precisa: sono **determinativi** ("determinare": descrivere una cosa con precisione).
- Gli articoli *un*, *uno*, *una* sono generici: sono **indeterminativi**.

Inserisci l'articolo corretto. (Insert the correct article)

a. Questa è ...la... moto di Paolo.
b. Guarda laggiù: c'è .... bella pensione!
c. Scrivi .... presente di *essere*.
d. Scrivi .... presente di .... verbo.
e. Scrivi .... pronomi personali.
f. Parla con .... amiche di Paolo.
g. Gianni saluta .... amici della pensione.

4 Osserva queste parole e il loro articolo.
(Look at these words and their articles)

il quaderno	**l'**audio	**lo** zero
il libro	**l'**articolo	**lo** schema
il banco	**l'**esercizio	**lo** spelling

Gli **articoli determinativi maschili singolari**:
- *il* si usa davanti a
  ○ vocale
  ○ consonante (non *z* e *s* + consonante)
- *lo* si usa davanti a *z* e *s* + consonante
- *l'* (*lo* senza la *-o*) si usa davanti a
  ○ vocale ○ consonante

Inserisci l'articolo determinativo maschile singolare *il* / *l'* / *lo*. (Insert the singular masculine definite article *il* / *l'* / *lo*)

a. ...il... quaderno
b. .... libro
c. .... articolo
d. .... schema
e. .... audio
f. .... zero

5 Osserva queste parole e il loro articolo.
(Look at these words and their articles)

i quaderni	**gli** audio
i libri	**gli** zeri
i banchi	**gli** schemi

Gli **articoli determinativi maschili plurali**:
- *i* si usa davanti a
  ○ consonante (non *z* e *s* + consonante)
  ○ vocale
- *gli* si usa davanti a .... oppure *z* e *s* + consonante

Inserisci l'articolo determinativo maschile plurale *i* / *gli*. (Insert the plural masculine definite article *i* / *gli*)

a. ...i... quaderni
b. .... libri
c. .... articoli
d. .... schemi
e. .... audio
f. .... zeri
g. .... motociclisti
h. .... amici

6 Osserva queste parole e il loro articolo.
(Look at these words and their articles)

un amico	**uno** zaino	**una** casa
un quaderno	**uno** schema	**una** zebra

Gli articoli **indeterminativi singolari**:
- *uno* si usa solo davanti a nomi maschili che cominciano con *z* oppure *s* + consonante
- *un* si usa con tutti gli altri nomi ....
- *una* si usa con tutti i nomi ....

Inserisci l'articolo indeterminativo singolare *un* / *uno* / *una*. (Insert the singular indefinite article *un* / *uno* / *una*)

a. ...un... quaderno
b. .... libro
c. .... articolo
d. .... ragazza
e. .... audio
f. .... zero
g. .... schema
h. .... lettera

7 L'articolo con l'apostrofo ' . (Articles with the apostrophe)

a. L'articolo maschile ***lo*** diventa ***l'*** davanti a vocale:
...l'... audio .... articolo .... italiano

b. Gli articoli femminili ***la*** / ***una*** diventano ***l'*** / ***un'*** davanti a vocale:
...l'... / ...un'... attenzione
.... / .... ultima
.... / .... intonazione

8 **Nei cartelli a p. 28 hai visto coppie di parole maschili / femminili.** (In the signposts on p. 28 you saw pairs of masculine and feminine words)

a. Le parole che finiscono con ***-o*** cambiano in ***-a*** al femminile:

amico → *amica*
bello → ……………
tedesco → ……………
italiano → ……………

b. Le parole che finiscono con ***-e*** **non cambiano** al femminile:

inglese → *inglese*
francese → ……………
grande → ……………
cinese → ……………

9 **Nei cartelli a p. 28 hai visto coppie di parole singolari / plurali.** (In the signposts on p. 28 you saw pairs of singular and plural words)

a. Le parole che finiscono con ***-o*** ed ***-e*** cambiano in ***-i*** al plurale:

amico → *amici*
americano → ……………
inglese → ……………
francese → ……………

b. Le parole che finiscono con ***-a*** cambiano in ***-e*** al plurale:

camera → *camere*
parola → ……………
doppia → ……………
lingua → ……………

Sintesi

FINAL SYNTHESIS

10 **Aiuta la tua memoria. Le coppie di parole contrarie sono più facili da ricordare. Scrivi il contrario di queste parole.** (Help your memory. Pairs of opposite words are easier to remember. Write the opposite of these words)

a. maschile → *femminile*
b. molto → ……………
c. destra → ……………
d. dentro → ……………
e. alto → ……………

11 **Adesso ascolta l'AUDIO 33: tu senti una parola e devi dire il suo contrario. L'audio poi ti conferma se la parola è corretta.** (Now listen to audio 33: you'll hear a word and you must say its opposite. The audio will confirm if the word is correct)

12 **Ripetere le cose aiuta la memoria. Inserisci l'articolo determinativo.** (Repeating tasks helps the memory. Insert the definite article)

a. *la* camera	**d.** …… caffè	**g.** …… zero	**j.** …… amici
b. …… tedesco	**e.** …… pensione	**h.** …… porte	**k.** …… paese
c. …… schema	**f.** …… russi	**i.** …… italiano	**l.** …… finestre

13 **Ricordi queste parole? Scrivi sul quaderno le parole corrispondenti nella tua lingua madre.** (Do you remember these words? Write the equivalents in your mother tongue on your exercise book)

adesso, poi, dopo • consonante, vocale • davanti, dietro • dentro, fuori • grande • importante • inserire • molto, poco • alto / basso • destra / sinistra • singolare / plurale • maschile / femminile

14 **Ascolta l'AUDIO 34 e ripeti le parole dell'esercizio 13.** (Listen to audio 34 and repeat the words in exercise 13)

15 **Questo Passo è l'ultimo dell'Unità 1. Chiudi gli occhi e ascolta l'AUDIO 35: adesso capisci tutti i dialoghi!** (This Step is the last of Unit 1. Close your eyes and listen to audio 35: now you understand all the dialogues!)

Palestra di italiano

TRAINING ITALIAN

SCRIVI IL TUO LIBRO DI GRAMMATICA (WRITE YOUR GRAMMAR BOOK)

Il presente di alcuni verbi

THE PRESENT TENSE OF SOME VERBS

Verbi regolari in *-are*

parlare	*abitare*	*chiamare, chiamarsi*
(io) *parlo*	(io)	(io) (mi) ....
(tu)	(tu) *abiti*	(tu) (ti) ....
(lui / lei)	(lui / lei)	(lui / lei) (si) ....
(noi)	(noi)	(noi) (ci) *chiamiamo*
(voi)	(voi)	(voi) (vi) ....
(loro)	(loro)	(loro) (si) ....

Verbi irregolari

essere	*andare*	*venire*
(io)	(io)	(io) *vengo*
(tu)	(tu)	(tu) ....
(lui / lei) *è*	(lui / lei)	(lui / lei) ....
(noi)	(noi)	(noi) ....
(voi)	(voi)	(voi) ....
(loro)	(loro) *vanno*	(loro) ....

1 L'accento nei verbi regolari. Leggi ad alta voce il presente del verbo *amare* e segna l'accento (*ò, à, ì*) su ogni forma. (Word stress in regular verbs. Read aloud the present tense of the verb *amare* and mark the stress (*ò, à, ì*) on every form)

(io)	am**o**	(noi)	am**iamo**
(tu)	am**i**	(voi)	am**ate**
(lui / lei)	am**a**	(loro)	am**ano**

Nel presente dei verbi regolari l'accento è nelle **desinenze** di:

a. prima persona ○ *-o* ○ *-iamo*
b. seconda persona ○ *-i* ○ *-ate*

2 Inserisci la forma corretta dei verbi tra parentesi. (Insert the correct form of the verbs in brackets)

Quando (*telefonare*) *telefono* a Marco, lui (*cominciare*, [*begin*]) .... a parlare, e poi (*parlare*) .... e (*parlare*) .... Lui (*andare*) .... avanti così per 10 minuti. Allora io gli (*domandare* [*ask*]) ....: "Scusa, Marco, dove (*essere*) ....?" Quando lui me lo dice io rispondo: "Aspetta, (*venire*) .... lì io, così possiamo parlare con più calma!" Ma alcune volte [sometimes] Marco non mi (*ascoltare*) .... e (*continuare* [*go on, continue*]) .... a parlare! Ma io lo (*amare*) .... e allora (*ascoltare*) .... la sua voce [his voice], mentre lui (*parlare*) ...., e (*parlare*) ...., e (*parlare*) ....!

3 Inserisci la forma corretta dei verbi tra parentesi. (Insert the correct form of the verbs in brackets)

Matteo Buon giorno. (*chiamarsi*) *Mi chiamo* Matteo Piemontese.
Gianna Piacere, io (*essere*) .... Gianna Mori.
Matteo Piacere. Lei (*essere*) .... qui per il corso di italiano?
Gianna Sì. Io (*essere*) .... la nuova insegnante.
Matteo Da dove (*venire*) ....?
Gianna (*venire*) .... da Genova, ma adesso (*vivere*) .... a Torino.
Matteo Noi (*cominciare*) .... alle 9.00.
Gianna Non (*essere*) c'........ problema: la mia casa (*essere*) .... molto vicina.

4 La vocale *e*. Completa le frasi con *e / è*. (The *e* vowel. Complete the sentences with *e / è*)

e / è
- *Hans **e** Marianne.*
- *Hans **è** tedesco.*

a. Hans *e* Marianne vivono a Strasburgo: Hans .... tedesco .... Marianne .... francese.
b. C'........ un problema: Violeta .... spagnola .... parla poco l'italiano.
c. Il giorno dopo arrivano Gianni .... Violeta; lui .... di Milano .... lei .... spagnola. Anche loro sono motociclisti .... vanno a Barolo insieme ai nostri amici.

SCRIVI IL TUO LIBRO DI GRAMMATICA (WRITE YOUR GRAMMAR BOOK)

La forma negativa e la forma interrogativa

THE NEGATIVE FORM AND THE INTERROGATIVE FORM

- La **forma negativa**: per dire *no*, nelle frasi negative, metti .... prima del verbo o della parola che vuoi negare.
- La **forma interrogativa**: in italiano per fare domande usi l'.................. o le parole *chi?*, *quando?*, *dove?* ecc.

5 Rispondi negativamente come nell'esempio. (Answer the questions using the negative form, as in the example)

a. Tu abiti a Genova? (*Milano*) *No, io non abito a Genova, abito a Milano.*
b. Violeta parla l'italiano? (*spagnolo*) ....
c. La pensione si chiama "San Marco"? (*Anna*) ....
d. Francesco e Cristina vivono a Torino? (*Genova*) ....
e. Ti chiami Vivianne? (*Marianne*) ....
f. La parola *amico* è femminile? (*maschile*) ....

6 Fai domande usando *chi?*, *quando?*, *dove?* (Ask questions using *chi?*, *quando?*, *dove?*)

a. *Dove* abiti?
b. .... sei nato?
c. .... si chiama Marianne?
d. .... è un insegnante?
e. .... è la tua casa?
f. .... vai questa sera?
g. .... vieni? Adesso o dopo?
h. .... vivi?

In italiano, per fare una domanda usi l'intonazione; in inglese usi *do*, *does*, *did*. Come fai una domanda nella tua lingua madre? ....

SCRIVI IL TUO LIBRO DI GRAMMATICA (WRITE YOUR GRAMMAR BOOK)

Gli articoli determinativi e indeterminativi

DEFINITIVE AND INDEFINITE ARTICLES

Gli **articoli** sono parole piccole, ma sono molto importanti perché dicono se la parola dopo è **maschile** o **femminile** (*ragazzo* / *ragazza*), **singolare** o **plurale** (*ragazzo* / *ragazzi*, *ragazza* / *ragazze*), **determinata** o **generica** (*Ho letto **il** libro di Giovanna*: quale libro? quello di Giovanna; *Ho letto **un** libro*: quale libro? un libro generico).

	articoli determinativi		articoli indeterminativi
	singolare	**plurale**	**singolare**
maschile	*il*		
femminile			

7 Inserisci l'articolo determinativo. (Insert the definite article)

il banco	.... porta	.... finestre
.... libro	.... amico	.... porte
.... amici	.... zombie	.... schema
.... schemi	.... problema	.... italiana
.... italiane	.... quaderni	.... argentine
.... collina	.... Italia	.... montagne

8 Inserisci l'articolo indeterminativo. (Insert the indefinite article)

un banco	.... porta	.... finestra
.... libro	.... amico	.... zombie
.... schema	.... italiana	.... casa
.... argentina	.... collina	.... esercizio

9 Fai il plurale di queste parole e del loro articolo. (Write the plural of these words and of their article)

a. la collina → *le colline*
b. l'insegnante → *gli insegnanti*
c. il numero → ....
d. il quaderno → ....
e. la porta → ....
f. lo zero → ....
g. la camera → ....
h. il ragazzo francese → ....
i. la ragazza argentina → ....
j. l'amico italiano → ....
k. la lingua italiana → ....
l. la parola italiana → ....

10 **Fai il femminile di queste parole e del loro articolo.** (Write the feminine version of these words and of their article)

a. il ragazzo → la ragazza
b. l'italiano → ......
c. l'insegnante → ......
d. il francese → ......
e. l'amico tedesco → ......
f. il ragazzo russo → ......
g. il compagno cinese → ......

C'è l'articolo nella tua lingua madre?

......

C'è differenza tra (is there any difference between) articolo maschile e femminile?

......

SCRIVI IL TUO LIBRO DI GRAMMATICA (WRITE YOUR GRAMMAR BOOK)

I numeri

NUMBERS

Scrivi le parole che indicano i numeri da 1 a 20.

1 uno	2	3	4	5 ......
6	7	8	9	10 ......
11	12	13	14	15 ......
16	17	18	19	20 ......

Adesso scrivi questi numeri tra 21 e 100.

22 ventidue	30	37 ......
40	50	55 ......
60	67	70 ......
78	80	84 ......
90	96	100 ......

11 **Gioca con i numeri. Lavora con un compagno.** (Play with numbers. Work with a mate)

a. Scrivete i numeri da 1 a 10 su pezzetti di carta. (Write the numbers from 1 to 10 on little pieces of paper)
b. Prendi 2 pezzetti di carta e leggi i numeri. (Pick up 2 pieces of paper and read the numbers) Per esempio, se i numeri sono 3 e 6, tu leggi "3 più 6 fa 9" e scrivi 9 vicino al tuo nome, sul quaderno. (For example, if the numbers are 3 and 6, read "3 più 6 fa 9" and write 9 next to your name, on your exercise book)
c. Piega i pezzetti di carta e mettili con gli altri. (Fold up the pieces of paper and put them back with the others)
d. Il tuo compagno fa la stessa cosa. (Your mate will do the same thing)
e. Se non leggi bene i numeri... perdi il turno. (If you don't read the numbers properly... you lose your turn)
f. Il vincitore è chi arriva a 101! (The winner is the one who scores 101!)

12 **Scrivi questi numeri di telefono.** (Write out these telephone numbers)

a. Il cellulare di Francesco è 3-3-5 / 20-45-6-79:
tre - tre ......
b. Il telefono di casa di Paolo è 0-11 / 15-56-6-8-4:
zero - undici ......
c. Il numero internazionale dell'Italia è 0-0-39:
......
d. Scrivi nel fumetto la parola che usa Paolo quando arriva una telefonata.

IN QUESTI 6 PASSI HAI IMPARATO A FARE MOLTE COSE. (IN THESE 6 STEPS YOU LEARNT MANY THINGS)
CON QUESTI ESERCIZI AIUTI LA MEMORIA A RICORDARLE. (WITH THESE EXERCISES, YOU'LL HELP YOUR MEMORY REMEMBER THEM)

13 **Metti in ordine le parole delle frasi. Non è un esercizio per bambini: aiuta a riflettere sull'italiano.** (Put the words of the sentences in the right order. This is not an exercise for children, it will help you to think about the Italian language)

a. ~~dopo~~ ● la ● a ● destra ● andate ● collina
dopo ....
b. il ● vado ● prendere ● in ● a ● telefono ● camera
....
c. Francesco ● Cristina ● Carro ● vivono ● e ● in ● 16 ● a ● Genova ● via
....
....
d. Violeta ● capisce ● spagnola ● italiano ● ma ● l' ● è
....
e. dài, ● dentro ● a ● caffè! ● venite ● un ● prendere
....

14 **Parla di te.** (Talk about you)

a. Come ti chiami?
....
b. Dove sei nato/a?
....
c. Quando sei nato/a?
....
d. In quale città vivi?
....
e. In quale via o piazza vivi?
....
f. Qual è la tua nazionalità?
....

15 **Conosci queste parole che indicano nazionalità. Unisci le parole delle due colonne.** (You know these words which indicate nationality. Match the words in the two columns)

a. America → 6	1. indiano/a
b. Argentina	2. francese
c. Brasile	3. argentino/a
d. Cina	4. spagnolo/a
e. Francia	5. russo/a
f. Germania	6. americano/a
g. Gran Bretagna	7. brasiliano/a
h. India	8. tedesco/a
i. Russia	9. inglese
j. Spagna	10. cinese

16 **Insieme ai compagni cerca di indovinare come si dicono queste nazionalità.** (With your mates, try and guess how to say these nationalities)

a. Usano ***-ano*** come *americano* e *indiano*:
Messico → messicano ....
Africa → ....
Australia → ....
Venezuela → ....

b. Usano ***-ese*** come *inglese* e *francese*:
Albania → albanese ....
Irlanda → ....
Finlandia → ....
Giappone → ....

c. Usano ***-o*** come *russo*:
Arabia → arabo ....
Grecia → ....
Slovenia → ....
Turchia → ....

17 **Guarda questa carta di identità. Scrivi le risposte di questa ragazza.** (Look at this ID card. Write this girl's answers)

Cognome PAVAN
Nome ELISA
nato il 31.03.1983
(atto n. ... P. ... S. ...)
a PADOVA (...)
Cittadinanza ITALIANA
Residenza PADOVA
Via ANTONIANO 21
Stato civile NUBILE
Professione MUSICISTA
CONNOTATI E CONTRASSEGNI SALIENTI
Statura 1,65
Capelli BIONDI
Occhi AZZURRI
Segni particolari NESSUNO
Firma del titolare
PADOVA li 02.09.2015
Impronta del dito indice sinistro
IL SINDACO

a. Come ti chiami? ....
b. Dove sei nata? ....
c. Quando sei nata? ....
d. In quale città vivi? ....
e. In quale via o piazza vivi? ....
f. Qual è la tua nazionalità? ....

Trovi altri esercizi in
www.bonaccieditore.it

2

Un corso di italiano

Imparo l'italiano per:

- chiedere e dare indicazioni stradali
- chiedere e dire che cosa si fa *di solito* e che cosa si sta facendo *in questo momento*
- chiedere e dire dove è un luogo o una cosa
- chiedere e dire l'età
- chiedere ed esprimere il possesso
- chiedere ed esprimere quello che so fare
- chiedere quando si svolge qualcosa
- confermare o non confermare
- dire che cosa serve per fare qualcosa
- dire l'ora
- esprimere apprezzamento e accordo

Conosco alcune cose dell'Italia:

- organizzazione dei corsi di italiano
- stazioni e treni
- Toscana e Umbria

Ricorda che il libro continua online

So come funzionano:

- articoli e preposizioni articolate
- *avere* + fame / sonno / sete / bisogno ecc.
- *bisogna* / *c'è bisogno*
- *fare* + nome
- giorni della settimana
- grafie diverse di *c*, *g*, *q*, *cq*, *gl*, *gn*, *sc*
- parole per fare domande
- *più* / *meno* e altre nozioni di quantità
- plurale delle parole con l'accento alla fine
- plurale regolare e alcuni plurali irregolari
- possessivi
- preposizioni: *di*, *a*, *da*, *in* nei complementi di luogo e provenienza; *da* come preposizione di durata; alcuni usi di *per*
- presente regolare delle tre coniugazioni
- pronomi personali: *tu* / *lei*, *voi* (di rispetto)
- problemi nella pronuncia delle consonanti doppie e di coppie di consonanti come *f* / *v*, *t* / *d*, *r* / *l*, *è* / *é*, *ò* / *ó*, *gn* / *ni*, *gl* / *li*, *p* / *b*, *s* / *sc*
- *sapere* + nome / infinito
- *stare* + gerundio
- verbi irregolari: *stare*, *potere*, *volere*, *dovere*, *dire*, *fare*
- verbo *avere*

P7 Sette | Dov'è la scuola, per piacere?

Comprensione

1 Guarda il disegno e la mappa e immagina che cosa succede.*

2 Ascolta l'AUDIO 36: il dialogo ha luogo dove c'è la freccia rossa. Guarda la mappa mentre ascolti. Quali di questi luoghi sono nominati?

- ○ via dei Cerretani
- ○ Campanile
- ○ via dei Servi
- ○ Duomo
- ○ via dei Martelli
- ○ via dell'Oriuolo

3 Ascolta ancora l'AUDIO 36.

a. Quali sono le tre lettere del nome della scuola di italiano per stranieri? ....

b. La scuola è
- ○ nelle vie a sinistra del Duomo
- ○ in fondo, dietro il Duomo

4 Ascolta l'AUDIO 37.

a. La studentessa parla l'italiano
○ bene ○ male

b. La studentessa è
○ francese ○ inglese ○ irlandese

c. La ragazza studia italiano da
○ 1 anno ○ 2 anni

5 Ascolta l'intera conversazione nell'AUDIO 38.

a. CIS significa "Centro di Italiano per ...."

b. La scuola è in ○ via ○ strada dell'Oriuolo.

c. Per chiedere la nazionalità, il signore dice:
○ da dove viene? ○ di dove è?

d. Per ringraziare, la studentessa dice
"..."

* You'll find online the translated instructions for the activities

6 Ascolta l'AUDIO 39, leggi e ripeti il dialogo.

(A)

Irene Scusi!
Signore Sì?
Irene Well... cerco la scuola di italiano che si chiama CIS: CI I ESSE.
Signore CIS? Non so dove...
Irene CIS, Centro di Italiano per Stranieri. È in via... un momento, sì, ecco: in via dell'Oriuolo.
Signore Ah, certo! Non è lontano. Vede, questo è il Duomo. Lei deve camminare lungo il Duomo; a sinistra ci sono via dei Martelli, poi via Ricasoli e dopo c'è via dei Servi. In fondo, dietro il Duomo, c'è via dell'Oriuolo. La scuola è lì!
Irene Sì, giro intorno al Duomo e in fondo c'è la via.
Signore Esatto!

(B)

Signore Lei parla bene l'italiano! Di dove è?
Irene Sono irlandese, vengo da Dublino. Studio italiano da un anno.
Signore Brava! Buone vacanze e buono studio qui a Firenze.
Irene Grazie.

Analisi

7 ***Tu* e *lei*.**

I due personaggi del dialogo non si conoscono e usano il pronome di rispetto ***lei***.

Cambia questa frase del dialogo passando dal *lei* al *tu*, come si usa tra ragazzi (ricorda che *tu* e *lei* possono essere "dentro" il verbo: non è necessario dire *tu parli* o *lei parla*, basta dire *parli* o *parla*).

Lei parla bene l'italiano! Di dove è?
Tu parl...... bene l'italiano! Di dove ......?

> In **P3 (es. 6)** abbiamo osservato che il **pronome personale *lei*** ha due usi:
> - **2ª persona singolare** per indicare **rispetto** per un uomo o per una donna;
> - **3ª persona singolare** per indicare una donna.

> **Voi**
> Nel Sud d'Italia come pronome di rispetto si usa anche voi.

8 Completa questi dialoghi con il pronome *tu* / *lei* e con la forma corretta del verbo tra parentesi.

(A) «Carlo, *tu* (*essere*) .... fiorentino?»
«Sì, abito dietro il Duomo. E ...... dove (*abitare*) ....?»
«A Empoli... ma sono pochi chilometri. Sono sempre qui a Firenze.»

(B) «Dottor Natali, *lei* (*vivere*) .... qui a Firenze da molti anni?»
«Sono nato a Firenze! E ......, da dove (*venire*) ....?»
«Non sono fiorentino come ......, io sono di Roma.»

9 ***Da dove vieni? Dove abiti?***

Nell'**Unità 1** e in questo Passo hai trovato queste frasi: inserisci le preposizioni *di*, *a*, *da*, *in*.

a. Paolo vive *a* Torino.
b. Paolo abita ...... piazza Garibaldi 12 a Torino.
c. La ragazza in moto viene ...... Atene.
d. Gianni dice: "Io sono ...... Milano".
e. La studentessa di italiano dice: "Vengo ...... Dublino".

in + nazione	*Vivo **in** Francia.*	*Abito **in** Irlanda.*
in + indirizzo	*Vivo **in** via dell'Oriuolo.*	*Abito **in** piazza Garibaldi.*
a + città	*Vivo **a** Venezia.*	*Abito **a** Napoli.*
essere + ***di*** + città	*Sono **di** Firenze.*	*Sono **di** Roma.*
venire + ***da***	*Vengo **da** Firenze.*	*Vengo **dalla** Germania.*

10 **Scrivi la forma base (quella che finisce in *-re*) dei verbi.**

a. *Sono* di Torino.
essere

b. *Veniamo* **da** Torino.
....

c. *Abita* a Dublino.
....

d. *Vivono* a Milano.
....

da
Puoi usare **da**:
- per lo **spazio**: *Vengo **da** Parigi*;
- per il **tempo**: *Studio italiano **da** due anni*.

11 **C'è un verbo che non hai ancora trovato e che significa "abitare": *stare* (*Sto in piazza Garibaldi e tu dove stai?*).**

Completa il presente del verbo *stare*, che è molto importante in italiano.

stare	
(io)	st..................
(tu)	stai
(lui / lei)	st..................
(noi)	st..................
(voi)	st..................
(loro)	stanno

Sintesi

12 **Adesso sai esprimere le tue opinioni.**

a. Per dire che sei contento puoi usare la forma della foto numero ..*2*...
b. Se non sei contento puoi usare la forma della foto **n.** ....
c. Se sei d'accordo con qualcuno puoi usare le forme delle foto n. ...., ..., ...
d. Per dire che hai una buona opinione di una persona puoi usare la forma della foto n. ....

n.
In una lista puoi usare *n.* al posto di *numero*.

13 **Inserisci le preposizioni *di*, *a*, *da*, *in*.**

a. Irene è ..*di*.. Dublino, ma adesso è .... Italia, dove studia italiano .... una scuola .... via dell'Oriuolo .... Firenze.
b. Nella scuola ci sono studenti che vengono .... molti Paesi diversi; alcuni di loro studiano italiano .... anni e sanno già parlare l'italiano, ma vengono .... Italia per imparare di più.
c. Irene viene .... Italia tutti gli anni, per imparare l'italiano .... una scuola per stranieri. Quest'anno è .... Firenze, ed è molto contenta perché sta .... centro, vicino alla scuola.

- Quando il verbo *venire* dice "da dove vieni" usi **da**: *Veniamo **da** Venezia*.
- Quando *venire* dice "dove vai" usi:
  - ***in*** + **nazione** o **regione**: *Vengo **in** Italia*; *Vengo **in** Toscana*;
  - ***a*** + **città**: *Vengo **a** Venezia*.

14 **Per ricordare bene quello che hai imparato, recita il dialogo (→ ES. 6) con un compagno.**

15 **A casa, usa l'AUDIO 39 per fare un dettato.**

16 **Ricordi queste parole? Scrivi sul quaderno le parole corrispondenti nella tua lingua madre.**

bravo, bene, esatto • contento • buono • disegno, foto • duomo • fiorentino, irlandese • studiare, imparare • luogo, posto, al posto di • opinione • qualcuno • significare • stare, abitare, vivere • straniero, italiano • usare • vacanza

17 **Ascolta l'AUDIO 40 e ripeti le parole dell'esercizio 16.**

In **P3 (ES. 11)** hai visto che il suono /k/ si può scrivere in diversi modi: ***c***, ***ch***, ***cc***, ***cch***.
In questo Passo ci sono parole con il suono /ku + vocale/ e sono scritte in modo diverso:
*Buono studio **qui** a Firenze.*
*Vede, **questo** è il Duomo.*
*La forma base, **quella** che finisce in -re.*
Ci sono altre parole importanti dove usi ***qu***:
qui / ***qua***, ***qua**le*, ***qua**ndo*, ***qua**nto*. Ma non è sempre così, come vedi nei disegni.

OTTAVO PASSO

P8 / Otto | Sono irlandese anch'io!

Comprensione

1 **Osserva i disegni e immagina che cosa sta succedendo.**

2 **Ascolta l'AUDIO 41 e trova queste informazioni.**

a. La prima studentessa sta cercando la
○ toilette ○ segreteria ○ insegnante

b. La seconda studentessa sta cercando la
○ toilette ○ segreteria ○ insegnante

c. La prima studentessa è nel corso
○ A2 ○ B1 ○ B2

d. La seconda studentessa è nel corso
○ A2 ○ B1 ○ B2

3 **Ascolta ancora l'AUDIO 41 e trova anche queste informazioni.**

a. La segreteria è in fondo al corridoio
○ a destra ○ a sinistra

b. Il corso B2 comincia
○ subito, adesso
○ oggi pomeriggio ○ domani

4 **Ascolta l'AUDIO 42 e trova queste informazioni sulle due studentesse.**

a. Il cognome della prima studentessa è
○ O'Leash ○ Claugh

b. Il cognome della seconda studentessa è
○ O'Leash ○ Claugh

c. Il nome della prima studentessa è
○ Irene ○ Mary

d. Il nome della seconda studentessa è
○ Irene ○ Mary

5 **Ascolta ancora l'AUDIO 42 e trova anche queste informazioni.**

a. Le due donne vengono dall'
○ Irlanda ○ Islanda ○ Estonia

b. Nella scuola si deve sempre parlare
○ in italiano ○ nella lingua madre

c. Le lezioni cominciano alle
○ 2 ○ 3 ○ 4

6 **Ascolta l'intera conversazione nell'AUDIO 43.**

7 **Ascolta l' AUDIO 44 e ripeti il dialogo leggendo il testo.**

(A)

Mary Scusi! Dov'è la segreteria, per piacere?
Irene Sto cercando anch'io la segreteria.
Signore Dovete andare in fondo al corridoio: l'ultima porta a destra.
Mary Grazie!
Segretario Avanti!
Mary, Irene, Segretario Buon giorno.
Mary Devo completare l'iscrizione per il corso B2...
Segretario Quello intensivo che comincia oggi pomeriggio?
Mary Esatto...
Irene **Anch'io** sono qui per il B2.
Segretario Bene. Cerco le vostre schede...

(B)

Segretario Lei si chiama?
Mary Mary O'Leash. O apostrofo L E A S H.
Segretario O'Leash... ecco qui. Lei viene dall'Irlanda, giusto?
Irene Oh, I'm Irish too!
Segretario No, no, qui dovete parlare solo italiano!
Irene Sorry... scusi. Sono irlandese **anch'io**!
Segretario Lei è?
Irene Irene Claugh... lo so, lo spelling è strano... C L A U G H.
Segretario Già, proprio strano! Claf... OK. Irene Claugh... è tutto a posto. Mary O'Leash... è a posto anche lei. Le lezioni cominciano alle 2. Il corso B2 è al primo piano; le scale sono qui di fronte. E ricordate: dovete parlare solo in italiano!
Irene, Mary Grazie - arrivederci.

anch'io

Irene dice: *Sono irlandese **anch'io**.*
Anche va **prima** della persona o della cosa:
Anch'io. *Mangio **anche** carne.*
***Anche** lui.* *Parlo **anche** tedesco.*

Analisi

Per formare il **gerundio**:
- i verbi che finiscono in .... aggiungono ***-ando***;
- i verbi che finiscono in .... e .... aggiungono ***-endo***.

Ma ricorda: *dire* → ***dicendo***; *fare* → ***facendo***.

8 **Il gerundio.**

Osserva questi verbi, completa e trova la regola per creare il gerundio.

a. parlare → *parlando*
andare → *andando*
studiare → ....
cercare → ....

b. potere → *potendo*
dovere → *dovendo*
volere → ....
succedere → ....

c. venire → *venendo*
unire → *unendo*
finire → ....
inserire → ....

9 **Forma il gerundio di questi verbi.**

a. mostrare → *mostrando*
scrivere → ....
dire → ....
ascoltare → ....
fare → ....

b. leggere → ....
ricordare → ....
salutare → ....
ripetere → ....
finire → ....

c. cominciare → ....
chiamare → ....
aprire → ....
mangiare → ....

10 **Adesso *sto studiando* italiano. Completa i dialoghi con la forma *stare* + gerundio del verbo tra parentesi.**

(A) «Che cosa (*tu, fare*) *stai* *facendo*?»
«(*io, studiare*) .... italiano.»

(B) «Dove (*tu, andare*) ....?»
«(*io, cercare*) .... la toilette.»

(C) «Che cosa (*tu, scrivere*) ....?»
«(*io, finire*) .... l'esercizio 10.»

Nella Comprensione hai trovato queste frasi:
*Immagina che cosa **sta succedendo**.* (→ ES. 1)
*La prima studentessa **sta cercando** la segreteria.* (→ ES. 2)

Queste forme indicano quello che stai facendo in questo momento, quello che sta succedendo: si usa il verbo ***stare*** (→ P7, ES. 11) e si aggiunge il verbo con la desinenza ***-ando*** o ***-endo*** (il **gerundio**).

11 ***Di solito, nella vita / adesso, in questo momento.***

Nella tua lingua madre ci sono due forme come in italiano per le azioni che si fanno *di solito, normalmente* e quelle che si stanno facendo *adesso, in questo momento*? ……………………………………
……………………………………

- ***Di solito*** indica un'azione che fai ***normalmente***, nella tua vita: ***abiti*** *in una via*, ***vivi*** *in una città*, ***parli*** *la tua lingua madre*, ***ami*** *una persona*.
- ***Adesso*** indica quello che fai ***in questo momento***; la forma ***stare* + gerundio** si può usare solo in questo secondo caso. In inglese la forma *be* + *-ing* è obbligatoria per indicare le azioni che avvengono in questo momento; in italiano puoi usare anche il presente normale:

*Cosa **fai**?*	***Studio** il verbo "stare".*
*Cosa **fai**?*	***Sto studiando** il verbo "stare".*
*Cosa **stai facendo**?*	***Sto studiando** il verbo "stare".*

Rispondi alle domande usando *stare* + gerundio quando è possibile.

a. Dove abiti? ……Abito…… in via dell'Oriuolo.
b. Cosa leggi? …………………… un libro di Camilleri.
c. Come si chiama lui? …………………… Luca.
d. Cosa ascolti? …………………… l'audio n. 9.
e. Dove vai nei weekend? …………………… nella mia casa in collina.
f. Dove vai? …………………… a scuola.

12 **Nel dialogo (→ ES. 7) ci sono alcune forme del verbo *dovere*. Completa il presente indicativo del verbo.**

dovere	
(io)	……………………
(tu)	devi
(lui / lei)	deve
(noi)	dobbiamo
(voi)	……………………
(loro)	devono

Il verbo *dovere* è sempre seguito dalla forma base del verbo principale, quella che finisce in *-are*, *-ere*, *-ire* (questa forma si chiama **infinito del verbo**): *devo studiare*; *devo andare*.

Sintesi

13 **Scrivi delle frasi dicendo che cosa stanno facendo queste persone: usa i verbi che descrivono queste azioni, come nell'esempio.**

A

dormire: Lui sta dormendo.

B

camminare: ……………………
……………………

C

correre: ……………………
……………………

D

mangiare: ……………………
……………………

E

cercare: ……………………
……………………

14 **Per ricordare bene quello che hai imparato, recita il dialogo (→ ES. 7) con i tuoi compagni.**

Uno di voi è Irene, un altro è Mary e un terzo è il signore nel corridoio e anche il segretario.

15 **A casa, usa l'AUDIO 44 per fare un dettato.**

16 **Ricordi queste parole? Scrivi sul quaderno le parole corrispondenti nella tua lingua madre.**

adesso, subito • domani, dopo • di solito, normalmente • anche, anch'io, anche tu • cercare, trovare • corridoio • dovere • finire, succedere • Irlanda, Islanda • signore / signora • scuola, corso, intensivo • studente / studentessa • segreteria, segretario

17 **Ascolta l'AUDIO 45 e ripeti le parole dell'esercizio 16.**

P9 / Nove | Il programma della settimana

Comprensione

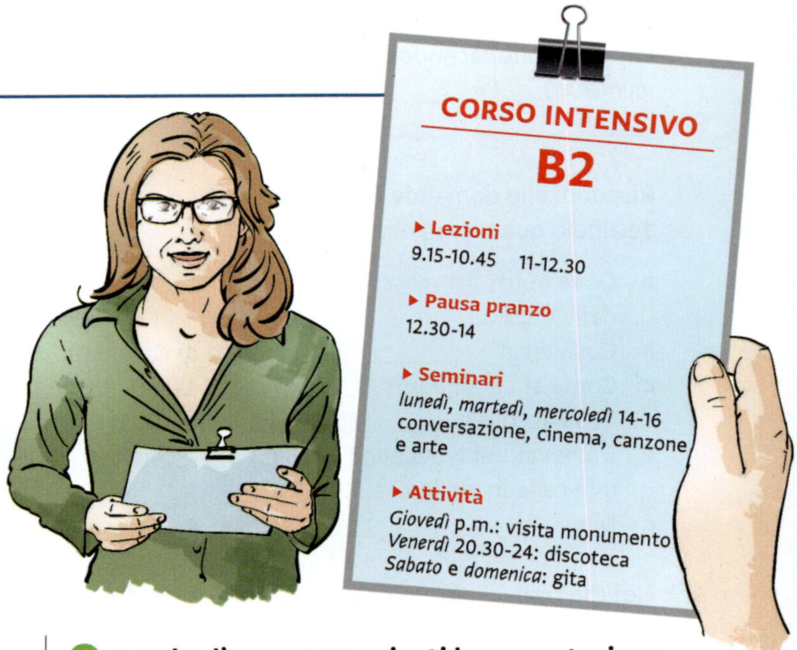

1 **Guarda il disegno: chi è? Guarda il foglio che la professoressa ha in mano: che cosa è?**

2 **Con l'aiuto dell'insegnante, leggi il programma del corso intensivo B2.**

3 **Ascolta nell'AUDIO 46 la professoressa Cavalli che presenta il corso intensivo e trova queste informazioni.**

a. Il nome della professoressa è
○ Laura ○ Carla ○ Marta

b. Alle 10.45 c'è la pausa
○ caffè ○ pranzo

c. Alle 12.30 c'è la pausa
○ caffè ○ pranzo

d. Il venerdì pomeriggio
○ è libero ○ c'è un seminario

e. Questo weekend gli studenti vanno a
○ Venezia ○ Roma

4 **Ascolta ancora l'AUDIO 46 e leggi il testo.**

Buon giorno. Mi chiamo Laura Cavalli e sono la vostra insegnante di italiano.
Prima di fare le nostre presentazioni, prendete il programma che avete sul banco così vediamo insieme l'organizzazione del corso.
Come vedete, cominciamo alle 9.15; alle 10.45 facciamo una pausa per il caffè, poi abbiamo lezione ancora dalle 11 alle 12.30.
La pausa pranzo va dalle 12,30 fino alle 2, poi lunedì, martedì e mercoledì avete dei seminari - conversazione, cinema, canzone e arte. Dopo mi dite che seminario volete fare questa settimana. I seminari vanno dalle 2 alle 4.
Il giovedì pomeriggio abbiamo una visita a un monumento qui a Firenze, e il venerdì pomeriggio è libero; la sera del venerdì, dalle 8.30 a mezzanotte, c'è la discoteca qui a scuola. Chi vuole venire deve scrivere il suo nome sul foglio che trovate all'entrata.
Sabato e domenica facciamo una gita di due giorni: questo weekend andiamo a Venezia, quello dopo a Roma.

5 **Ascolta l'AUDIO 47 e ripeti la presentazione della professoressa Cavalli.**

6 **Gli studenti si stanno presentando. Ascolta le loro presentazioni nell'AUDIO 48 e scrivi il numero vicino alle foto, come nell'esempio.**

(1)

....
....

○

....
....

○

....
....

○

....
....

○

....
....

Puoi controllare le tue risposte nell'esercizio 18.

7 **Ascolta ancora le presentazioni nell'AUDIO 48 e scrivi sotto le foto (→ ES. 6) l'età degli studenti.**

8 **Ascolta ancora l'AUDIO 48 e scrivi sotto le foto (→ ES. 6) la nazionalità o il luogo da dove vengono gli studenti.**

9 **Prepara la tua presentazione.**

Presentati al tuo compagno e poi ascolta la sua presentazione.

10 **Completa questo dialogo.**

«*Come ti chiami?*»
«Mi chiamo Antony Lloyd.»
«..................»
«Sono australiano, di Perth.»
«Quanti anni hai?»
«..................»
«Hai una certificazione di italiano?»
«..................»
«Perché frequenti questo corso?»
«Perché ....»

11 **Intervista un tuo compagno come nell'esercizio 10.**

Analisi

12 **Un passo molto importante: il verbo *avere*.**

Nelle presentazioni hai trovato queste frasi:

*Sono irlandese e **ho** 32 anni.*
*Il giovedì pomeriggio **abbiamo** una visita a un monumento.*
*Prendete il programma che **avete** sul banco.*

Completa il presente del verbo *avere* con le forme che mancano e che trovi nelle frasi sopra.

avere	
(io)	....
(tu)	hai
(lui / lei)	ha
(noi)	....
(voi)	....
(loro)	hanno

Come vedi, c'è una cosa strana: le forme *ho*, ..., ..., ... usano la **consonante *h*** (che non ha alcun suono) per mostrare la differenza con le parole *o, ai, a, anno*:

- *Studi italiano **o** inglese?* — ***Ho** il corso di inglese.*
- *Vai **ai** corsi di lingua?* — *Quanti anni **hai**?*
- *Quando vai **a** Firenze?* — *Paolo **ha** 60 anni.*
- *Studio italiano da un **anno**.* — *Loro **hanno** 21 anni.*

13 **Inserisci il verbo *avere* oppure *o, ai, a, anno*.**

a. Maria, tu quanti anni *hai*?
b. Non ricordo bene: tu hai 21 .... 22 anni?
c. Domani Lucia non va .... scuola.
d. Loro due .... la certificazione B1.
e. Io studio italiano solo da un ....
f. Mary .... 50 anni.
g. Antony va .... corsi di italiano.
h. Io .... 30 anni.

14 **Chiedi a tre compagni quanti anni hanno e in che anno sono nati.**

Puoi usare queste domande: "Quanti anni hai?", "In che anno sei nato/a?".

L'anno può essere:
197... (*mille novecento settanta...*)
198... (*mille novecento ottanta...*)
199... (*mille novecento novanta...*)
200... (*duemila...*)

a. .... ha .... anni: è nato/a nel ....
b. .... ha .... anni: è nato/a nel ....
c. .... ha .... anni: è nato/a nel ....

15 **Scrivi in numeri le ore del programma del corso di italiano.**

a. Le lezioni cominciano alle nove e un quarto (*9.15*).
b. La pausa caffè comincia alle dieci e tre quarti (..........) e finisce alle undici (..........).
c. La seconda lezione della mattina va dalle undici (..........) alle dodici e trenta (..........).
d. I seminari cominciano alle due del pomeriggio (..........) e finiscono alle quattro (..........).
e. La discoteca comincia alle otto e mezza (..........) e finisce a mezzanotte (..........).

16 **Osserva come dire l'ora in italiano.**

Fa' un'ipotesi su come dire l'ora, confronta la tua regola con un compagno e poi con la classe.

LE 7 (IN PUNTO).

LE 10 E 10 (MINUTI).

LE 10 E 15. LE 10 E UN QUARTO.

LE 11 E MEZZA.

LE 12. MEZZOGIORNO. MEZZANOTTE.

LE 12 E 40 (MINUTI). MEZZOGIORNO E 40. L'UNA MENO VENTI. 20 ALL'UNA.

LE 13 E 45. L'UNA E 45. L'UNA E TRE QUARTI. UN QUARTO ALLE 2. LE 2 MENO UN QUARTO.

LE 4 E 50. LE 16 E 50. LE 5 MENO 10. 10 (MINUTI) ALLE 5.

Sintesi

17 **Una sintesi su tre verbi molto importanti: *dovere, potere, volere.***

In P8 (ES. 12) hai trovato il verbo *dovere*. Completa il presente dei verbi *potere* e *volere* con le forme che hai trovato in questo Passo.

***Dovere, potere, volere* + infinito** (infinito = forma base di un verbo, che finisce in *-re*) è una struttura molto comune in ogni lingua:
***Devo andare** in classe.* *Oggi non **posso venire**.* ***Vuoi studiare** italiano?*

	potere	*volere*
(io)	posso	voglio
(tu)	....	vuoi
(lui / lei)	....	....
(noi)	possiamo	vogliamo
(voi)	potete	....
(loro)	possono	vogliono

Come dici questi tre verbi nella tua lingua? ....

18 **Ascolta l' AUDIO 48 e leggi le presentazioni degli studenti. Sottolinea i verbi *potere* e *volere*.**

1 *Sono Irene Claugh, ma potete chiamarmi Irene, come in italiano. Sono irlandese e ho 32 anni. Vado a Venezia anch'io.*

2 *Mi chiamo Salvo Serrano, sono spagnolo, so abbastanza l'italiano ma sono qui perché voglio migliorare e so che a Firenze posso imparare molto. Ho 27 anni. OK per Venezia, sabato e domenica.*

3 Sono Helena Koriaki, vengo da Atene, studio l'italiano da due anni e ho la certificazione B1. Ho 37 anni. Scusatemi, ma sabato e domenica non posso venire a Venezia perché faccio una gita a Pisa con amici.

4 *Mi chiamo Lee Hyung, sono coreano, della Corea del Sud. Studio italiano da tre anni... Per noi coreani l'italiano è difficile! Ho 25 anni. Ho la certificazione B1. Sabato e domenica vengo a Venezia con voi.*

5 *Mi chiamo Mary O'Leash, e sono irlandese anch'io. So bene le regole dell'italiano, ma voglio imparare a parlare meglio. Ho... molti anni! Per Venezia... non so ancora.*

19 **Nel programma del corso hai trovato i giorni della settimana.**

lunedì, ..., ...,
............, ..., ...,
domenica

20 **Completa il presente dei verbi *fare* e *dire* con le forme che hai trovato in questo Passo.**

	fare	*dire*
(io)	....	dico
(tu)	fai	....
(lui / lei)	fa	dice
(noi)	....	diciamo
(voi)	fate	....
(loro)	fanno	dicono

21 **A casa, usa l' AUDIO 47 per fare un dettato.**

22 **Ricordi queste parole? Scrivi sul quaderno le parole corrispondenti nella tua lingua madre.**

ora, minuto • mezzo, mezza, quarto • mattina, pomeriggio • mezzogiorno, mezzanotte • coreano, cinese, giapponese • irlandese, inglese • età, nato / nata, anno • giorni, settimana • lunedì, martedì, mercoledì • giovedì, venerdì • sabato, domenica • professore / professoressa • programma, corso, intensivo • lezione, seminario, certificazione • pausa caffè, pausa pranzo, gita • libero • perché • avere, essere • potere, volere, dovere • dire, fare, guardare, cominciare, finire • prendere • presentare, presentarsi, presentazione

23 **Ascolta l' AUDIO 49 e ripeti le parole dell'esercizio 22.**

I suoni dell'italiano

Alcuni suoni delle vocali e delle consonanti italiane sono differenti da quelli delle altre lingue, anche se li scrivi con la stessa lettera dell'alfabeto. Alcuni suoni italiani non ci sono in altre lingue... E quando parli in italiano tu pensi di fare un suono e gli italiani sentono un altro suono! In questa Unità trovi delle attività per imparare ad ascoltare i suoni dell'italiano. Se non capisci tutte le parole, non è un problema: pensa al loro suono.

24 Le consonanti possono essere normali o un po' più lunghe, cioè "doppie", come la *s* di *possono* o la *p* di *doppie*.

Segui le istruzioni dell'**AUDIO 50A**. Se non capisci tutte le parole non è un problema: pensa al suono.

○ palla	○ pala
○ Adda	○ Ada
○ corro	○ coro
○ penna	○ pena
○ tutta	○ tuta
○ bella	○ bela
○ canne	○ cane
○ miccia	○ micia
○ leggo	○ lego
○ alla	○ ala

Adesso segui le istruzioni dell'**AUDIO 50B**.

dom......ani	cor......idoio	dop......ia
dop......o	fin......ire	ot......o
ades......o	suc......edere	profes......ore

25 Gli studenti di alcune lingue possono trovare difficile la differenza tra *f* e *v*.

Segui le istruzioni dell'**AUDIO 51A**. Se non capisci tutte le parole non è un problema: pensa al suono.

○ foto	○ voto
○ afa	○ ava
○ fate	○ vate
○ fitto	○ vitto
○ fifa	○ viva
○ fede	○ vede
○ fanno	○ vanno
○ fino	○ vino
○ scafo	○ scavo
○ foglio	○ voglio

Adesso segui le istruzioni dell'**AUDIO 51B**.

de......ono	pio......e	......atica
con......rontare	......ritto	a......uto
peri......eria	ne......ica	......are

26 Gli studenti di alcune lingue possono trovare difficile la differenza tra *t* e *d*.

Segui le istruzioni dell'**AUDIO 52A**. Se non capisci tutte le parole non è un problema: pensa al suono.

○ tono	○ dono
○ tare	○ dare
○ tirò	○ dirò
○ Tino	○ Dino
○ atta	○ Adda
○ fretta	○ fredda
○ arte	○ arde
○ vite	○ vide

Adesso segui le istruzioni dell'**AUDIO 52B**.

lune......ì	......ire	a......esso
ma......o	mo......a	per......ere
......a......o	scri......o	gi......a

27 Gli studenti dell'Asia possono trovare difficile la differenza tra *r* e *l*.

Segui le istruzioni dell'**AUDIO 53A**. Se non capisci tutte le parole non è un problema: pensa al suono.

○ rana	○ lana
○ retto	○ letto
○ corre	○ colle
○ caro	○ calo
○ carro	○ callo
○ mora	○ mola
○ rata	○ lata
○ Rino	○ Lino

Adesso segui le istruzioni dell'**AUDIO 53B**.

......ibe......o	......icorda	pe......de......e
......ib......o	sc......ive......e	pa...... ......are
......iga	pa......a	vo......e......e

GI.2 | Guardiamoci intorno

C e G: due lettere "strane"

In **GI.1** hai visto l'alfabeto; in **P3**, **P4** e **P7** hai visto che ci sono dei problemi con le lettere *c* e *g*. Cerchiamo di capire bene questi problemi.

1 **Osserva questi cartelli, che puoi vedere in Italia se ti guardi intorno, e prova a leggere queste parole. Poi ascolta l'AUDIO 54.**

c/g + a, o, u
ch/gh + e, i
qu
cc, gg, cch, ggh
cq

I suoni /k/ e /g/

- Quello che trovi nelle seguenti parole è il suono "duro" di *c/g*:

casa, *cosa*, *cubo* — *gatto*, *gomma*, *guru*
che, *chi*, *chiedi* — *ghetto*, *ghiro*

- In alcune parole si usa ***qu***, come in *quanto*, *quando*, *questo*, *qui*, ma non in *scuola* e *cuore*.
- Quando queste consonanti sono **doppie** le scrivi così: *acca*, *ecco*, *leggo*, *vecchi*, *secche*.
- Alcune parole usano ***cq***, come *acqua*.

c/g
+ e, i
ci/gi
+ a, o, u

I suoni /tʃ/ e /dʒ/

- Quello che trovi nelle seguenti parole è il suono "dolce" di *c/g*:

cento, *ci* — *argentino*, *gita*,
ciao, *ciò*, *fanciullo* — *già*, *Giovanna*, *giù*

- La *i* di *ciao*, *ciò*, *già*, *giù* ecc. non si sente. Ma se la *i* ha l'accento, come in *farmacìa*, allora la senti.

Altri quattro problemi

gl, gn
sc, sci

Osserva i seguenti gruppi di lettere:

- ***gl*** come in *gli*;
- ***gn*** come in *montagna*, *compagni*, *compagne*, *cognome*;
- ***sci***, ***sce*** come nell'inglese *ship* e *shelf*;
- ***scio***, ***scia***, ***sciu*** come *shock*, *sharp*, *shoot*, dove la *i* non si sente

2 **Ascolta ancora l'AUDIO 54, guardando le immagini a p. 46 e osservando bene come sono scritte le parole.**

3 **Lavora con i compagni: leggete in coro queste parole, con la guida dell'insegnante.**

a.	legge	leggo	gatto	Giotto
b.	che	ce	chi	ci
c.	gli	sci	quale	scuola
d.	Giappone	Cile	Santiago	Gianni
e.	buon giorno	ragazzo	maschile	conoscere
f.	quello	sciocco	tedeschi	Marocco
g.	marocchino	farmacia	Francia	Belgio
h.	spiaggia	anche	acqua	vecchio
i.	gita	scena	tedesco	anche

4 **Ascolta l'AUDIO 55 e ripeti le parole dell'esercizio 3.**

La Toscana e l'Umbria

L'Italia centrale è il luogo dove è nato l'italiano: Dante, Petrarca e Boccaccio, i "padri" della nostra lingua, vivono a Firenze nel 1200-1300. Oggi, molti studenti stranieri vengono qui a studiare l'italiano.

La Toscana e l'Umbria sono regioni bellissime, dove i turisti vengono a visitare le città d'arte; molti stranieri passano alcuni mesi nelle bellissime colline di queste regioni. Le foto di questa pagina ti danno un'idea dell'Umbria e della Toscana e ti aiutano a comprendere i testi; se non capisci, lavora con i compagni prima di chiedere all'insegnante!

Firenze, fiorentini
È una delle "città d'arte" italiane: nel centro della città, ogni casa, ogni palazzo, ogni chiesa è un monumento.

Arezzo, aretini
Perugia, perugini
Queste due città sono il centro della civiltà degli Etruschi tra il 1000 e il 300 avanti Cristo (a.C.): la porta etrusca di Perugia ha quasi 2500 anni! Vicino a questa porta c'è un'università per stranieri.

Pisa, pisani
La "torre pendente" è famosa in tutto il mondo. Tra l'anno 1000 e l'anno 1300 Pisa è stata una delle grandi potenze del Mediterraneo. Qui ci sono anche tre università molto importanti.

Siena, senesi
La città di oggi è quasi uguale a quella dei secoli tra il 1000 e il 1500. Nel 1472, 20 anni prima della scoperta dell'America, a Siena è nata la prima grande banca europea, il Monte dei Paschi di Siena. Qui c'è un'università per stranieri.

Il paesaggio della Toscana e dell'Umbria è dolcissimo, con lunghe file di **cipressi**. Ci sono anche molti **vigneti**, dove si producono alcuni dei vini migliori d'Italia, dal Chianti al Brunello.

P10/Dieci | Alcuni problemi nel corso

Comprensione

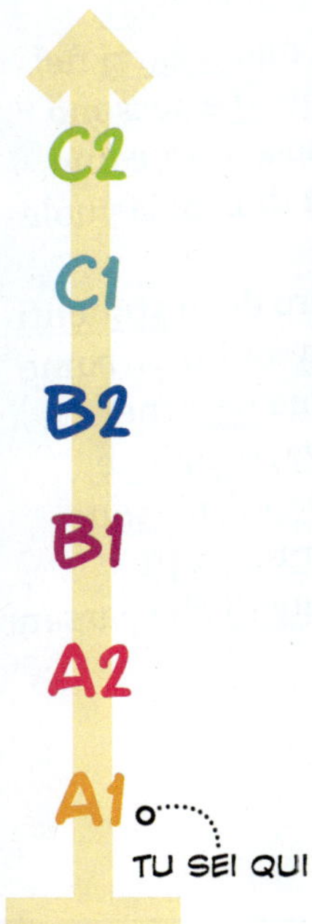

1 Vedi i livelli A1, A2 ecc. qui sopra a sinistra? Sai che cosa significano?

Confronta quello che sai con i tuoi compagni, poi immagina di che cosa possono parlare la professoressa Cavalli, che insegna nel corso B2, e il direttore del Centro di Italiano per Stranieri.

2 Ascolta l'AUDIO 56 e trova queste informazioni.

a. La professoressa Cavalli vuole parlare di
○ alcuni problemi ○ uno studente

b. Gli studenti che parlano poco e male ma sanno abbastanza la grammatica possono
○ passare al corso B1
○ fare i seminari di conversazione

3 Ascolta ancora l'AUDIO 56 e trova anche queste informazioni.

a. Il direttore ricorda che il corso è il B2 intensivo?
○ sì ○ no

b. Uno studente è molto bravo: è al livello
○ B1 ○ C1

4 Ascolta l'AUDIO 57 e trova queste informazioni.

a. Il direttore dice che gli studenti possono passare agli altri corsi?
○ sì ○ no

b. Ci sono studenti degli altri corsi che possono passare nel corso B2?
○ sì ○ no

c. Gli studenti sono
○ stupendi, simpatici, intelligenti
○ orribili, antipatici, stupidi

5 Ascolta l'intera conversazione nell'AUDIO 58.

Non leggere la trascrizione del dialogo dell'esercizio 6.

non leggere!

Dare un ordine è facile: *leggi!*, *scrivi!*, *ascolta!* Per dire di non fare una cosa, usi ***non*** + il **verbo all'infinito**: *non leggere!*, *non scrivere!*, *non ascoltare!*

6 **Ascolta l'AUDIO 59, leggi il testo e ripeti la conversazione tra la professoressa Cavalli e il direttore del CIS.**

(A)

Direttore Avanti! Oh, buon giorno professoressa Cavalli!

Cavalli Buon giorno, direttore. Vorrei parlare con lei di alcuni problemi che ho nel corso.

Direttore Certo. Il suo corso è il B2 intensivo?

Cavalli Esatto. Ci sono 14 studenti, e 3 o 4 sanno l'italiano molto bene, altri 3-4 abbastanza bene, altri 3-4 sono un po' sotto il B2, parlano poco e male, ma sanno abbastanza la grammatica.

Direttore Possono fare i seminari di conversazione, nel pomeriggio...

Cavalli Certo: li stanno facendo. Il problema sono 2 studenti che non sanno abbastanza italiano per stare nel corso B2; e poi un altro studente sa troppo italiano, è al livello C1...

(B)

Direttore Capisco... Va bene: due studenti passano al corso B1, uno passa al C1. Può parlare lei con i professori Rotti e Lancia?

Cavalli Sì, sanno già che ci sono questi problemi... Rotti ha due ragazzi nel B1 che sono molto bravi e possono passare dal suo corso al mio, e uno degli studenti del C1 di Lancia vuole passare al B2.

Direttore Molto bene, il numero degli studenti nei corsi non cambia molto... E come sono gli studenti come persone?

Cavalli Stupendi! Sono ragazzi e ragazze, uomini e donne stupendi, persone simpatiche, intelligenti... Tutti. Mi dispiace perdere quelli che passano al B1 e al C1!

7 **Recita il dialogo (→ ES. 6) con un compagno.**

Analisi

8 **Osserva queste parole che indicano quantità e che hai trovato nella conversazione tra la professoressa Cavalli e il direttore della scuola: *abbastanza*, *molto*, *poco*, *troppo*.**

Cerca di capire il significato delle parole, confronta le tue idee con i compagni e l'insegnante, poi cerca sul dizionario.

Completa le frasi sotto le foto: scrivi prima la parola italiana e poi quella nella tua lingua madre, nella riga che comincia con *tua*.

È troppo forte.
Tua: ....

È .... forte.
Tua: ....

È .... forte.
Tua: ....

È .... forte.
Tua: ....

Attenzione alla parola *poco*, che spesso si dice *un po'*. *Un po'* può avere un significato positivo e un significato negativo: segna la tua idea sugli emoticon, e poi confronta la tua idea con i compagni e con l'insegnante.

9 **Sostituisci le preposizioni *di*, *a*, *da*, *in*, *su* + articolo con queste parole: *al*, *agli*, *dal*, *degli*, *del*, *nel*, *nell'*, *sul*, *sulle*.**

Trovi le forme corrette nei dialoghi e negli esercizi indicati.

a. Vorrei parlare con lei di alcuni problemi che ho (*in* + *il*) ...nel... corso. (→ ES. 6)
b. Possono passare (*da* + *il*) .... suo corso (*a* + *il*) .... mio. (→ ES. 6)
c. Uno (*di* + *gli*) .... studenti (*di* + *il*) .... C1 vuole passare (*a* + *il*) .... B2. (→ ES. 6)
d. Gli studenti possono passare (*a* + *gli*) .... altri corsi. (→ ES. 4)
e. Ascolta l'intera conversazione (*in* + *l'*) ....audio 58. (→ ES. 5)
f. Trova queste informazioni (*su* + *le*) .... due studentesse. (→ P8, ES. 4)
g. Prendete il programma che avete (*su* + *il*) .... banco. (→ P9, ES. 4)
h. Trovi le frasi (*in* + *l'*) ....esercizio 4 (*di* + *il*) .... P9.

Ecco lo schema generale delle **preposizioni articolate**.

	il	lo (l')	la (l')	i	gli	le
di	del	dello (dell')	della (dell')	dei	degli	delle
a	al	allo (all')	alla (all')	ai	agli	alle
da	dal	dallo (dall')	dalla (dall')	dai	dagli	dalle
in	nel	nello (nell')	nella (nell')	nei	negli	nelle
su	sul	sullo (sull')	sulla (sull')	sui	sugli	sulle

Come vedi non usiamo le forme "articolate" di ***con*** e ***per***.

10 **Inserisci le preposizioni articolate e poi fa' il plurale.**

a. *a* → ...al... professore → ...ai professori...
b. *di* → .... corso → ....
c. *da* → .... piazza → ....
d. *in* → .... strada → ....
e. *a* → .... pizzeria → ....
f. *di* → .... ragazza → ....
g. *in* → .... corridoio → ....
h. *da* → .... amico → ....
i. *in* → .... anno → ....
j. *su* → .... scala → ....

11 **Le parole sottolineate in azzurro nel dialogo (→ ES. 6) sono tutte al ....**

Ripassiamo il plurale regolare, che abbiamo visto in P6. Scrivi il plurale di queste parole.

a. altro, ragazzo → ...altri...
b. donna, ragazza → ....
c. intelligente, studente → ....

Nel dialogo ci sono anche alcuni plurali particolari:
d. uomo → ....
e. simpatica → (serve l'*h* per conservare il suono /k/) ....
f. problema → (le parole di origine greca che finiscono in *-ema* sono maschili e fanno il plurale in *-i*) ....

12 **Fai il plurale di queste parole e dei loro articoli determinativi.**

a. il professore → ...i professori...
b. la professoressa → ....
c. il corso → ....
d. l'amico → ....
e. l'amica → ....
f. lo zero → ....
g. l'altro → ....
h. il problema → ....
i. l'uomo → ....
j. l'italiano → ....
k. l'anno → ....
l. la scala → ....

13 **Indicare il possesso.**

Osserva queste frasi che indicano il possesso.

*Questi studenti possono passare dal **mio** corso al **tuo**.*
*Il **suo** corso è il B2 intensivo?*
*Il **nostro** è il B2.*
*Il **vostro** corso comincia alle 14 e il **loro** alle 14.30.*

Negli esempi, *mio*, *suo* e *vostro* sono **aggettivi**: sono davanti al nome *corso*; *tuo*, *nostro*, *loro* invece sono **pronomi**: stanno al posto del nome *corso*. Le forme sono uguali, ma è bene imparare queste parole grammaticali, "aggettivo" e "pronome", perché in futuro saranno utili.

Adesso completa lo schema con i pronomi o aggettivi possessivi.

	maschile	**femminile**
(io)	....	mia
(tu)	....	tua
(lui / lei)	....	....
(noi)	....	....
(voi)	....	....
(loro)	....	loro

Sintesi

14 **In P3 (ES. 6) abbiamo visto la differenza fra *tu*, pronome informale che si usa tra amici, e *lei*, che è formale e si usa tra persone che si conoscono poco. Ripassa questa opposizione formale / informale.**

Trasforma la conversazione del dialogo (→ ES. 6) da formale a informale cambiando le frasi. Al posto del *lei* usa il *tu*; al posto dei cognomi usa i nomi (la professoressa si chiama Laura; il nome del direttore è indicato nel disegno a p. 49).

15 **Un verbo irregolare molto importante: *sapere*.**

Completa il presente del verbo con le forme che hai trovato nella conversazione e in alcuni esercizi.

sapere	
(io)	so
(tu)	....
(lui / lei)	....
(noi)	sappiamo
(voi)	sapete
(loro)	....

16 **Ascolta l'AUDIO 60 e confronta l'intonazione delle frasi affermative, che danno un'informazione certa, e di quelle interrogative, che chiedono un'informazione (→ P4).**

17 **Per ricordare bene quello che hai imparato, recita ancora il dialogo (→ ES. 6) con un compagno.**

18 **A casa, usa l'AUDIO 59 per fare un dettato.**

19 **Ricordi queste parole? Scrivi sul quaderno le parole corrispondenti nella tua lingua madre.**

alcuno, altro • bene, male • bravo, intelligente, forte • simpatico, stupendo • confrontare, livello • direttore, professore • donna / uomo, uomini • informazione • problema / problemi • soldi, pochi soldi, un po' di soldi • troppo, molto, abbastanza, poco

20 **Ascolta l'AUDIO 61 e ripeti le parole dell'esercizio 19.**

I suoni dell'italiano

21 **Gli studenti stranieri possono trovare difficile la differenza tra *è* aperta ed *é* chiusa.**

Segui le istruzioni dell'AUDIO 62A. Se non capisci tutte le parole non è un problema: pensa al suono.

- ○ è
- ○ vorrei del tè
- ○ venti
- ○ pesca

- ○ e
- ○ vengo con te
- ○ 20
- ○ pesca

Adesso segui le istruzioni dell'AUDIO 62B.

○ adesso	○ pennarello	○ vieni
○ devo	○ messo	○ letto
○ penna	○ ripeti	○ detto
○ mettere	○ volere	○ cioè
○ leggi	○ sapendo	○ alfabeto
○ bene	○ senza	○ ripeto

22 **Gli studenti stranieri possono trovare difficile la differenza tra *ò* aperta e *ó* chiusa.**

Segui le istruzioni dell'AUDIO 63A. Se non capisci tutte le parole non è un problema: pensa al suono.

- ○ botte
- ○ morto
- ○ colla
- ○ sorte

- ○ botte
- ○ corto
- ○ cola
- ○ sorte

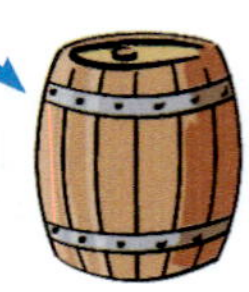

Adesso segui le istruzioni dell'AUDIO 63B.

○ sono	○ foto	○ dopo
○ signore	○ passaporto	○ molto
○ conto	○ forma	○ dodici
○ moto	○ dolce	○ otto
○ ora	○ modo	○ contro
○ poco	○ come	○ sotto
○ corso	○ forte	○ professore

UNDICESIMO PASSO

P11 / Undici | Venerdì sera: discoteca!

Comprensione

....

....

1 **Bisogna organizzare la serata in discoteca. Servono le cose che vedi nelle foto.**

Lavorate con i compagni e controllate se sapete i nomi degli oggetti.

2 **La professoressa Cavalli sta organizzando la serata. Ascolta l'AUDIO 64 e rispondi alle domande.**

a. Che giorno è *domani*? ....

b. Quanti studenti vanno in discoteca, domani?

....

c. Quanti studenti servono per organizzare la serata? ....

....

....

3 **Ascolta ancora il dialogo nell'AUDIO 64, e poi ascolta e ripeti l'AUDIO 65.**

4 **Che cosa devono comprare per la serata? La professoressa lo dice agli studenti. Guarda le foto, ascolta l'AUDIO 66 e cerca di capire come si chiamano gli oggetti.**

....

....

5 **Ascolta l'AUDIO 67 e scrivi sotto le foto i nomi degli oggetti.**

....

6 **C'è bisogno anche di due persone per presentare la serata e fare musica. Ascolta l'AUDIO 68 e trova queste informazioni.**

a. Per presentare i giochi e far stare allegri serve un
○ presentatore ○ Dj

b. Per fare musica serve un
○ presentatore ○ Dj

....

....

7 **Ascolta ancora l'AUDIO 68 e rispondi a queste domande.**

a. Chi fa la presentatrice?
○ Irene ○ Daisy

b. Chi fa il Dj?
○ Angelous ○ Salvo

....

....

8 **Ascolta l'intera conversazione nell'AUDIO 69.**

9 Ascolta l'AUDIO 70 e ripeti il dialogo leggendo il testo.

A

Cavalli	Domani è venerdì, c'è la serata in discoteca! Chi viene? Alzate la mano... Bene: 11. Ci sono anche gli studenti delle altre classi, ma domani il nostro corso è responsabile della serata. Ho bisogno di 5 di voi **per** organizzare la serata.
Studenti	Io - Anch'io - Vengo anch'io...
Cavalli	Allora ci vediamo **per** un quarto d'ora dopo la lezione, va bene?

per

La preposizione per ha vari significati:

- **scopo**: *per organizzare*; *per fare musica*;
- **tempo**: *per un quarto d'ora*;
- **destinazione**: *per chi ha sete*; *per Milano*.

B

Cavalli	Allora... Bisogna andare a comprare acqua, bibite...
Studentessa 1	Compriamo anche del vino...
Studente 2	... o della birra?
Cavalli	Niente alcol! 12 bottiglie grandi di acqua, 6 di aranciata, 6 di coca, **per** chi ha sete; e biscotti e frutta **per** chi ha fame. E anche delle patatine.
Studentessa 3	Quanti siamo?
Cavalli	50-60 persone...
Studente 2	Dove andiamo a comprare queste cose?
Cavalli	Al supermercato in via dei Martelli.
Studentessa 3	E come portiamo le bottiglie, la frutta e i biscotti?
Cavalli	In segreteria trovate due carrelli.
Studentessa 1	E... scusi, professoressa... chi paga?
Cavalli	Paga tutto la scuola. Ecco i soldi: 50 euro.

C

Cavalli	E poi c'è bisogno di un Dj e di un presentatore.
Studentessa 1	*Presentatore*? Che cosa vuol dire?
Cavalli	È una persona che ha il microfono, presenta i giochi e fa stare allegri...
Studenti 2, 3	Lei! - Daisy! - Daisy è il presenta... la *presentatora*!
Cavalli	*Presentatrice*! Il femminile è *presentatrice*. Come *attore / attrice*! Vi mando al livello A1!... Abbiamo bisogno anche di un Dj **per** fare musica.
Studente 2	Posso farlo io?
Cavalli	OK. Salvo for Dj! Bene: prendete i carrelli e andate al supermercato.

Analisi

10 **Le parole per fare domande.**

In P4 (ES. 11-12) hai visto le parole usate per iniziare una domanda: sono gli "interrogativi". Nel dialogo (→ ES. 9) sottolinea le frasi dove ci sono *chi?*, *quanto?*, *(di) dove?*, *come?*, *(che) cosa?*

In P8 e P9 hai trovato anche gli interrogativi che chiedono:

- la **causa**: .... (→ P9, ES. 10);
- il **tempo**: .... (→ P9, ES. 12);
- un'**informazione**: .... (→ P8, ES. 11).

Completa queste domande con l'interrogativo corretto.

a. *Come* portiamo acqua, frutta e biscotti?
b. .... si dice Dj in italiano?
c. .... sei? Ah, sei irlandese!
d. .... è il supermercato?
e. .... bottiglie d'acqua compriamo?
f. .... vuole fare il Dj?
g. .... dobbiamo comprare?
h. .... è la serata in discoteca?
i. .... la bottiglia è fredda?

11 ***Avere* è un verbo proprio importante!**

In queste frasi trovi alcune forme con ***avere*** + **nome**. In altre lingue per dire questi significati si usano *essere* + aggettivo o altri verbi (come vedi negli esempi in inglese):

Prendete 6 bottiglie di coca per chi ***ha sete*** (for those who are thirsty).
Prendete biscotti e frutta per chi ***ha fame*** (for those who are hungry).
Ho bisogno *di 5 di voi* (I need 5 of you).

Ci sono altre forme di questo tipo, come vedi nei fumetti.

Avere bisogno è la forma normale, ma si può usare anche una **forma "impersonale"**, dove non è indicata la persona che ha bisogno:
C'è bisogno *di un Dj.*
Bisogna *andare a comprare acqua e bibite.*

Completa queste frasi.

a. Balliamo da troppo tempo, ...ho.... caldo!
b. .... fame? Mangiate dei cracker.
c. Sono stanco: se tu non .... bisogno di me vado a casa.
d. Non dormo da ieri: .... sonno!
e. Se voi .... sete, ci sono acqua e coca.
f. C'è una serata in discoteca e .... andare a comprare da bere.

12 In questa Unità hai trovato due importanti verbi irregolari: *fare* e *sapere*.

Fare è molto usato anche in frasi che in altre lingue usano *essere*, come ***fa*** *caldo*, ***fa*** *freddo*.
In molti casi è usato al posto di altri verbi, come vedi nei fumetti.

Sapere significa ***conoscere***, come quando dici ***So*** *il presente del verbo "sapere"*.
Ma ***sapere*** **+ verbo all'infinito** significa anche ***saper fare qualcosa***, come vedi nei fumetti.

Fai una gara con un tuo compagno: tu dici una frase con i verbi *fare* o *sapere* e lui ha 5 secondi per dire un'altra frase, poi tu rispondi... fino a quando uno di voi rimane senza parole!

13 In P4 (ES. 6) hai visto il presente della prima coniugazione dei verbi regolari, quella dei verbi che finiscono in *-are*. La seconda coniugazione dei verbi è quella in *-ere*.

Completa il presente del verbo *vedere* con le forme che hai trovato sottolineate in azzurro negli esercizi e nel dialogo.

vedere

(io)	ved**o**
(tu)	....
(lui / lei)	ved**e**
(noi)	....
(voi)	ved**ete**
(loro)	ved**ono**

Anche *prendere*, *rispondere*, *scrivere*, *leggere* e gli altri verbi regolari in *-ere* sono come *vedere*.

Sintesi

14 Completa le frasi con i verbi corretti, lavorando con un compagno.

«..Bisogna.. andare a .... acqua, bibite, frutta e biscotti.»
«.................... anche del vino?»
«.................... 6 bottiglie di coca, per chi .... sete; frutta per chi .... fame.»
«Dove .... a comprare queste cose? E come .... tutto?»
«In segreteria .... due carrelli.»
«E... scusi, professoressa... chi ....?»
«.................... tutto la scuola.
E poi .... bisogno di un presentatore.»
«Presentatore? Che cosa .... dire?»
«È una persona che .... i giochi e .... stare allegri. .... bisogno anche di un Dj per .... musica.»
«.................... farlo io?»

15 Facciamo la sintesi su alcuni femminili irregolari.

a. presentatore → ....trice
b. attore → ....
c. professore → ....essa
d. dottore → ....

Il femminile delle parole in ***-ore*** ha due forme: ***-trice*** o ***-essa***.
Ricorda il femminile quando impari una parola nuova che finisce in *-ore*!

16 Per ricordare bene quello che hai imparato, recita il dialogo (→ ES. 9) con un compagno.

Uno di voi è la professoressa Cavalli, l'altro fa le parti di tutti gli studenti.

17 A casa, usa l'AUDIO 70 per fare un dettato.

18 Ricordi queste parole? Scrivi le parole corrispondenti nella tua lingua madre.

avere bisogno / fame / sete • avere sonno / freddo / caldo • supermercato, carrello • comprare, prendere, pagare, soldi • biscotto, patatina, frutta • bottiglia, aranciata, coca, vino, birra • organizzare, organizzazione • serata, discoteca, allegro • musica, microfono, ballare • attore / attrice, presentatore / presentatrice

19 Ascolta l'AUDIO 71 e ripeti le parole dell'esercizio 18.

I suoni dell'italiano

20 Il suono *gn* di *bisogno* è difficile per chi parla una lingua dove non è usato, e alcuni studenti lo pronunciano *ni*, come *bisonio*.

Per imparare a non confondere *gn* con *ni*, segui le istruzioni dell'AUDIO 72A. Le parole nella colonna a destra non esistono: pensa solo al loro suono.

gn

○ bagno	○ banio
○ bisogno	○ bisonio
○ disegno	○ disenio
○ insegnante	○ inseniante
○ campagna	○ campania
○ spagnolo	○ spaniolo
○ compagno	○ companio

Adesso segui le istruzioni dell'AUDIO 72B.

○ Germa......a	○ ......ente	○ ve......amo
○ si......ore	○ Esto......a	○ co......ome
○ Spa......a	○ o......i	○ biso......o

Infine segui le istruzioni dell'AUDIO 72C.

monta......a	campa......a	inse......are
si......ificato	ba......o	......ente
Campa......a	stra......ero	biso......o

21 Il suono *gl* di *bottiglia* è difficile per chi parla una lingua dove non è usato, e alcuni studenti lo pronunciano *li*, come *bottilia*.

Per imparare a non confondere *gl* con *li*, segui le istruzioni dell'AUDIO 73A. Le parole nella colonna a destra non esistono: pensa solo al loro suono.

gl

○ bottiglia	○ bottilia
○ figlio	○ filio
○ foglia	○ folia
○ sbagliare	○ sbaliare
○ moglie	○ molie
○ gli	○ li
○ degli	○ delli
○ aglio	○ alio

Adesso segui le istruzioni dell'AUDIO 73B.

○ mi......io	○ fami......ia	○ de......i
○ ma......ia	○ bi......ietto	○ fo......io
○ fi......io	○ o......o	○ ita......ano

Infine segui le istruzioni dell'AUDIO 73C.

sba......iato	a......as	mi......one
ta......iatelle	tova......ia	botti......ia
mi......ardo	a......io	ita......ano

P12 / Dodici | Partiamo per Venezia!

Comprensione

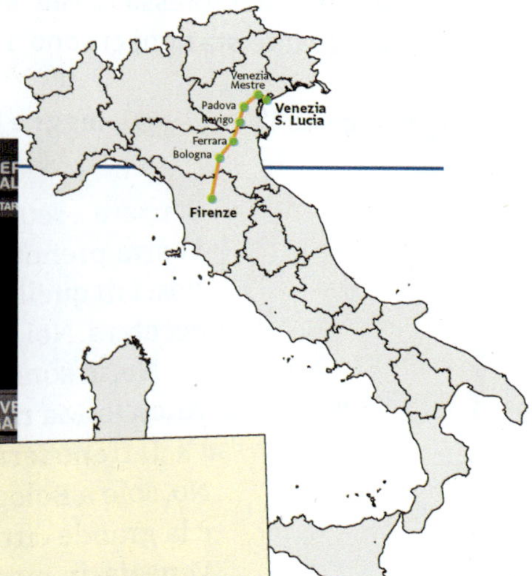

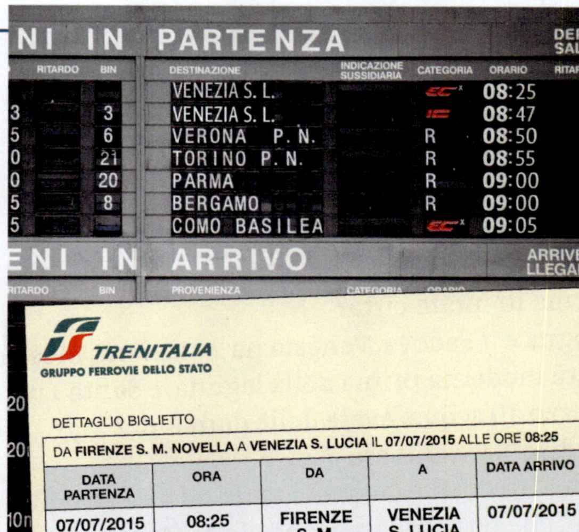

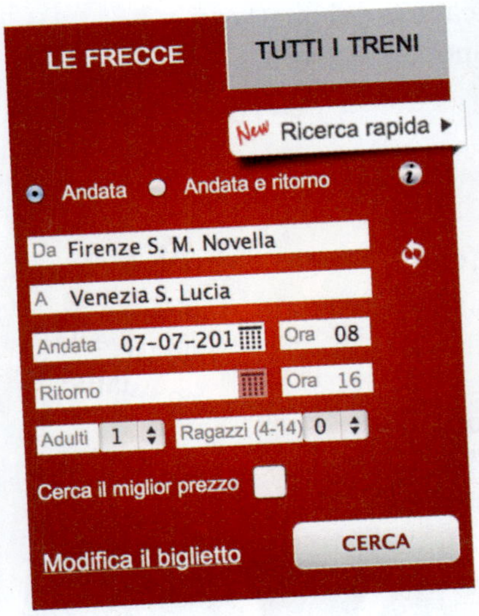

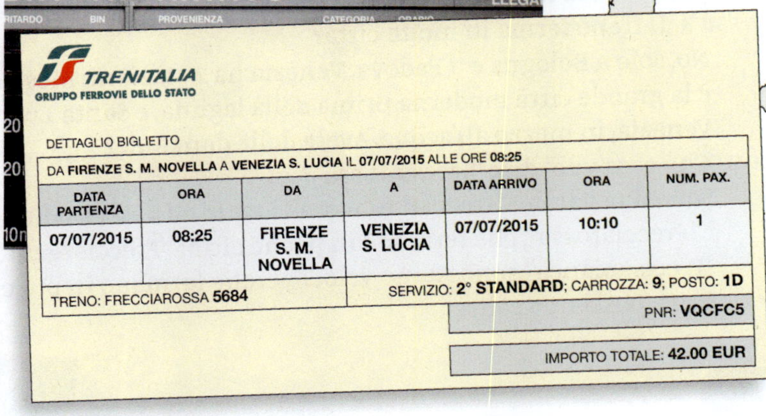

TRENITALIA
GRUPPO FERROVIE DELLO STATO

DETTAGLIO BIGLIETTO

DA FIRENZE S. M. NOVELLA A VENEZIA S. LUCIA IL 07/07/2015 ALLE ORE 08:25

DATA PARTENZA	ORA	DA	A	DATA ARRIVO	ORA	NUM. PAX.
07/07/2015	08:25	FIRENZE S. M. NOVELLA	VENEZIA S. LUCIA	07/07/2015	10:10	1

TRENO: FRECCIAROSSA 5684 — SERVIZIO: 2° STANDARD; CARROZZA: 9; POSTO: 1D

PNR: VQCFC5

IMPORTO TOTALE: 42.00 EUR

1 Osserva le immagini.

a. In Italia ci sono due compagnie ferroviarie: Trenitalia e Italo. Gli studenti della professoressa Cavalli vanno a Venezia con il treno di ....

b. La professoressa Cavalli ha fatto la prenotazione sul sito internet di Trenitalia e il biglietto è quello che vedi sopra. Trova:

- il numero del **Frecciarossa**: ....
- a che ora parte il treno: ....
- il numero della carrozza: ....
- il numero del posto: ....
- il prezzo del biglietto: ....

2 Ascolta gli annunci nella stazione di Firenze nell'AUDIO 74.

Quale annuncio è quello del treno degli studenti?

○ il primo
○ il secondo

3 Ascolta ancora l'AUDIO 74 e rispondi alle domande.

a. Da quale binario parte il treno Frecciarossa? ....

b. Da quale binario parte il treno Italo? ....

4 Ascolta gli annunci nell'AUDIO 75, leggi e ripeti.

IL TRENO TRENITALIA FRECCIAROSSA 5684 DELLE ORE 8.25 PER VENEZIA SANTA LUCIA È IN PARTENZA DAL BINARIO 8. FERMA A BOLOGNA CENTRALE, PADOVA E VENEZIA MESTRE.

Frecciarossa

Nella foto vedi un Frecciarossa: "freccia" è il nome che Trenitalia dà ai suoi treni ad alta velocità.

IL TRENO ITALO NUMERO 2475 DELLE ORE 8.47 PER VENEZIA SANTA LUCIA È IN PARTENZA DAL BINARIO 12. FERMA A BOLOGNA CENTRALE, FERRARA, ROVIGO, PADOVA E VENEZIA MESTRE.

5 **Ascolta nell'AUDIO 76 quello che la professoressa Cavalli dice agli studenti prima di partire.**

a. I posti sono vicini? ○ sì ○ no
b. La professoressa Cavalli dice che tutti gli studenti sono nelle carrozze 8 e 9. È vero? ○ sì ○ no
c. Quante stazioni ci sono a Venezia? ○ 2 ○ 3

6 **Ascolta l'AUDIO 77, leggi e ripeti il dialogo tra la professoressa Cavalli e i suoi studenti.**

Cavalli Scusate... scusate! Dunque: i posti non sono vicini, quindi controllate bene la vostra prenotazione: il numero indica la fila, la lettera indica uno dei quattro posti in quella fila, la carrozza è... be', questa è la carrozza 1, poi c'è la 2, la 3 eccetera. Noi siamo tutti nelle carrozze 8 e 9.
Studentessa 1 No, io sono nella 7.
Studente 2 Anch'io. Ma non c'è problema.
Studentessa 3 Il treno ferma in molte città?
Cavalli No, solo a Bologna e a Padova. Venezia ha 2 stazioni: Mestre, che è la grande città moderna prima della laguna, e Santa Lucia, che è Venezia, in mezzo all'acqua. Avete delle domande?
Studente 2 Che cosa vuol dire "frecciarossa"?
Cavalli Sono due parole: "freccia" e "rossa". I treni ad alta velocità sono i "Frecciarossa", che fermano in poche città; "Frecciargento" e "Frecciabianca" sono **meno** veloci perché fermano in più città. Bene, possiamo salire.

più / meno
Le parole *più* e *meno* indicano **quantità**.

Analisi

CARROZZA

7 **Gli articoli indeterminativi plurali.**

In **P6** hai trovato gli **articoli indeterminativi singolari**:
- ***un, uno*** ○ maschili ○ femminili
- ***una, un'*** ○ maschili ○ femminili

Come formano il plurale? Osserva queste frasi:
*Mercoledì avete **dei** seminari.* (→ **P9, ES. 4**)
*Ci sono **degli** attori.*
*Avete **delle** domande?* (→ **ES. 6**)
Come vedi, si usano le preposizioni articolate ***dei, degli, delle***, che hai visto in **P10 (ES. 9)**.

Osserva questi esempi:
*C'è **un** posto sul treno delle 10.30?* → *Ci sono **dei** posti sul treno delle 10.30?*
*C'è **un** altro posto su quel treno?* → *Ci sono **degli** altri posti su quel treno?*
*C'è **uno** studente nella carrozza 7.* → *Ci sono **degli** studenti nella carrozza 7.*
***Una** lettera indica il posto.* → ***Delle** lettere indicano i posti.*

Come hai visto in **P6**, davanti a nomi maschili che cominciano con **vocale** (*amico*), ***s* + consonante** (*studente*) e ***z*** (*zombie*) si usano gli **articoli *lo / gli*** e non *il / i*; davanti a vocale ***lo* si apostrofa**: *l'altro*.

In **P10** hai visto le **preposizioni articolate**, che davanti a questi maschili "speciali" sono ***dello / degli, allo / agli, nello / negli*** (anche in questo caso davanti a vocale si può usare l'apostrofo: *dell'altro*).

Per fare il **plurale dell'articolo indeterminativo** usi le preposizioni articolate ***dei, degli, delle***.

	articoli indeterminativi		
	maschile generale	**maschile speciale**	**femminile**
singolare	un	uno, un (+ vocale)	una / un'
plurale	dei	degli	delle

Città

Le parole con l'**accento sull'ultima lettera** non cambiano al plurale:
una città → delle città.

8 **Fai il plurale usando gli articoli indeterminativi plurali.**

a. un posto → *dei posti*
b. una carrozza → ....
c. un articolo → ....
d. uno studente → ....
e. una studentessa → ....
f. uno zero → ....
g. una **città** → ....

9 **La terza coniugazione: i verbi che finiscono in *-ire*.**

Hai già studiato i verbi della **prima coniugazione**, che finiscono in ***-are*** (→ **P4, ES. 6**), e quelli della **seconda coniugazione**, che finiscono in ***-ere*** (→ **P11, ES. 13**).

La **terza coniugazione** è quella dei verbi che finiscono in ***-ire***. In questo Passo hai trovato alcuni verbi di terza coniugazione; ti ricordiamo altri verbi in *-ire* che hai trovato in questi Passi:

- ***dormire***: *Non **dormo** da ieri.*
- ***partire***: *Il treno **parte** alle 8.25.*; *Gli studenti **partono** per Venezia.*
- ***inserire***: ***Inserisci** l'articolo.*
- ***unire***: ***Unisci** le parole.*
- ***finire***: *Leggi le parole che **finiscono** in -ire.*

10 **Completa le frasi con i verbi tra parentesi.**

a. Ragazzi, mi (*dire*) *dite* a che ora (*partire*) .... il treno?
b. Sapete a che ora (*finire*) .... la lezione?
c. Questa notte (*dormire*) .... a Venezia.
d. John, (*finire*) .... l'esercizio a casa.
e. Ragazzi, (*unire*) .... l'articolo al nome corretto.
f. I verbi della prima coniugazione (*finire*) .... in *-are*.

Alcuni verbi della **terza coniugazione**, come *inserire, unire, finire*, hanno ***-isc*** prima di alcune desinenze. A differenza della prima e della seconda, la terza coniugazione ha **due gruppi di verbi** che formano il presente in maniera differente.

Completa il presente dei verbi *partire* e *finire* con le forme che hai trovato sottolineate in azzurro negli esercizi.

	partire	*finire*
(io)	part**o**	fin**isco**
(tu)	part**i**	fin**isci**
(lui / lei)	....	fin**isce**
(noi)	part**iamo**	fin**iamo**
(voi)	part**ite**	fin**ite**
(loro)	....	....

La prima ferrovia italiana è stata la Napoli-Portici, nel 1839: era lunga 7 chilometri.

Oggi la rete ferroviaria ad alta velocità ha più di 2000 km.

Sintesi

11 **La sintesi degli articoli in italiano.**

In questo Passo abbiamo finito il lavoro sugli articoli: fa' la sintesi.

	articoli determinativi			articoli indeterminativi		
	maschile generale	maschile speciale	femminile	maschile generale	maschile speciale	femminile
singolare	*il*	....	....	....	....	....
plurale	....	....	....	....	....	....

12 **La sintesi del presente dei verbi delle tre coniugazioni.**

In questo Passo abbiamo finito il lavoro sui verbi. Completa lo schema e inserisci il presente dei verbi.

	1ª coniugazione	2ª coniugazione	3ª coniugazione	
	studiare	*prendere*	*dormire*	*unire*
(io)	*studio*	…………	…………	…………
(tu)	…………	*prendi*	…………	…………
(lui / lei)	…………	…………	…………	…………
(noi)	…………	…………	*dormiamo*	…………
(voi)	…………	…………	…………	…………
(loro)	…………	…………	…………	*uniscono*

13 **Per ricordare bene quello che hai imparato, recita il dialogo (→ ES. 6) con un compagno.**

Uno di voi è la professoressa Cavalli, l'altro fa le parti di tutti gli studenti.

14 **A casa, usa l'AUDIO 77 per fare un dettato.**

15 **Ricordi queste parole? Scrivi sul quaderno le parole corrispondenti nella tua lingua madre.**

ferrovia, stazione, treno • annuncio, binario • prenotare, prenotazione • biglietto, carrozza, posto • partire, partenza • freccia, velocità • generale • più, meno • prezzo • speciale

16 **Ascolta l'AUDIO 78 e ripeti le parole dell'esercizio 15.**

I suoni dell'italiano

17 **Alcuni studenti possono trovare difficile la differenza tra *p* e *b*.**

Segui le istruzioni dell'AUDIO 79A. Se non capisci tutte le parole non è un problema: pensa al loro suono. Alcune parole non esistono in italiano, servono solo per questo esercizio.

○ palla	○ balla
○ pollo	○ bollo
○ pere	○ bere
○ capo	○ cabo
○ pimpa	○ bimba
○ pelle	○ belle
○ papà	○ babà
○ panca	○ banca

Adesso segui le istruzioni dell'AUDIO 79B.

○ li……ro	○ ……agare	○ a……e
○ a……ito	○ ……arola	○ a……astanza
○ a……erto	○ ……ar	○ ……ello

Infine segui le istruzioni dell'AUDIO 79C.

alfa……eto	so……ra	do……ia
tro……o	ara……o	responsa……ile
……anco	aero……orto	a……astanza

18 **Alcuni studenti possono trovare difficile la differenza tra *s* e *sc*.**

Segui le istruzioni dell'AUDIO 80A. Se non capisci tutte le parole non è un problema: pensa al loro suono. Alcune parole non esistono in italiano, servono solo per questo esercizio.

○ sì	○ sci
○ sia	○ scia
○ senza	○ scienza
○ lassa	○ lascia
○ possa	○ poscia
○ esse	○ esce
○ lisso	○ liscio
○ gusso	○ guscio

Adesso segui le istruzioni dell'AUDIO 80B.

○ la……iare	○ in……ieme	○ u……ire
○ pro……iutto	○ na……ere	○ ……iare
○ Ru……ia	○ espre……ione	○ pa……are

Infine segui le istruzioni dell'AUDIO 80C.

……enza	……iamo	compren……ione
……iamo	co……ia	……egliere
la……iamo	pe……e	……iete

Palestra di italiano

SCRIVI IL TUO LIBRO DI GRAMMATICA — Le preposizioni articolate e gli articoli indeterminativi

Completa la tabella delle preposizioni articolate.

	singolare			plurale		
	il	lo (l')	la (l')	i	gli	le
di	*del*	......	......	......	......	......
a	......	......	......	......	......	......
da	......	......	......	......	......	......
in	......	......	......	......	......	......
su	......	......	......	......	......	......

Completa la tabella degli articoli indeterminativi.

	articoli indeterminativi		
	maschile generale	maschile speciale	femminile
singolare	*un*	......	......
plurale	......	......	......

1 Inserisci nel dialogo le preposizioni semplici o articolate.

«Vieni ...*a*... casa mia, stasera?»
«Non so, ho ...... problemi con il computer, fa ...... errori strani. Non capisco...»
«Puoi telefonare ...... Gianni: lui sa tutto ...... computer!»
«Buona idea. Hai il numero ...... Gianni?»
«Ecco: 334 19 19 059.»
«Adesso lo chiamo. Strano: non risponde, sento ...... suoni strani!»
«È ...... treno adesso, forse ci sono ...... problemi. Ma tra un quarto ......ora arriva ...... stazione e può rispondere.»
«Perfetto. Andiamo ...... bere qualcosa?»

2 Inserisci nel dialogo gli articoli indeterminativi *un*, *una*, *un'*.

«Marco, c'è ...*un*... SMS per te, dice che c'è ...... treno che parte alle 19.54.»
«Grazie. Hai ...... idea di quanto tempo serve per andare da Firenze a Bologna?»
«Con ...... treno ad alta velocità 35 minuti, o ...... po' di più.»
«OK. Scusa: c'è ...... altro treno, più tardi?»
«C'è ...... grande quantità di treni tra Firenze e Bologna! Non c'è problema: puoi restare ancora ...... po' di tempo qui con noi.»

3 Fai il plurale, come negli esempi.

a. un altro → *degli altri*
b. un'amica → *delle amiche*
c. un uomo → ...... *uomini*
d. una donna → ......
e. uno zero → ......
f. una coca → ......
g. un'aranciata → ......
h. un microfono → ......
i. un carrello → ......
j. una ragazza → ......
k. un telefono → ......
l. un'idea → ......
m. un problema → ......
n. uno studente → ......

SCRIVI IL TUO LIBRO DI GRAMMATICA — Il presente regolare dei verbi

Hai visto che i verbi sono **regolari** quando seguono il modello base; sono **irregolari** quando cambiano qualche forma. I verbi regolari sono divisi in **tre coniugazioni**:

- **prima coniugazione**, verbi in ......, come *parlare*, *amare*, *sottolineare*, *usare*;
- **seconda coniugazione**, verbi in ......, come *leggere*, *scrivere*, *vivere*, *vedere*;
- **terza coniugazione**, verbi in ......, come *dormire*; alcuni inseriscono *-isc* prima delle desinenze al singolare e alla 3ª persona plurale, come *finire*, *inserire*, *unire*.

4 **Completa le coniugazioni del presente di questi verbi regolari.**

infinito →	*usare*			
(io)	*uso*	*vedo*	*dormo*	*unisco*
(tu)				
(lui / lei)				
(noi)				
(voi)				
(loro)				

5 **Completa le coniugazioni del presente di questi verbi irregolari.**

infinito →			
(io)	*sono*	*ho*	*vado*
(tu)			
(lui / lei)			
(noi)			
(voi)			
(loro)			

infinito →			
(io)	*voglio*	*posso*	*devo*
(tu)			
(lui / lei)			
(noi)			
(voi)			
(loro)			

infinito →			
(io)	*vengo*	*faccio*	*dico*
(tu)			
(lui / lei)			
(noi)			
(voi)			
(loro)			

6 **In questi cruciverba ci sono le forme del presente di *andare*, *avere*, *dovere*, *volere*, *finire* e *potere*. Cercale: buon divertimento!**

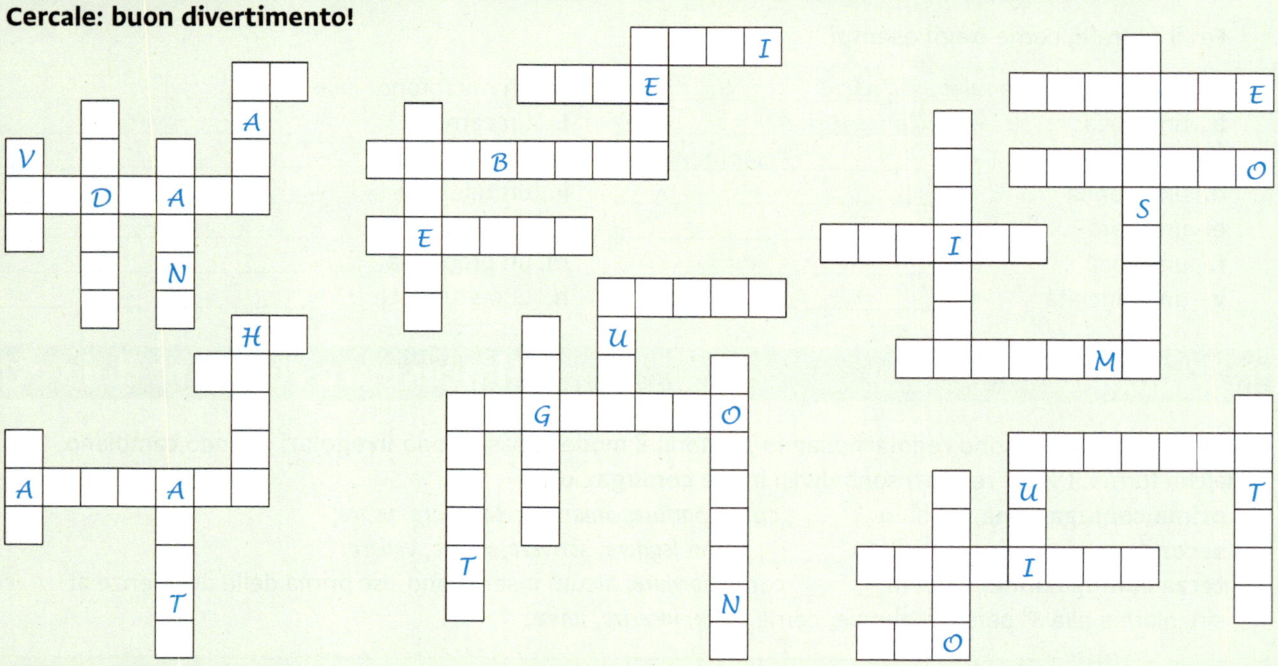

7 **Completa le frasi usando i verbi *avere*, *venire*, *dire*, *andare*, *volere* o *dovere*.**

a. ...Ho... molto sonno e .... bisogno di dormire.
b. Loro .... con noi o .... a Milano stasera?
c. Domani non posso .... al seminario di conversazione.
d. Noi non .... andare al seminario, la prof Cavalli .... che non .... bisogno di fare conversazione.
e. Tu .... fame? C'è una pizzeria dietro il Duomo: se .... con me te la faccio vedere.
f. Tu quando .... agli amici che andiamo a vivere a Parigi?
g. Ma perché tu .... andare via? Resta qui, ... con noi e andiamo fuori a mangiare una pizza!

LORENZA È INNAMORATA

8 **Completa il dialogo con i verbi tra parentesi.**

«Stasera io (*arrivare*) ...arrivo... alle 6.30 in stazione. E tu a che ora (*arrivare*) ....?»
«(*credere*) .... alle 6.40. Aspetta che (*controllare*) .... Sì, il treno (*arrivare*) .... alle 18.40, e noi (*potere*) .... vederci in pizzeria.»
«Perfetto. Ma io non (*venire*) .... da solo. Una mia amica (*venire*) .... con me!»
«Chi (*essere*) ....? Come (*chiamarsi*) ....?»
«Un momento! Adesso (*essere*) .... solo buoni amici, io (*avere*) .... bisogno di riflettere, non (*sapere*) .... ancora se...»
«Scusa: la tua amica (*essere*) .... Lorenza?»
«Hmm... Sì, Lorenza.»
«Carlo! Tutti noi (*sapere*) .... che Lorenza (*essere*) .... innamorata di te. Ti (*amare*) .... da sempre, lo (*sapere*) .... anche tu!»

SCRIVI IL TUO LIBRO DI GRAMMATICA

Il gerundio e la forma *stare* + gerundio

Ricordi la differenza tra **azioni che si fanno *di solito*** e **azioni che si stanno facendo *in questo momento***? Osserva l'esempio:
***Di solito studio** di sera, ma oggi **sto studiando** nel pomeriggio perché stasera ho una festa con gli amici!*

Per indicare quello che *stai facendo* in questo momento usi il verbo .... **+ gerundio.**
Per formare il gerundio:
- i verbi in *-are* aggiungono ....;
- i verbi in *-ere* e *-ire* aggiungono ....

9 **Crea delle frasi con *di solito*, *oggi*, *adesso*, *in questo momento*, usando i verbi indicati.**

scrivere ....
....
....
....
....
....

leggere ....
....
....
....
....
....

ascoltare (con le cuffie)
....
....
....
....
....

10 **Completa queste frasi usando la forma *stare* + gerundio.**

a. Di solito scrivo con la matita, ma adesso .... con la penna.
b. Di solito non mangio al mattino, ma adesso .... perché ho fame.
c. A scuola studio tedesco, ma sono in Italia e in queste settimane .... italiano.

SCRIVI IL TUO LIBRO DI GRAMMATICA

Dire l'ora

11 Per ricordare come si dice l'ora, scrivi le ore come negli esempi.

8.00	*Sono le otto.*	11.05	....
6.20	....	15.15	....
4.30	....	5.40	....
9.45	....	1.00	....
12.00	*È mezzogiorno.*	24.00	....

SONO LE ....

SONO LE ....

SONO LE ....

12 Di' l'ora nei diversi modi possibili.

17:25	*le* .... *e* .... /	16:45	*le* .... *meno* .... / ....
03:00	.... /	13:00	.... / ....
22:00	.... /	10:40	.... / ....

IN QUESTI 6 PASSI HAI IMPARATO A FARE MOLTE COSE. CON QUESTI ESERCIZI AIUTI LA MEMORIA A RICORDARLE.

13 Completa le frasi con l'articolo e il possessivo.

a. Carlo, questo è *il* *tuo* nuovo computer?
b. Mary, come si chiama .... città?
c. Gianni e Maria, questo è .... bambino?
d. Ecco .... idea: stasera andiamo da Francesca e vediamo .... nuova casa!
e. Quanti anni ha .... amico inglese?

14 Rispondi affermativamente o negativamente, come nell'esempio.

a. Sei americano? *No, sono irlandese. / Sì, sono di Los Angeles.*
b. Sei qui per studiare italiano? ....
c. Vieni dall'Argentina? ....
d. La tua lingua madre è il russo? ....
e. Il tuo libro di italiano si chiama *Giochiamo in italiano*? ....
f. La tua scuola di italiano si chiama CIS? ....
g. Stai studiando l'italiano in Italia? ....
h. Sei al livello A1? ....

15 L'albero dei giorni della settimana. Scrivi i giorni della settimana.

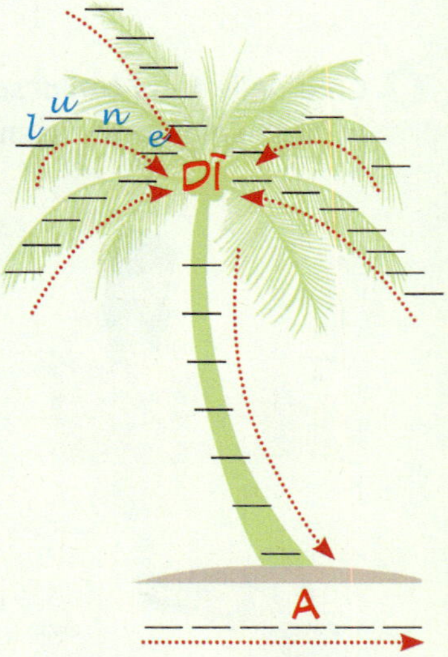

Trovi altri esercizi in **www.bonaccieditore.it**

3

Parla di te!

Imparo l'italiano per:

- chiedere il permesso e acconsentire
- dare e ricevere ordini
- descrivere cose e persone
- dire la volontà
- fare esclamazioni formali e informali
- indicare il tempo trascorso da un evento o che manca a un evento
- indicare la successione, l'ordine
- parlare della casa
- parlare della famiglia
- parlare delle professioni e dei mestieri
- parlare di date, giorni, mesi e stagioni
- parlare di gusti, desideri e preferenze
- raccontare eventi passati

Ricorda che il libro continua online

So come funzionano:

- dimostrativi
- imperativo
- nozioni di tempo
- numeri ordinali
- ordine delle parole nella frase
- passato prossimo e ausiliari
- possessivi
- significati del verbo *fare*
- verbi riflessivi
- verbo *piacere* e *vorrei*

Conosco alcune cose dell'Italia:

- mari, monti, fiumi e laghi italiani
- regioni italiane e abitanti
- storia della Sicilia

P13 / Tredici | Una spagnola in Sicilia

Comprensione

1 Guarda i disegni e immagina la situazione.

a. **DISEGNO 1** Il ragazzo è all'aeroporto, dove sta aspettando .... che forse viene dalla ....

b. **DISEGNO 2** La signora e il ragazzo si danno ....

c. **DISEGNO 3** La signora e il ragazzo sono in macchina e stanno andando a Palermo: di che cosa possono parlare, secondo te? Fai le tue ipotesi con i compagni.

2 Ascolta l'AUDIO 81 e controlla se quello che hai immaginato nell'esercizio 1.a è corretto.

3 Camminiamo con Ciro e Ines. Ascolta l'AUDIO 82.

a. Ciro ha lo stesso cognome di un famoso
○ sportivo ○ scrittore ○ attore

b. Ciro è
○ un genio ○ un archeologo
○ il figlio della padrona di casa

c. La mamma di Ciro "va matta" per
○ Camilleri ○ la Sicilia antica

d. Perché Ines dice che la casa di Ciro è un "bed and breakfast archeologico"? Confronta la tua risposta con un compagno.

4 Ascolta ancora l'AUDIO 82 per controllare se hai capito bene.

5 Siamo in macchina con Ciro e Ines. Ascolta l'AUDIO 83 e rispondi a queste domande; poi confronta le tue risposte con quelle dei tuoi compagni.

a. È la prima volta che Ines viene in Sicilia?
....

b. La Sicilia è diventata una regione ricca?
....

c. In Sicilia ci sono solo mafiosi?
....

d. L'inverno siciliano è freddo o caldo?
....

6 Ascolta l'AUDIO 84 e leggi il testo.

A

Ciro Pronto! - Sì, mamma, l'aereo da Barcellona è atterrato. - Sto aspettando Ines Gonzales, sì. - Appena esce prendiamo la macchina e siamo a Palermo **tra un'ora**. - Va bene, va bene, ti chiamo prima di arrivare. OK. Ciao, a dopo.

> **tra / fra un'ora**
> Indica durata.

B

Ciro Ines Gonzales?
Ines Sì, sono io.
Ciro Sono Ciro Camilleri, sono...
Ines Camilleri... come lo scrittore? Come Andrea Camilleri?
Ciro Be', lui è un genio... Io sono solo il figlio della padrona di casa... cioè, abbiamo una casa grande, e mia madre ha un accordo con l'ArcheoClub: gli archeologi che vengono in Sicilia per fare ricerche o per studiare stanno **da noi**.
Ines Un bed and breakfast archeologico...
Ciro La mia mamma va matta per l'archeologia, per la Sicilia antica... e fa parte dell'ArcheoClub... Venga, da questa parte, andiamo a prendere la macchina.

> **da + persona**
> *Da* + persona indica **dove sei** e **dove vai**.
> *Ciro sta **da noi**.*
> *Ciro è **da Luigi**.*
> *Ciro va **da Luigi**.*
> *Ciro viene **da me**.*

C

Ciro È la prima volta che viene in Sicilia?
Ines No, sono già venuta tante volte. L'ultima volta **tre anni fa**.
Ciro Be', la Sicilia è molto cambiata, credo, ma è sempre molto, molto povera.
Ines Anche la Spagna è povera... La mafia?
Ciro È la prima cosa che chiedono tutti... La mafia c'è, ma c'è anche la guerra contro la mafia, e in Sicilia ci sono tante persone oneste, non ci sono solo mafiosi!
Ines Ma perché parlare di cose tristi quando c'è questo sole, questo mare...
Ciro È vero: siamo in inverno, ma l'inverno siciliano sembra primavera!

> **tre anni fa**
> Indica quanto tempo è passato da un'azione o da un evento.

7 Per ricordare bene le cose che hai ascoltato, recita il dialogo (→ ES. 6) con un compagno.

Analisi

8 Completa le frasi che hai trovato in queste pagine e di' se le azioni avvengono:

○ oggi, nel presente ○ tempo fa, nel passato

a. Controlla se quello che hai .... nell'esercizio 1.a è corretto. (→ ES. 2)
b. Ascolta ancora l'audio 82 per controllare se hai .... bene. (→ ES. 4)
c. La Sicilia è .... una regione ricca? (→ ES. 5)
d. La Sicilia è molto .... (→ ES. 6)

> La risposta alla domanda dell'esercizio 8 è facile: **le azioni avvengono nel passato.**
> Lo hai capito perché fin dai primi Passi abbiamo usato le forme *hai visto*, *hai trovato*, *è andato* ecc.
> Questa forma del passato, che si chiama **passato prossimo**, è la più usata, anche se non è l'unica per indicare il passato in italiano.

9 **Vediamo come si forma il passato prossimo.**

a. Le forme che hai visto nell'esercizio 8 sono composte da:
○ 1 verbo ○ 2 verbi

b. Quale verbo sta prima? Per rispondere usa l'infinito, cioè la forma base in *-ere*: essere
o ....

c. Tutti i verbi che hai scritto nell'esercizio 8 finiscono con la stessa sillaba: maschile .... e femminile ....

I verbi ***essere*** e ***avere*** aiutano a formare il passato prossimo. Siccome in latino (l'antica lingua di Roma da dove viene l'italiano) *aiuto* si dice *auxilium*, questi verbi che "aiutano" si chiamano **ausiliari**.
Dopo l'ausiliare trovi il **verbo base** della frase. Ha una forma che finisce quasi sempre in ***-to*** (*-ta* al femminile, *-ti* e *-te* al plurale) e si chiama **participio passato**: serve per creare queste (e altre) forme composte con gli ausiliari *essere* e *avere*.

10 **Vediamo come si forma il participio passato regolare. Scrivi il participio passato maschile di questi verbi.**

a. immaginare → immaginato
b. capire → ....
c. diventare → ....
d. potere → ....
e. dovere → ....

I **verbi regolari** formano il **participio passato** in questo modo:
- prima coniugazione: *-are* → ***-ato***;
- seconda coniugazione: *-ere* → ***-uto***;
- terza coniugazione: *-ire* → ***-ito***.

11 **Fa' il participio passato di questi verbi.**

	singolare		plurale	
	maschile	**femminile**	**maschile**	**femminile**
avere	avuto	avuta	avuti	avute
inserire	inserito			
pensare	pensato			
usare				
finire				
volere				
potere				
dovere				
capire				

12 **In queste pagine hai trovato dei numeri strani: vediamoli insieme.**

a. Ogni Passo inizia con *primo*, *secondo*, *terzo* ecc.

b. Nell'esercizio 10 hai visto che ci sono la prima, la .... e la .... coniugazione dei verbi.

c. Ines dice che la *prima* volta che è stata in Sicilia è stato tre anni fa.

Questi sono i **numeri ordinali**: indicano la **successione**, cioè l'ordine in cui si trovano delle cose.
Questo è il *tredicesimo* Passo, che puoi anche scrivere *13°*, perché il segno ° indica i numeri ordinali.
I **numeri cardinali** sono quelli che sai già: *uno*, *due*, *tre* ecc.

Guarda i numeri ordinali all'inizio di ogni Passo e scrivili accanto ai numeri cardinali.

1 primo
2 ....
3 ....
4 ....
5 ....
6 ....
7 ....
8 ....
9 ....
10 ....
11 undicesimo
12 ....esimo
13 ....esimo
14 ....esimo

Come vedi, dall'11 in poi basta aggiungere ***-esimo*** al posto dell'ultima vocale.

13 **Completa il presente del verbo *uscire*, molto usato nella comunicazione di ogni giorno.**

Hai trovato il verbo *uscire* nel dialogo (→ ES. 6).

uscire
(io) esco
(tu) esci
(lui / lei) ....
(noi) usciamo
(voi) uscite
(loro) escono

14 **Completa queste frasi con *tra* / *fra* oppure *fa*.**

Fa (come in "tre anni *fa*") indica quanto tempo è passato da un'azione o da un evento. Per indicare il tempo che manca a un'azione futura si usano *tra* o *fra*.

a. Ciao Carlo! Stai venendo da me? Oh, che bello: tra / fra quanto arrivi?
b. Siamo a Palermo .... un'ora.
c. Sono da te .... mezz'ora. Ho voglia di vederti, è da tanto che non ci vediamo...
d. Eh sì, l'ultima volta è stato a Catania, tre anni ....

Sintesi

15 **Completa queste frasi che hai trovato nel dialogo (→ ES. 6).**

a. L'aereo da Barcellona è (*atterrare*) atterrato.
b. Sono già (*venire*) .... tante volte. L'ultima volta tre anni fa.
c. La Sicilia è molto (*cambiare*) ...., credo.

16 **Crea una storia al passato usando queste parole per le singole frasi e coniugando i verbi al passato prossimo.**

a. ~~andare~~ • ~~casa~~ • ~~essere~~ • ~~ieri~~ • ~~pomeriggio~~ • ~~a~~
Ieri pomeriggio sono andato a casa ....,
b. ~~avere~~ • ~~ma~~ • nessuno • trovare • ~~non~~
ma non ho ....
c. ~~ad~~ • ~~alta~~ • ~~avere~~ • chiamare • voce
Ho .... ad alta ....,
d. ~~avere~~ • ~~ma~~ • nessuno • ~~rispondere~~
ma .... ha risposto ....
e. ~~avere~~ • foglio • ~~poi~~ • un • porta • sulla • trovare
Poi ho ....:
f. accompagnare • avere • la • stazione • mamma • alla
"..................
g. ~~avere~~ • l' • perché • autobus • ~~perdere~~
.... ha perso ...."

17 **Questo Passo ha un dialogo lungo e con molte cose nuove: ascolta l'AUDIO 85 e ripeti.**

18 **A casa usa l'AUDIO 85 per fare un dettato completo: scrivere le cose che hai ascoltato aiuta molto la memoria.**

19 **Ricordi queste parole? Scrivi sul quaderno le parole corrispondenti nella tua lingua madre.**

aeroporto, atterrare • antico, archeologia, archeologo, latino, greco • aspettare • azione, evento • caldo, freddo • capire, memoria • disegno • diventare • fa, volta • facilitare • forma, è composto da • genio, scrittore, Camilleri • già • guerra, contro • macchina • madre, mamma, figlio • mafia, mafioso • matto ("andar matto") • ricco, povero • sole, mare • solo • uscire, camminare • nessuno • sbagliare

20 **Ascolta l'AUDIO 86 e ripeti le parole dell'esercizio 19.**

P14 / Quattordici | Il cuore del Mediterraneo

Comprensione

1 Leggiamo insieme.

Per mille anni la Sicilia è stata il centro economico e culturale del Mediterraneo: per questa ragione Ines ha deciso di venire in Sicilia per i suoi studi di archeologia.

Adesso l'insegnante ti dà alcune parole chiave (*conquistare, a.C., secolo, impero, invasore* ecc.). Con un compagno, leggi questi piccoli testi sulla storia della Sicilia, cercando di capire il senso generale; insieme alla classe, poi, lavora per una comprensione più completa. Infine, ascoltate l'AUDIO 87.

(1) I primi invasori della Sicilia sono stati i Greci, nel 756 a.C. (avanti Cristo, prima dell'anno zero). I Greci hanno costruito templi e teatri che puoi vedere ancora oggi. Siracusa ha dominato il centro del Mediterraneo per molto tempo.

Questa statua del 450 a.C. è a Mozia, un'isola vicino a Trapani.

(2) I Romani sono arrivati nel 241 a.C., ma i siciliani hanno continuato a parlare greco per secoli. Quando l'Impero romano è finito, nel quinto secolo d.C. (dopo Cristo), la Sicilia è rimasta sotto l'Impero di Bisanzio.

(3) Gli Arabi hanno conquistato la Sicilia nell'ottavo secolo d.C.: ancora oggi puoi vedere chiese e palazzi in stile arabo. Per un secolo, dopo l'anno Mille, la Sicilia è stata uno dei centri culturali più importanti dell'Impero arabo.

(4) Nel 1061 sono arrivati dei conquistatori dall'Europa del Nord. Prima i Normanni, un popolo del Nord della Francia; poi gli Svevi dalla Germania; poi gli Angioini dalla Francia. I Normanni hanno dominato la Sicilia per due secoli e hanno lasciato a molti siciliani gli occhi azzurri e i capelli biondi.

Analisi

(5) Gli Spagnoli sono arrivati in Sicilia nel 1282 e sono restati fino al 1713. Gli Spagnoli hanno preso dalla Sicilia tutto quello che hanno potuto, e in questi secoli l'isola è diventata sempre più povera.

(6) Nel 1734 la Sicilia è diventata parte del Regno di Napoli, fino al 1860 quando Garibaldi e i suoi mille compagni con la camicia rossa sono venuti dal Nord Italia e hanno conquistato l'isola, che, da allora, è parte dell'Italia unita.

2 Completa queste frasi, che hai trovato nella storia della Sicilia (→ ES. 1), formando il passato prossimo con l'ausiliare corretto e il participio passato del verbo tra parentesi.

a. I primi invasori della Sicilia (*essere*) ....sono stati.... i Greci.
b. I Greci (*costruire*) .... templi e teatri.
c. Siracusa (*dominare*) .... il centro del Mediterraneo per molto tempo.
d. I Romani (*arrivare*) .... nel 241 a.C.
e. I siciliani (*continuare*) .... a parlare greco per secoli.
f. L'Impero romano (*finire*) .... nel quinto secolo d.C.
g. Nel quinto secolo d.C. la Sicilia (*rimanere*) .... sotto l'Impero di Bisanzio.
h. Gli Arabi (*conquistare*) .... la Sicilia nell'ottavo secolo d.C.
i. La Sicilia (*essere*) .... uno dei centri culturali più importanti dell'Impero arabo.
j. Nel 1061 (*arrivare*) .... dei conquistatori dall'Europa del Nord.
k. I Normanni (*dominare*) .... la Sicilia per due secoli.
l. I Normanni (*lasciare*) .... a molti siciliani gli occhi azzurri e i capelli biondi.
m. Gli Spagnoli (*arrivare*) .... in Sicilia nel 1282.
n. Gli Spagnoli (*restare*) .... in Sicilia fino al 1713.
o. Gli Spagnoli (*prendere*) .... dalla Sicilia tutto quello che (*potere*) ....
p. In questi secoli l'isola (*diventare*) .... sempre più povera.
q. Nel 1734 la Sicilia (*diventare*) .... parte del Regno di Napoli.
r. Garibaldi e i suoi mille compagni con la camicia rossa (*venire*) .... dal Nord Italia e (*conquistare*) .... l'isola.

Ci sono tre cose importanti nell'esercizio che hai appena fatto:

- la **scelta dell'ausiliare** *essere* o *avere*;
- l'**accordo** tra il participio passato e la persona che ha compiuto l'azione ("accordo" significa "stare bene insieme", "avere le stesse idee": le parole stanno bene insieme se sono "maschile con maschile", "plurale con plurale" ecc.);
- alcuni **participi passati irregolari**.

Vediamo di capire come funzionano queste tre cose.

3 La scelta dell'ausiliare.

Nei testi sulla storia della Sicilia (→ ES. 1), alcuni verbi sono sottolineati in azzurro, altri in verde. Anche le righe dove hai scritto i verbi nell'esercizio 2 sono azzurre o verdi.

- I verbi sottolineati in azzurro hanno l'ausiliare ....
- I verbi sottolineati in verde hanno l'ausiliare ....

a. Per scegliere l'ausiliare devi guardare se il verbo base risponde alle domande "chi?" / "che cosa?". Facciamo una prova.

- Garibaldi *ha conquistato*... "chi?" / "che cosa?" → ....
- I Normanni *hanno lasciato*... "chi?" / "che cosa?" → ....
- Siracusa *ha dominato*... "chi?" / "che cosa?" → ....

b. I verbi che seguono non rispondono alle domande "chi?" / "che cosa?", ma ad altre domande come per esempio "dove?", "quando?", "in che modo?" ecc.

- L'Impero romano *è finito*... "chi?" / "che cosa?" → non è possibile rispondere
- La Sicilia *è rimasta*... "chi?" / "che cosa?" → non è possibile rispondere

I verbi che rispondono alle domande "chi?" / "che cosa?" si chiamano **transitivi** (transitare = passare), perché l'azione che loro descrivono "passa", "transita" su qualcuno o su qualcosa. Questi verbi hanno l'ausiliare ....

I verbi che non rispondono alle domande "chi?" / "che cosa?" si chiamano **intransitivi** perché l'azione che loro descrivono "non passa", "non transita" su qualcuno o su qualcosa. Questi verbi hanno l'ausiliare ....
Anche il verbo ***essere*** usa questo ausiliare: *I primi invasori della Sicilia **sono stati** i greci* → ***stato/a/i/e*** è il participio passato di *essere*.

4 Unisci ogni verbo all'ausiliare corretto.

essere **avere**

trovare, finire, andare, portare, rispondere, studiare, parlare, essere, ascoltare, dominare, guardare, vedere, sentire, fare, leggere, ricordare, diventare, venire, rimanere, arrivare, scrivere, ripetere, lasciare, prendere, mangiare, avere

5 L'accordo tra il participio passato e la persona che ha compiuto l'azione.

Il meccanismo dell'**accordo** è semplice ed è lo stesso degli **articoli** e degli **aggettivi** (cioè le parole che indicano una qualità): *il ragazzo è alto*, tutto al maschile, diventa *la ragazza è alta*, dove tutto è al femminile. Lo stesso succede tra singolare e plurale: *il ragazzo è alto* → *i ragazzi sono alti*; *la ragazza è alta* → *le ragazze sono alte*. Con il **participio passato** l'accordo è lo stesso.

PRIMA DI SUONARE, I MUSICISTI "ACCORDANO" LE CHITARRE. IN GRAMMATICA BISOGNA ACCORDARE MASCHILE CON MASCHILE, SINGOLARE CON SINGOLARE ECC.

a. Fa' l'accordo con il participio passato.

- I greci *sono venut*..i.. nel 756 a.C.
- Paolo *è andat*...... in Sicilia molti anni fa.
- Anna e Lucia *sono stat*...... in America tre anni.
- Ines *è rimast*...... a casa fino alle 6 e mezza.

b. Osserva le frasi sopra e rispondi.

- Che ausiliare c'è nelle frasi?
  ○ *essere* ○ *avere*
- Controlla le frasi dell'esercizio 2: quando l'ausiliare è *avere*, il participio si accorda con il soggetto?
  ○ sì ○ no

Hai scoperto come funziona l'accordo: l'ausiliare ***essere* chiede l'accordo** del participio passato, invece ***avere* non lo chiede**.

6 Gli italiani sono matti perché amano i participi passati irregolari!

Fare il passato prossimo è facile e dopo un po' di tempo non è più un problema... Ma i participi passati sono un problema perché molti verbi, soprattutto quelli che finiscono in *-ere*, sono irregolari, anche se quasi sempre finiscono con *-to* e *-so*.

Scrivi questi participi passati vicino ai verbi all'infinito.

detto • fatto • visto • stato • bevuto • venuto • letto • preso • rimasto • messo • ~~nato~~ • scritto

a. nascere → nato
b. scrivere → ....
c. leggere → ....
d. venire → ....
e. essere → ....
f. dire → ....
g. fare → ....
h. vedere → ....
i. prendere → ....
j. mettere → ....
k. bere → ....
l. rimanere → ....

Sintesi

7 Facciamo una sintesi sul passato prossimo.

In italiano ci sono varie forme per indicare il passato dei verbi: una delle più comuni, soprattutto nell'italiano parlato, è il **passato prossimo.**

- Il passato prossimo si forma con l'ausiliare ***essere*** o ***avere***, seguito dal **participio passato** del verbo base.
- Usiamo ***essere*** con i verbi **intransitivi**, quelli che non possono avere una risposta alle domande "chi?" / "che cosa?"; usiamo ***avere*** con i verbi **transitivi**, quelli che possono avere una risposta a queste domande.
- Quando c'è ***essere***, **il participio passato si accorda** nel **genere** (maschile e femminile) e nel **numero** (singolare e plurale) con il soggetto, cioè con chi compie l'azione, prova un sentimento, ha una certa qualità ecc.

genere
maschile e femminile

numero
singolare e plurale

8 Ascolta l' AUDIO 88 e ripeti i testi sulla storia della Sicilia.

9 Scrivere è importante per ricordare! A casa, ascolta l' AUDIO 88 e fai un dettato con i testi sulla storia della Sicilia.

10 Ricordi queste parole? Scrivi sul quaderno le parole corrispondenti nella tua lingua madre.

a.C. / d.C., secolo • azzurro, verde • camicia / camicie • capelli, biondo • centro economico, centro culturale • conquistare, dominare • continuare, diventare, restare, rimanere • costruire, chiesa, palazzo • entrare, uscire • impero arabo, impero greco, impero romano • insieme • isola • occhio • parte • popolo • povero • portare • sentire • statua

11 Ascolta l' AUDIO 89 e ripeti le parole dell'esercizio 10.

QUINDICESIMO PASSO

P15 / Quindici | Un mini appartamento per Ines

Comprensione

1 Ciro presenta Ines a sua madre. Ascolta l'AUDIO 90.

a. Presentando Ines, Ciro dice che è una
- ○ dottoressa
- ○ professoressa

b. Ines si presenta dicendo "piacere"; la madre di Ciro aggiunge una parola: "piacere ....".

dottoressa

In italiano, ***dottore* / *dottoressa*** non è solo il medico, ma ogni persona che ha fatto l'università.

2 Il "mini appartamento" di Ines. Ascolta l'AUDIO 91 e se non riesci a trovare tutte le informazioni ascoltalo ancora.

a. Ines non capisce la parola "mini" e quindi chiede il significato della parola. Prima di chiedere "cosa vuol dire?" dice:
○ scusa ○ scusi

b. Ciro invita Ines a guardare la porta dell'appartamento dove lui vive con la sua famiglia e dice:
○ guarda ○ guardi

c. Ci sono l'appartamento della famiglia di Ciro, il mini di Ines e un terzo appartamento che adesso è
○ vuoto ○ occupato

d. Tra quanti giorni un altro archeologo viene a stare nell'appartamento vuoto?
○ 3 giorni ○ 2 giorni

e. Per invitare Ines a entrare nel mini, la mamma di Ciro dice:
○ vieni ○ venga

f. Per dire a Ciro di prendere la valigia, la mamma dice:
○ prendi ○ prenda

3 Ascolta ancora l'AUDIO 91 e leggi il dialogo.

Ciro	Ciao mamma. Questa è la dottoressa Gonzales. E questa è la mia mamma, si chiama Chiara.
Ines	Piacere.
Madre	Piacere mio. Le mostro il suo mini.
Ines	Scusi? Cosa vuol dire "mini"?
Ciro	È un "mini appartamento", un appartamentino. È separato da casa nostra. Guardi, se prende quella porta viene in casa nostra...
Madre	... ed è lì che si fa colazione, al mattino.
Ciro	Se invece prende questa porta a destra, c'è il suo mini; quest'altra porta invece è di un altro appartamentino, che adesso è vuoto.
Madre	... ma fra tre giorni arriva un altro archeologo, o meglio uno studente di archeologia. Venga, andiamo nel suo mini. Ciro, prendi la valigia della dottoressa Gonzales.

4 **Guarda la piantina del "mini appartamento" mentre ascolti l'AUDIO 92.**

Prima di ascoltare, l'insegnante ti dice quale stanza è il *soggiorno*, quale il *bagno*, quale la *cucina* e quale la *camera da letto*; nel disegno vedi anche che cosa è un *balcone*.
L'insegnante ti spiega anche che cosa vuol dire l'espressione "fare i bravi".

5 **Ascolta l'AUDIO 93 e cerca di capire che differenza c'è tra queste forme.**

a. *Mia madre*, *mio padre*, *mio fratello* sono
○ forme normali ○ forme affettuose

b. *La mia mamma*, *il mio papà*, *il mio fratellino* sono
○ forme normali ○ forme affettuose

6 **Ascolta ancora l'AUDIO 93 leggendo il testo, così ti ricordi meglio quello che ascolti.**

Madre Ecco, questo è il soggiorno, che serve anche da studio e da sala da pranzo.
Ines È grande!
Ciro Lì c'è la camera da letto; qui c'è la cucina e lì il bagno. La camera da letto è piccola, ma ha un balcone molto grande, dove può leggere, studiare, prendere il sole... La mamma dice che se io e mio padre non facciamo i bravi, lei viene a vivere qui!
Ines È bellissimo... scusa, perché dici "mia madre" e poi "la mia mamma"?
Ciro Be'... *la mia mamma, il mio papà, il mio fratellino* sono... sono modi affettuosi di dire *mia madre, mio padre, mio fratello*... Ma lei parla davvero bene l'italiano!
Ines Un archeologo deve sapere l'italiano. Ho passato un anno a Roma... e poi sono venuta in Italia tante volte!

Analisi

7 Dare un ordine: l'imperativo.

Il **modo imperativo** serve per dire di fare qualcosa. Vediamo come usi l'imperativo con gli amici e con le persone che rispetti di più.

> **1º / 1ª**
> Le piccole lettere ***o*** e ***a*** in alto servono per fare i numeri **ordinali maschili** e **femminili:** *primo / prima.*

a. L'**imperativo con gli amici** si usa così:
*Ciro, **guarda** se è arrivata Ines e poi **prendi** la sua valigia.*
*Ciro, **apri** la porta e **prendi** la valigia!*

Scrivi i verbi alla forma base: l'infinito.
- guarda! ...guardare... è un verbo della ○ 1ª ○ 2ª ○ 3ª coniugazione
- prendi! .... è un verbo della ○ 1ª ○ 2ª ○ 3ª coniugazione
- apri! .... è un verbo della ○ 1ª ○ 2ª ○ 3ª coniugazione

Come vedi, solo con i verbi in *-are* l'imperativo è diverso dal presente: (*tu*) *guarda!* / (*tu*) *guardi*.

b. Nei Passi che hai studiato hai già trovato le forme *tu* / *lei* per indicare il rispetto per persone importanti, più vecchie o che non conosci. L'**imperativo con rispetto**, quello con *lei*, si usa così:

coniugazione	verbo all'infinito	presente	imperativo con rispetto
-are	guardare	(lei) guarda	guardi!
-ere	prendere	(lei) prende	prenda!
-ire	aprire	(lei) apre	apra!

Completiamo lo schema dell'**imperativo**, aggiungendo anche le forme del plurale (*voi!*), che sono uguali al presente.

	1ª coniugazione (*-are*)		2ª coniugazione (*-ere*)		3ª coniugazione (*-ire*)	
(tu)	guarda!	parla!	prendi!	chiedi!	apri!	finisci!
(lei)	guardi!	parli!	prenda!	chieda!	apra!	finisca!
(voi)	guardate!	parlate!	prendete!	chiedete!	aprite!	finite!

8 L'italiano ha molte forme dell'imperativo irregolari...

Nel dialogo (→ ES. 3), quando la madre di Ciro invita Ines a entrare nel "mini appartamento", le dice:
○ vieni! ○ venga!
La seconda forma indica rispetto e in alcuni verbi è irregolare.

Scrivi i verbi all'infinito di fianco alle frasi.
venire • ~~andare~~ • dire • dare • fare

a. Ciro, *vai / va'* con la dottoressa.
Dottoressa, *vada* con Ciro. ...andare...
b. Ciro, *dai / da'* le chiavi a Ines.
Dottoressa, *dia* la valigia a Ciro. ....
c. Ciro, *fai / fa'* attenzione.
Dottoressa, *faccia* attenzione. ....
d. Ciro, *di'* alla dottoressa dov'è la valigia.
Ines, *dica* a Ciro di entrare. ....
e. Ciro, *vieni* qui.
Dottoressa, *venga* anche lei. ....

9 Giochiamo a dare degli ordini.

a. L'insegnante dà un ordine a uno studente e lo studente lo dà all'insegnante, come nell'esempio.

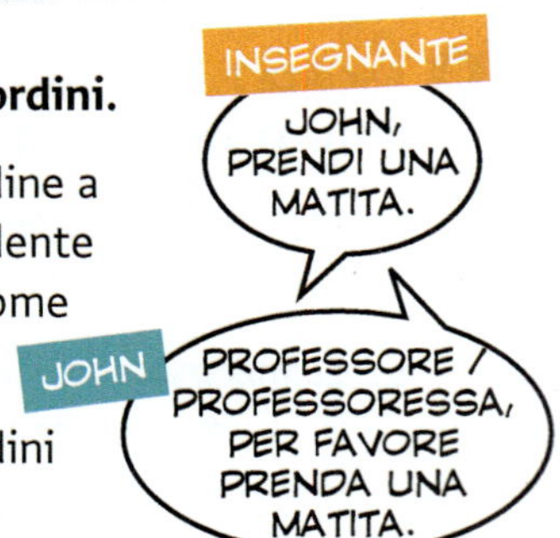

b. Poi l'insegnante dà ordini ad altri compagni; può anche dare ordini o solo ai maschi o solo alle femmine.

Chi sbaglia a dare l'ordine alla prof esce dal gioco. Gli ultimi tre che rimangono sono i campioni dell'imperativo con rispetto!

Sintesi

10 **Con l'aiuto dei compagni, dell'insegnante o di un dizionario, scrivi i nomi dei mobili scegliendo tra questi.**

camera da letto: ~~letto~~ • armadio • comodino • comò

cucina: armadietto • lavello • frigorifero • microonde • cucina a gas • forno

soggiorno: divano • poltrona • tavolo • sedia • televisione • lampada

bagno: water • bidè • doccia • vasca • lavatrice • lavandino • specchio

....
....
....
letto

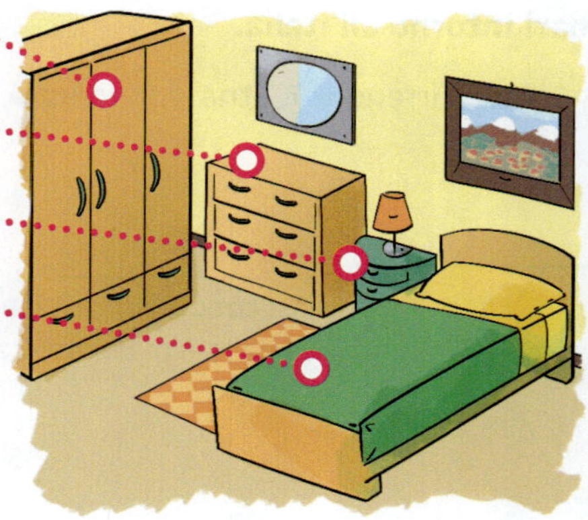

....
....
....
....
....
....

....
....
....
....
....
....

....
....
....
....
....
....
....

11 **Per ricordare bene quello che hai imparato, ascolta l'AUDIO 94.**

12 **In gruppi di tre recitate i dialoghi** (→ ES. 3, 6).

13 **A casa descrivi la tua camera da letto usando le espressioni *a destra*, *in centro*, *a sinistra* ecc. Quando torni a scuola, dai la descrizione a un tuo compagno, che deve disegnare la tua camera.**

14 **A casa, usa l'AUDIO 95 per ripetere le frasi e poi fai un dettato.**

15 **Ricordi queste parole? Scrivi sul quaderno le parole corrispondenti nella tua lingua madre.**

appartamento, mini, piantina, balcone • soggiorno, tavolo, lampada, televisione • divano, poltrona, sedia • bagno, lavandino, specchio, water • doccia, vasca, bidè, lavatrice • camera da letto, letto, armadio, comò, comodino • cucina, armadietto, lavello • cucina a gas, forno, microonde, frigorifero • studio • dottore / dottoressa • famiglia, fratello • madre, mamma, padre, papà • ordine, ordinare • passare • riuscire • valigia • vuoto

16 **Ascolta l'AUDIO 96 e ripeti le parole dell'esercizio 15.**

GI.3 | Guardiamoci intorno

Guarda l'Italia dalla luna

È facile vedere l'Italia se guardi dalla luna: è uno stivale al centro del Mediterraneo, un ponte tra Europa e Africa. Come puoi vedere nella cartina qui sotto, c'è solo una grande pianura, a nord, e il resto è quasi tutto fatto di montagne e colline.

1 Scrivi i nomi dei monti, dei fiumi, dei laghi e dei mari intorno all'Italia.

1. ~~Alpi~~ ● 2. Garda ● 3. Arno ● 4. Tevere ● 5. Vesuvio ● 6. Mar Tirreno ● 7. Etna ● 8. Ionio ● 9. Appennini ● 10. Mar Adriatico ● 11. Po ● 12. Adige

(1) Alpi: le montagne che dividono l'Italia dall'Europa.

(2) ....: il più grande lago italiano, tra la Lombardia e il Veneto.

(3) ....: il fiume che passa per Firenze.

(4) ....: il fiume che passa per Roma.

(5) ....: il vulcano vicino a Napoli e Pompei.

(6) ....: il mare a ovest dell'Italia.

(7) ....: la montagna più alta della Sicilia; è un vulcano.

(8) ....: il mare a sud dell'Italia.

(9) ....: le montagne che vanno da nord a sud.

(10) ....: il mare a est dell'Italia.

(11) ....: il fiume più lungo d'Italia; va dal Piemonte all'Adriatico.

(12) ....: il secondo fiume italiano; va dalle Alpi del nord al Veneto.

2 Dopo aver scritto i nomi, ascolta l'AUDIO 97, che è un po' diverso dai testi che trovi qui sopra.

3 Queste sono le parole di questa pagina che devi ricordare.

nord, sud, est, ovest ● mare, fiume, lago ● montagna, monte, vulcano ● luna

Le regioni d'Italia

L'Italia è divisa in **20 regioni**. Nella cartina qui sotto trovi il nome delle città più importanti di ogni regione.

4 **Scrivi il nome degli abitanti vicino al nome di ogni regione ascoltando l'AUDIO 98, che è un po' diverso dai testi che trovi qui sotto.**

~~lucani~~ • abruzzesi • valdostani • calabresi • campani • emiliani / romagnoli • friulani / giuliani • laziali • liguri • lombardi • marchigiani • molisani • piemontesi • pugliesi • sardi • siciliani • toscani • trentini / altoatesini • umbri • veneti

Trentino-Alto Adige, ...
È una regione di montagne, divisa in due province; si parla italiano, tedesco e ladino.

Lombardia, ...
È il cuore industriale ed economico d'Italia.

Val d'Aosta, ...
È la più piccola regione d'Italia; si parla italiano e francese.

Piemonte, ...
Nell'**Unità 1** hai visto questa regione insieme ai motociclisti.

Liguria, ...
È una terra tra montagne e mare, senza pianure.

Toscana, ...
L'arte e la lingua italiana sono nate qui. Hai visto la Toscana nell'**Unità 2**.

Umbria, ...
È il cuore d'Italia, qui si parla un bellissimo italiano; hai visto l'Umbria nell'**Unità 2**.

Sardegna, ...
È un'isola povera, bellissima e diversa da tutta l'Italia; il sardo è la lingua regionale.

Lazio, ...
È la terra dei Latini e di Roma, che è la capitale d'Italia e del mondo cristiano.

Campania, ...
È una regione povera, con un grande passato, ai tempi dei Greci e dell'Impero romano.

Sicilia, ...
Per secoli e secoli l'isola è stata il cuore del Mediterraneo.

Friuli-Venezia Giulia, ...
È una regione doppia: la costa, vicino a Trieste, è la Venezia Giulia; nel resto della regione, il Friuli, si parla friulano.

Veneto, ...
È la regione più ricca di città d'arte e di turisti.

Emilia-Romagna, ...
È la regione della velocità: Ferrari, Lamborghini, Ducati e Maserati.

Marche, ...
È una regione poco conosciuta dai turisti, ma bella come l'Umbria e la Toscana.

Abruzzo, ...
È una regione di montagne alte e parchi nazionali.

Molise, ...
È una piccola regione di bellissime montagne.

Puglia, ...
È diversa da tutto il Sud; ci sono comunità greche e albanesi.

Basilicata, ...lucani....
Il nome antico è Lucania e da qui viene il nome dei suoi abitanti; è una regione povera ma che sta crescendo.

Calabria, ...
È una regione di boschi e montagne; qui si parla anche albanese e greco.

5 **Queste sono le parole di questa pagina che devi ricordare.**

cuore, economia, economico, industria, industriale • bosco, parco nazionale • provincia, regione, capitale • povero

L'inverno siciliano sembra primavera!

Con queste parole Ines descrive il clima della Sicilia. Come si chiamano le **stagioni** in italiano? E i **mesi**?

6 **Hai trovato i nomi dei mesi in molti Passi, fin dal P2 (ES. 4) quando hai visto le schede della "Pensione Anna". Lavorando con i compagni e l'insegnante, scrivi i mesi sotto ogni stagione.**

Gennaio • Febbraio • ~~Marzo~~ • Aprile • Maggio • ~~Giugno~~ • Luglio • Agosto • ~~Settembre~~ • Ottobre • Novembre • ~~Dicembre~~

Dicembre ....

Marzo ....

Giugno ....

Settembre ....

7 **E le date? Le hai già viste in P2 ma le ripassiamo. Leggi queste date.**

Ricorda che in italiano si mette prima il giorno, poi il mese e infine l'anno.

- **a.** il 25 Dicembre è Natale
- **b.** il 1° Gennaio è Capodanno
- **c.** l'11 Giugno è il mio compleanno
- **d.** il 15 Agosto è Ferragosto
- **e.** il **1° Maggio** è la festa dei lavoratori
- **f.** 22 Febbraio 2017
- **g.** 16 Marzo 1999
- **h.** 3/3/2014

1° Maggio

Il primo giorno del mese non si dice uno ma primo.

8 **In questi Passi hai già trovato i nomi di alcuni colori. Completa le descrizioni usando i colori al centro, poi ascolta l'AUDIO 99.**

h. In primavera le foglie degli alberi sono verdi.

a. In primavera fioriscono le rose; una rosa è ...., un'altra è ...., la terza è ....

b. La bandiera italiana è ...., ... e ....

arancione, rosa, ~~verde~~, azzurro, bianco, rosso, giallo, marrone, blu, nero, viola

c. La notte è ....

g. In autunno le foglie sono ....

d. In autunno ci sono molti frutti: qui vedi delle arance ...., dei limoni ...., delle mele .... e delle prugne ....

f. I tronchi degli alberi sono ....

e. Il cielo è .... e il mare è ....

9 **Le parole di questa pagina che devi ricordare sono le stagioni, i mesi e i principali colori.**

P16/Sedici | Un bravo ragazzo, ma disoccupato

Comprensione

1 Il disegno ti mostra "l'albero genealogico" della famiglia di Ciro.

Ciro è il centro di questo albero: *nonno* è il *nonno* di Ciro, *zia* è la zia di Ciro ecc.

Insieme ai tuoi compagni trova il significato di questi **nomi di parenti** e, se vuoi, scrivi sul quaderno le parole corrispondenti nella tua lingua madre. Nell'albero trovi queste coppie di parole: il *nonno* e la *nonna*, lo *zio* e la *zia*, il *padre* e la *madre* di Ciro. Sono tutti *marito* e *moglie*. Che cosa significano queste parole secondo te? C'è poi una parola che unisce una coppia: il padre e la madre di Ciro sono i suoi *genitori*.

2 Ascolta l'AUDIO 100 e rispondi.

a. Quali di questi parenti sono nominati?

- ○ nonno
- ○ zio
- ○ cugino
- ○ padre
- ○ madre
- ○ fratello
- ○ sorella
- ○ marito
- ○ moglie
- ○ nonna

b. Come si chiama il padre di Ciro?

- ○ Filippo
- ○ Dario

c. Come si chiama il fratello di Ciro?

- ○ Filippo
- ○ Dario

d. Quali di questi mestieri sono nominati?

- ○ meccanico
- ○ insegnante
- ○ poliziotto
- ○ cameriere
- ○ falegname
- ○ casalinga
- ○ studente
- ○ disoccupato

3 Osserva queste persone: che mestiere fanno? Ascolta nell'AUDIO 101 le persone che si presentano e scrivi il numero delle presentazioni vicino ai disegni.

4 **Ascolta il dialogo nell'AUDIO 100 leggendo il testo.**

a → ad *Vieni qui **ad** aiutarmi.*
e → ed ***Ed** ecco pane caldo, burro, marmellata.*

Se la parola dopo *a/e* comincia con una **vocale** si possono usare *ad/ed*.

Padre Avanti!
Ines Posso...?
Padre Prego!
Ines Buon giorno. Sono Ines Gonzales.
Padre E io sono Dario; sono il marito di Chiara e il padre di Ciro...
Ciro Buon giorno a tutti! Ciao, ma'!
Madre Buon giorno... Ciro, vieni qui **ad** aiutarmi?
Ciro Arrivo!
Ines È un bravo ragazzo, Ciro!
Padre Sì. Ha deciso di non fare l'università. Sua sorella Sara va al liceo e suo fratello Filippo fa matematica all'università, ma Ciro preferisce cercare un lavoro... qualcosa da fare con le mani.
Ines Ah, interessante - oggi tutti studiano e nessuno fa più un mestiere "normale"... Che cosa fa Ciro?
Padre È ancora disoccupato, fa un corso di restauro. Ciro ama lavorare con i vecchi mobili, con il legno, fare il falegname... Io invece lavoro con il ferro: sono un meccanico... Abbiamo un'officina, ha cominciato mio nonno, settant'anni fa, poi mio padre e adesso io...
Ciro ...e io preferisco lavorare con il legno! Ma a quest'ora preferisco il caffè. Ecco qui: il caffè, il succo d'arancia, lo zucchero...
Madre **Ed** ecco pane caldo, burro, marmellata... e poi c'è anche questa frutta...

5 **Ascolta l'AUDIO 102 e ripeti.**

Dopo aver ascoltato una presentazione, lavora con un compagno per cercare di ricordare alcune parole importanti che hai sentito, poi controlla con la classe. Fai la stessa cosa per tutti i personaggi.

Analisi

6 **Il verbo *fare* può avere tanti significati.**

Il fratello di Ciro dice che ama la matematica perché i numeri hanno un solo significato, mentre le parole possono avere tanti significati. *Fare* è una di queste parole!

Unisci ogni frase, che hai trovato in questi Passi, con uno dei significati di *fare* (il presente di *fare* è in P9, ES. 20, il participio passato in P14, ES. 6). Per capire il significato del verbo *fare* è necessario leggere con attenzione - e con fantasia! - le parole che vengono dopo.

frasi

a. .... Ha deciso di non *fare* l'università.
b. .... Che mestiere *fa*, Ciro?
c. .... *Fa* un corso di restauro.
d. .... Il fratello di Ciro *fa* matematica.
e. ...*1*... ***Faccio* il meccanico.**
f. .... Ogni persona che *ha fatto* l'università è dottore/essa.
g. .... *Fa'* il participio passato di questi verbi.
h. .... Gli archeologi vengono in Sicilia per *fare* ricerche.
i. .... I verbi regolari *fanno* il participio passato in *-to*.
j. .... Usa l'audio 5 per *fare* un dettato completo.
k. .... *Fare* il passato prossimo è facile.
l. .... È lì che si *fa colazione*, al mattino.
m. .... In Sicilia *fa caldo*.
n. .... Se io e mio padre non *facciamo i bravi*...
o. .... Dottoressa, *faccia attenzione*.

significati di *fare*

1. ***essere* + mestiere**
2. ***studiare***
3. ***frequentare***
4. ***essere*** + clima
5. ***costruire***
6. ***mangiare***
7. ***stare** attento*
8. ***eseguire***
9. ***essere*** + comportamento

Faccio il meccanico
Sono (un) meccanico

7 L'ordine delle parole nella frase.

a. La **frase normale**, come nel primo disegno (*Ciro fa un corso di restauro*), ha questa successione:
- ○ soggetto + verbo + oggetto
- ○ soggetto + oggetto + verbo
- ○ verbo + soggetto + oggetto

Ma se la frase comincia con **parole interrogative** il soggetto va alla fine:
*Che cosa fa **Ciro**?*
*Da dove viene **Ciro**?*
*Quando arriva **Ciro**?*

b. Nel secondo disegno l'ordine delle parole è rovesciato; questo succede quando si vuole **dare forza alla domanda o alla frase**:
***Ciro**, che cosa fa?*
*Fa un corso di restauro, **Ciro**!*

In ogni **frase** ci sono, di solito, almeno **tre elementi**:
- un **verbo**, che può indicare un'azione (*fare*, *portare*), uno stato d'animo (*essere + contento* / *triste*), una condizione di vita (*essere + uomo* / *donna* / *italiano* / *alto*);
- qualcuno che fa quell'azione, ha quello stato d'animo, vive quella condizione: è il **soggetto** della frase;
- qualcuno o qualcosa su cui l'azione ha effetto (è l'**oggetto** della frase).

Per esempio: Chiara (soggetto) ama (verbo) la Sicilia. (oggetto)

c. Ascolta l'insegnante che pronuncia le frasi dei due disegni e ripeti soprattutto l'intonazione e la breve pausa prima o dopo *Ciro*.

d. Adesso facciamo una prova.
- Scrivi 5 frasi semplici, alcune con il soggetto nella posizione normale, altre con il soggetto spostato alla fine, per dare più forza.
- Dai queste frasi al tuo compagno; lui / lei deve leggerle con l'intonazione giusta.

8 Costruisci delle frasi con le parole date, usando prima la forma normale e poi quella più forte (con il soggetto alla fine).

a. Carlo e Martina • mangiare • ristorante
Carlo e Martina mangiano al ristorante. .... *Mangiano al ristorante, Carlo e Martina.*

b. Marco • ieri • andare • cinema
....

c. domani • arrivare • loro
....

d. noi • studiare • fino a tardi
....

e. Luciano e Marta • andare via • adesso
....

Sintesi

Quando qualcuno bussa alla porta, si dice *Avanti!* (se può entrare) oppure *Un momento!* (se deve aspettare). Quando una persona entra, può chiedere il "permesso" di entrare dicendo *Posso?* e la risposta è *Prego!* (la stessa parola che si dice per rispondere a qualcuno che ti ha detto *Grazie!*).

9 Nel dialogo e negli esercizi hai trovato i verbi *preferire* e *capire*. Completa il presente dei verbi.

Sono verbi della 3ª coniugazione e vogliono *-isc* in alcune persone (→ P12, ES. 9).

	preferire	*capire*
(io)	preferisco	capisco
(tu)	....	....
(lui / lei)	....	....
(noi)	....	....
(voi)	....	....
(loro)	....	....

10 Che parente è?

a. Il padre di tuo padre è tuo nonno.
b. Il fratello di tua madre è tuo ....
c. La figlia di tuo zio è tua ....
d. Tua sorella è figlia di tuo .... e di tua ....
e. Tuo padre e tua madre sono i tuoi ....

A casa, fai l'albero genealogico della tua famiglia.

11 Nelle presentazioni del poliziotto, del cameriere ecc. (→ AUDIO 101) hai trovato queste parole (che devi capire bene per fare il dettato a casa). Scrivi il loro contrario, come nell'esempio.

a. difficile → facile
b. molti → ....
c. antichi → ....
d. mattino → ....
e. bene → ....

12 Di' al tuo compagno che cosa mangi a colazione, poi lui dice a te che cosa mangia.

Prendete appunti e poi controllate se avete capito bene.

13 Per ricordare bene quello che hai imparato, ascolta di nuovo l'AUDIO 100 e poi recita il dialogo con tre tuoi compagni.

14 A casa, usa l'AUDIO 102 per trascrivere le presentazioni. Il giorno dopo confronta la tua trascrizione con quella dei compagni.

15 Ricordi queste parole? Scrivi sul quaderno le parole corrispondenti nella tua lingua madre.

aggiustare • aiutare, difficile • albero • antico, nuovo • capire, decidere • costruire, restauro • grazie, prego • famiglia, parente • fratello / sorella • frutta, succo d'arancia • marito / moglie, genitori • mestiere, cameriere, casalinga, poliziotto, disoccupato • meccanico, officina • mobile • nonno / nonna • pane, burro, marmellata, zucchero • preferire • zio / zia, cugino / cugina • posizione

P17 / Diciassette | Arriva un giovane archeologo

Comprensione

dare il via

Il *via*... non è una *via*, una strada: "dare il via" significa far cominciare qualcosa dicendo *uno, due, tre... VIA!*

1 Oggi non cominciamo dall'ascolto di un audio, ma dalla lettura veloce.

Questa attività serve per imparare a trovare le informazioni che ti interessano, senza perdere molto tempo con il resto del testo.

L'insegnante **dà il *via*** e tu hai 120 secondi, cioè 2 minuti, per trovare queste informazioni.
Sei pronto a leggere il dialogo in 120 secondi?
Uno, due, tre... VIA!

a. Come si chiama lo studente di archeologia?

....

b. Come si chiama la città di Ivan in lingua croata?

....

E in lingua italiana? ....

c. Perché Ciro, Ivan e Ines si trovano alle 7 davanti al Teatro Massimo? Per un ....

Ines Avanti!
Ciro Signora Ines... Quando è arrivata le ho detto che uno studente di archeologia... Be', è arrivato, è lui. Si chiama Ivan.
Ivan Piacere.
Ciro E lei è la dottoressa Gonzales.
Ines Qui mi chiamano tutti Ines, chiamami Ines anche tu! Da dove vieni?
Ivan Sono croato, di Split - o Spalato, come la chiamano gli italiani.
Ines Oh, scusatemi, ragazzi... sono in ritardo e devo correre via... ci vediamo stasera per un aperitivo? Davanti al Teatro Massimo?
Ciro A me va bene; finisco il corso alle 6 e mezza, possiamo vederci **sulle 7**.
Ivan Io oggi vorrei girare per Palermo, all'università comincio domani... Va bene alle 7.
Ines Bueno, hasta luego, muchachos!
Ciro, Ivan Arrivederci! - A stasera.

sulle 7
verso le 10

Indicano un'ora non precisa.

2 Come nell'esercizio 1, leggi in 2 minuti il dialogo e trova queste informazioni.
Uno, due, tre... VIA!

a. Ivan è già stato in Italia?

....

b. A Spalato ci sono molti turisti: da dove vengono?

....

c. Quando ha cominciato a studiare italiano Ivan?

....

d. Che cosa c'è *stasera*?

....

Ciro Hai detto che oggi vuoi andare un po' in giro per Palermo?
Ivan Sì, è la prima volta che sono in Italia!
Ciro La prima volta!? Ma tu parli benissimo.
Ivan Bene, non benissimo. Spalato è stata per secoli una città veneziana e ci sono ancora molte persone che parlano italiano, ci sono molti turisti dall'Italia... e poi, ho studiato italiano fin dalla prima elementare e ho amici croati di lingua italiana.
Ciro Wow, che fortunato! Se vuoi, adesso andiamo fuori insieme: io comincio il corso alle 2, adesso sono le... le 10.20. Dài, passiamo tre ore insieme, ti faccio vedere un bel po' di cose! E poi stasera c'è una festa, **verso le 10**... vuoi venire?
Ivan Una festa? Che bello!

3 **Facciamo delle ipotesi: è un'attività importante per imparare a capire le lingue straniere.**

Una persona che è ***in ritardo*** deve correre. Che cosa vuol dire, secondo te? È l'ora giusta per andare via o l'ora giusta è passata? Cosa pensano i tuoi compagni?

Vorrei indica che qualcuno vuole fare qualcosa. Hai già trovato *vorrei* in **P10 (ES. 6)**, quando la prof Cavalli dice: ***Vorrei** parlare con lei di alcuni problemi.* Secondo te, la forma *vorrei* ha più forza o meno forza di *voglio*? Cosa pensano i tuoi compagni?

Hai trovato molte volte la forma in ***-issimo*** nelle presentazioni del **P16** (**AUDIO 101**): *Lavorare con persone di altre culture è **bellissimo**!* dice l'insegnante; *La matematica è **bellissima*** dice il fratello di Ciro. *Benissimo* e *bellissimo* sono più o meno di *bene* e *bello*?

Queste brevi frasi con ***che*** + **qualità** indicano un'idea in maniera normale o con forza? Cosa pensano i tuoi compagni? *Che bello!* è una cosa positiva, il suo contrario è *che ....!*

4 **Ascolta l'AUDIO 103 senza leggere la trascrizione negli esercizi 1 e 2.**

5 **Ascolta e ripeti l'AUDIO 104 leggendo la trascrizione negli esercizi 1 e 2.**

Analisi

6 **I verbi riflessivi.**

a. In **P4 (ES. 7)** hai trovato il verbo ***chiamarsi***, che si costruisce con *mi*, *ti*, *si* ecc.
Nel primo dialogo (→ **ES. 1**) hai trovato queste frasi:
- È arrivato, è lui. .... chiama Ivan.
- Qui .... chiamano tutti Ines.

b. Sempre nel primo dialogo hai trovato il verbo ***vedersi***, che si costruisce con *mi*, *ti*, *si* ecc.:
- .... vediamo stasera per un aperitivo?
- Possiamo veder.............. sulle 7.

Questi verbi si chiamano riflessivi, perché l'azione si "riflette", come in uno specchio, sul soggetto.

I **riflessivi** sono verbi che hanno prima (o dopo, nell'infinito) le parole *mi*, *ti*, *si*, *ci*, *vi*, *si*.

7 **Guarda questi disegni e sottolinea i verbi riflessivi. Dopo aver sottolineato, ascolta l'** AUDIO 105 **. Quale disegno corrisponde alle conversazioni dell'audio? Scrivi i numeri.**

○

○

○

○

8 **Completa le trascrizioni dei dialoghi con i verbi riflessivi che trovi nei disegni dell'esercizio 7. Poi ascolta ancora l'** AUDIO 105 **.**

(A)

Ciro Aaghh... che fatica ___alzarsi___ la mattina... adesso poi devo ________, ________... no, no: prima ________ una bella colazione, e mi lavo dopo!

(B)

Ivan Oh, che buono... il caffè italiano è il più buono!
Ciro E dopo mi mangio pane, burro e marmellata.
Ivan Quando faccio colazione con calma, senza problemi, ________ bene tutto il giorno.
Ciro Anch'io. ________ un altro caffè? Poi andiamo a correre un po', se vuoi.

(C)

Ciro Ah, **come stai?**
Ivan **Benissimo, e tu?**
Ciro Io invece ________ un po' stanco... l'ultima volta che ho corso è stato tanto tempo fa...
Ivan Ti senti stanco? Dài, non è un problema, ________ un po' sotto quell'albero.

Come stai? Benissimo, e tu?

È una delle forme di saluto più usate.

(D)

Ivan Oggi non ho corsi all'università.
Ciro Che bello! ________ un bel giro in macchina.
Ivan Dove andiamo? Mi hai già fatto vedere Palermo.
Ciro Vedi quella collina? È Mondello. Andiamo là e ________ un aperitivo?
Ivan Che idea! Uno, due, tre... via! A Mondello.

9 **Una sintesi sui verbi riflessivi.**

I **verbi riflessivi**:
- indicano che un'**azione si riflette sul soggetto**: *io **mi** pettino, lei **si** lava, noi **ci** vediamo*;
- in altri casi, servono a **dare forza a un'azione**, quindi non sono riflessivi veri: la frase ***Mi** bevo un caffè e poi **mi** mangio pane e burro* può essere scritta anche senza *mi*.

Per **formare i riflessivi**:
- all'**infinito** si aggiungono i pronomi *mi, ti, si* ecc. alla fine del verbo: *lavar**mi**, vestir**ti**, lavar**si**, vestir**ci**, chiamar**vi***;
- nelle **altre forme**, i pronomi *mi, ti, si* ecc. vanno prima del verbo: *(io) **mi** chiamo, (loro) **si** pettinano, (lei) **si** veste.*

10 ***Buonissimo! Benissimo! Bellissimo!***

Hai trovato queste forme nei dialoghi e anche in altri Passi. Secondo te, cosa significano?

○ molto buono, molto bene, molto bello

○ poco buono, poco bene, poco bello

La forma in *-**issimo*** è il **superlativo**, cioè indica che una qualità è a livello super.

11 ***Il più buono / più buono.***

Nel dialogo tra Ivan e Ciro **a colazione** (→ ES. 8), hai trovato la frase *Il caffè italiano è **il più** buono*.
Anche in **GI.1** hai già trovato la parola *più*.

Osserva queste frasi:
che differenza c'è?
*Il caffè italiano è **il più** buono al mondo.*
*Il caffè italiano è **più** buono di quello americano.*

Più **con l'articolo** serve a formare un altro tipo di **superlativo**; *più* **senza articolo** serve a fare dei **confronti** tra due o più cose.

a / il e il tempo

a Si usa con parole che indicano un momento (***a** colazione*, ***a** cena*), un mese (***a** Marzo*), un'ora (***a** mezzanotte*, ***alle** 3*), una data importante (***a** Natale*, ***a** Pasqua*).

il (oppure ***l'**, **lo**, **la***) Si usa con le date (***il** 1° Maggio*), i giorni (***il** martedì*), le stagioni (***l'**autunno*, ***la** primavera*).

Sintesi

12 **Due verbi irregolari molto importanti.**

a. Completa il presente del verbo ***bere***, che al participio passato fa *bevuto* e che inserisce in ogni forma una *v*.

bere			
(io)	....	(noi)	....
(tu)	bevi	(voi)	bevete
(lui / lei)	beve	(loro)	bevono

b. E adesso un verbo fondamentale: ***dare***.

dare			
(io)	do	(noi)	....
(tu)	**dài / dai**	(voi)	date
(lui / lei)	**dà**	(loro)	danno

13 **Hai 10 secondi per fare un invito al tuo compagno, e poi lui lo fa a te, secondo questo modello: *Dài, vieni al cinema con me questa sera!***

Continuate fino a quando uno di voi non riesce a trovare le parole per un invito e passano 10 secondi.

14 **Per ricordare bene quello che hai imparato, recita i dialoghi (→ ES. 1, 2, 8) con due compagni.**

dài / dai Nel dialogo (→ ES. 2) Ciro invita Ivan a fare un giro usando l'esclamazione ***dài***: si può usare l'accento per non confondere il **verbo** *dare* con la **preposizione** ***dai***.

dà / da Nell'esercizio 1 c'è scritto che la prof ***dà** il via*: si deve usare l'accento per non confondere il **verbo** *dare* con la **preposizione** ***da***.

15 **Ricordi queste parole? Scrivi sul quaderno le parole corrispondenti nella tua lingua madre.**

alzarsi, lavarsi, pettinarsi • bello, brutto • aperitivo • bere, mangiare • colazione, cena • Croazia, croato • dài! • fermarsi, continuare • fortunato • ieri, oggi, domani • invece • invito, invitare • minuto, secondo • perdere, trovare • primo, ultimo • riflettersi • ritardo • servire • sentirsi bene / male / stanco • teatro, cinema • turista • veloce • verso le 7, sulle 7 • vorrei • secondo me, secondo te

P18 / Diciotto | La grande festa

Comprensione

1 **Ciro e Ivan arrivano alla festa, in un vecchio magazzino del porto. Ascolta l'AUDIO 106 e trova queste informazioni.**

a. Ivan pensa che il posto è ◯ bello ◯ brutto ◯ troppo vecchio
b. Ciro pensa che il posto è ◯ bello ◯ brutto ◯ troppo vecchio
c. Ivan preferisce la musica ◯ soft ◯ a tutto volume
d. Ciro preferisce la musica ◯ soft ◯ a tutto volume

2 **Ascolta ancora l'AUDIO 106 e leggi il testo.**

Ivan Cavolo! Che bello questo posto! Grazie per avermi invitato, Ciro!
Ciro Eh, sì... è un vecchio magazzino del porto. È uno dei miei posti preferiti. Dài, entriamo.
Ivan Ahh, questa è la mia musica, mi piace così, a tutto volume!
Ciro Io invece la preferisco un po' più soft.

> **Cavolo!**
> Il *cavolo* è una verdura... ma serve anche per fare un'esclamazione, senza usare una parolaccia.
> La parola viene usata anche per dare forza a una domanda, come nel dialogo dell'esercizio 8.

3 **Due verbi importanti: *preferire* e *piacere*.**

a. Attento a un verbo, che è utile per i dialoghi che seguono.
Nel dialogo (→ ES. 2) Ciro dice quello che pensa della musica usando il verbo *preferire*, che hai visto in P16 (ES. 9):
*È uno dei miei posti **preferiti**.*
*Io invece la **preferisco** un po' più soft.*

b. Ivan invece usa un altro verbo:
Questa è la mia musica, ... *così, a tutto volume.*
Nei prossimi dialoghi il verbo *piacere* è molto usato, perché Ciro e Ivan trovano due ragazze e allora...
Prova a immaginare cosa succede, guardando i disegni.

4 **Le ragazze guardano i ragazzi. Ascolta l'AUDIO 107.**

a. A Lucia piace
◯ Ivan ◯ Ciro

b. A Carla piace
◯ Ivan ◯ Ciro

c. Lucia dice che Ciro è
◯ simpatico ◯ antipatico

d. Carla dice che Ciro è
◯ simpatico ◯ antipatico

5 **Ascolta ancora l'AUDIO 107 seguendo il testo.**

Carla	Lucia, guarda quel ragazzo laggiù.
Lucia	Quale ragazzo guardi, Carla?
Carla	Quello con Ciro. È bellissimo...
Lucia	Be', questo è vero... Ma io non sopporto Ciro, è proprio antipatico.
Carla	Dici così solo perché ti **ha detto di no**! Ciro mi piace, è simpatico, gentile...
Lucia	Allora facciamo così: se ti piace Ciro, vai a ballare con lui e io mi prendo il suo amico!

dire di sì dire di no

6 **I ragazzi guardano le ragazze. Ascolta l'AUDIO 108 e poi completa questo riassunto.**

Ivan è un .... croato; è a Palermo da un giorno ma ha già trovato una .... che gli piace: si chiama .... A Ciro Lucia .... piace per niente: dice che è .... e dura, ma gli .... la sua amica, che si chiama ....

Adesso ascolta di nuovo e controlla le parole che hai inserito.

7 **Ascolta ancora l'AUDIO 108 seguendo il testo.**

Ciro	Accidenti! È il tuo primo giorno a Palermo e hai già trovato una ragazza!
Ivan	Sì... mi piace molto. Si chiama Lucia...
Ciro	Lo so, lo so, la conosco... ma non mi piace per niente, è antipatica, la trovo troppo dura, troppo...
Ivan	La sua amica Carla? Quella ti piace, secondo me!

Come va?

È un modo per chiedere come stanno andando le cose, se bene o male.

8 **Fa' le ipotesi dell'esercizio e poi ascolta l'AUDIO 109.**

a. Carla chiede a Lucia "Come va?": secondo te come vanno le cose?

b. Poi Carla chiede a Lucia che cosa ci fa un croato a Palermo: tu che lo sai, prova a immaginare che cosa risponde Lucia.

c. Lucia non sopporta Ciro... ma Ivan sta a casa di Ciro! Secondo te, alla fine Lucia va a casa di Ciro?

Ascolta il dialogo, leggi il testo e verifica se le tue ipotesi sono corrette.

Carla	**Come va?**
Lucia	È stupendo. Si chiama Ivan, è croato!
Carla	E che **cavolo** ci fa qui a Palermo!?
Lucia	Studia archeologia. La mamma di Ciro lavora con quelli dell'ArcheoClub e Ivan sta a casa loro...
Carla	E allora se vuoi vedere il tuo bell'Ivan devi andare da Ciro! E allora io vengo con te perché Ciro mi piace proprio!

9 **Ascolta tutti i dialoghi nell'AUDIO 110.**

10 **Ascolta e ripeti i dialoghi nell'AUDIO 111: è importante per imparare a dire quello che ti piace e quello che non ti piace.**

Analisi

11 **Il verbo *piacere* ha un problema di suono. Completa il presente del verbo.**

piacere

(io)	piaccio	(noi)	piacciamo
(tu)	piaci	(voi)	piacete
(lui / lei)	....	(loro)	piacciono

Piacere è **irregolare** perché per tre volte usa la **doppia *c***. Nota che per scrivere il suono dolce della *c* + *o*/*a* **bisogna inserire una *i***: *-cio*, *-cia*. Se non metti la *i*, la prima persona del presente diventa *io piacco*...

Molte lingue esprimono il piacere con verbi come *amare* (*aimer* in francese, *to like* in inglese):
(Io) ***amo*** *la musica.* *J'****aime*** *la musique.* *I* ***like*** *music.*

L'italiano ha un verbo speciale, ***piacere***, che è come lo spagnolo *gustar*: c'è un blocco centrale (quello che qui sotto è in verde) con la persona e il verbo (*mi piace*, *a me piace*), e poi c'è quello che piace (*la musica*), che può andare prima o dopo:

la musica → ***mi*** *piace*
a me *piace* ← *la musica*

La parola ***mi*** è un **pronome**, sta al posto del mio nome e corrisponde a ***a me***. Guarda questi pronomi:

io	mi	a me
tu	ti	a te
lui	gli	a lui
lei	le	a lei
noi	ci	a noi
voi	vi	a voi
loro	gli (loro)	a loro

Nell'**Unità 4** torniamo su questi pronomi; qui, per parlare di quello che ti piace o non ti piace, basta ricordare che puoi usare le **due forme**: ***mi / a me***; la differenza è che le forme *mi*, *ti* ecc. sono più **deboli**, mentre le forme *a me*, *a te* ecc. sono più **forti**.

proprio / per niente

Proprio e per niente servono per **dare forza al verbo** che viene prima.

12 Quanto ti piace? Completa queste frasi prese dai dialoghi.

a. *Mi piace* **proprio** significa che ti piace ○ molto ○ zero
b. *Non mi piace* **per niente** significa che ti piace ○ molto ○ zero
c. Se vuoi fare un confronto tra due cose che ti piacciono, puoi fare come Ciro, che dice: *Io invece la* .... *un po' più soft.*

13 Chiedi al tuo compagno chi preferisce o chi non sopporta tra i cantanti, gli attori o i compagni.

a. Che cantante ti piace di più? *Mi piace / A me piace* ....
b. Che cantante non sopporti? **Non mi piace / A me non piace** ....
c. Chi preferisci tra .... e ....?
Mi piace / A me piace di più ....

non mi piace / a me non piace

Non va **davanti** alla **forma debole** (*mi*, *ti* ecc.) e va **dopo** la **forma forte** (*a me*, *a te* ecc).

14 Cosa sai dire su un amico? Cose belle e cose brutte, come sempre.

a. Scrivi il contrario di questi aggettivi di qualità.

duro ↔ *gentile, dolce*
bello ↔ ....
.... ↔ basso
simpatico ↔ ....
ricco ↔ ....

b. Ecco altri aggettivi che ti possono aiutare a descrivere le persone; cerca di indovinare il significato con i compagni e poi unisci l'aggettivo alla foto giusta.

1
2

○ biondo
○ castano
○ moro

3

1
2

○ allegro
○ triste

Sintesi

15 La sintesi su... te!

Nelle **Unità 1** e **2** hai imparato a presentarti, a dare i tuoi dati personali, a spiegare perché fai un corso di italiano, e in questo Passo hai imparato a dire quello che ti piace o non ti piace e a raccontare la tua storia.
Scrivi la tua presentazione: vedrai quante cose sai dire in italiano! Però non dire il tuo nome e, se sei in una classe con persone di tante nazionalità, non dire neanche da dove vieni: serve per l'attività seguente.

16 Chi è?

L'insegnante ritira i fogli con le vostre presentazioni. Poi ne sceglie una e la legge ad alta voce. Dovete indovinare chi è. Dopo due o tre esempi, l'insegnante dà le altre presentazioni alle varie coppie di studenti che devono scrivere sul foglio il nome del compagno descritto.

17 *Questo e quello*: una sintesi.

Indica se le parole *questo* e *quello* (che hai trovato sottolineate in verde nei dialoghi) sono aggettivi (A) o pronomi (P).

In questi Passi hai trovato molte volte ***questo*** e ***quello***, che indicano se una cosa è vicina o lontana. Sono:
- **aggettivi**, quando sono davanti a un nome;
- **pronomi**, quando sono al posto di un nome.

a. Cavolo! Che bello *questo* posto! (→ ES. 2) Ⓐ Ⓟ
b. Ahh, *questa* è la mia musica, mi piace così, a tutto volume! (→ ES. 2) Ⓐ Ⓟ
c. Lucia, guarda *quel* ragazzo laggiù. (→ ES. 5) Ⓐ Ⓟ
d. *Quello* con Ciro. È bellissimo... (→ ES. 5) Ⓐ Ⓟ
e. La sua amica Carla? *Quella* ti piace, secondo me! (→ ES. 7) Ⓐ Ⓟ
f. La mamma di Ciro lavora con *quelli* dell'ArcheoClub. (→ ES. 8) Ⓐ Ⓟ

Questo e *quello* possono stare anche al posto di una frase detta prima, come vedi nel dialogo (→ ES. 5):

Carla *È bellissimo...*
Lucia *Be', **questo** è vero...*

Nella risposta di Lucia, *questo* significa *è bellissimo*.

18 I possessivi: una sintesi.

In tutti questi Passi abbiamo usato delle parole che esprimono il possesso: *mio, tuo, suo* ecc. Anche queste parole possono essere **aggettivi** o **pronomi**, come hai visto nell'esercizio 17.

a. Osserva i possessivi che trovi sottolineati in azzurro nei dialoghi di questo Passo.
b. Il possessivo si accorda con la persona che possiede una cosa, come in inglese (*his, her*), o con la cosa posseduta?

In italiano il possessivo si accorda con la **cosa posseduta**: *il **mio** libro, la **mia** penna, i **miei** compagni, le **mie** idee*. Ecco le forme dei possessivi, da completare.

mio	mia	miei	....
tuo	....	tuoi	tue
....	....	suoi	....
....	nostra	nostri	nostre
vostro	....	....	....
loro	loro	loro	loro

19 Per ricordare bene quello che hai imparato, recita i 4 dialoghi (→ ES. 2, 5, 7, 8) con il tuo compagno. Poi una coppia di ragazzi e una di ragazze recita i dialoghi di fronte alla classe.

20 A casa, usa l'AUDIO 111 per fare un dettato: aiuta molto a imparare con calma.

21 Ricordi queste parole? Scrivi sul quaderno le parole corrispondenti nella tua lingua madre.

porto, magazzino, mare • posto • vecchio, nuovo • cavolo! • seguire, seguente • a tutto volume, ad alta voce • simpatico, gentile, antipatico, duro • sopportare • ballare • ma, però • piacere, stupendo, bello • possedere, possesso • biondo, castano, moro • allegro, triste • raccontare

Palestra di italiano

SCRIVI IL TUO LIBRO DI GRAMMATICA — Il participio passato

I **verbi regolari** formano il participio passato in questo modo:

-are → ***-ato*** *-ere* → ***-uto*** *-ire* → ***-ito***

Il participio passato si accorda con il nome e per questo ha **numero** e **genere**.

	singolare		plurale	
	maschile	**femminile**	**maschile**	**femminile**
avere	avut........	avut........	....	....

1 **Ecco alcuni verbi con il participio passato regolare: completa come nell'esempio.**

guardare	*guardato*	aspettare	....	capire	....
mandare	....	preferire	....	mangiare	....
andare	....	riuscire	....	costruire	....
ballare	....	volere	....	inserire	....
finire	....	potere	....	partire	....
aggiustare	....	dovere	....	aiutare	....
ripetere	....	parlare	....	possedere	....

2 **Questi sono invece i principali verbi irregolari che hai trovato fino a oggi. Scrivi il participio passato dei verbi.**

essere	*stato*	vedere	....	bere	*bevuto*
fare	....	prendere	....	rimanere	*rimasto*
scrivere	....	leggere	....	nascere	....
venire	....	dire	....	mettere	....

SCRIVI IL TUO LIBRO DI GRAMMATICA — I numeri ordinali

Per creare i numeri ordinali basta aggiungere .... al posto dell'ultima vocale del numero:

undici → *undic****esimo*** *cento* → *cent****esimo*** *mille* → *mill****esimo*** ecc.

Ma ricorda: i numeri da 1 a 10 hanno ordinali irregolari.

3 **Completa queste frasi come nell'esempio.**

a. Lunedì è il *primo* giorno della settimana.
b. Sabato è il .... giorno della settimana.
c. Ivan è in Sicilia per la .... volta.
d. Maggio è il .... mese dell'anno.
e. Giovedì è il .... giorno della settimana.
f. Dopo l'*ottavo* viene il ....
g. Agosto è l'........ mese dell'anno.
h. I verbi in *-ire* sono della .... coniugazione.
i. Ottobre è il .... mese dell'anno.
j. Domenica è il .... giorno della settimana.

SCRIVI IL TUO LIBRO DI GRAMMATICA — Il passato prossimo

Il passato prossimo si forma con l'ausiliare ***essere*** / ***avere*** + il **participio passato** del verbo base.
Si usa l'ausiliare:

- .... con i **verbi intransitivi**, dove l'azione non passa su un oggetto, come *andare*, *venire* ecc.;
- .... con i **verbi transitivi**, dove l'azione passa su un oggetto, come *mangiare*, *leggere* ecc.

4 **Completa questo riassunto della storia della Sicilia inserendo gli ausiliari corretti.**

Per mille anni la Sicilia .....è..... stata il centro economico e culturale del Mediterraneo e molti popoli di questo mare l'.................... conquistata, secolo dopo secolo. I primi invasori della Sicilia .... stati i Greci, che .... costruito templi e teatri. I Romani .... arrivati nel 241 a.C., e quando l'Impero romano .... finito, nel quinto secolo d.C., la Sicilia .... rimasta sotto l'Impero di Bisanzio. Nell'ottavo secolo gli Arabi .... conquistato la Sicilia, che per secoli .... stata uno dei centri culturali più importanti dell'Impero arabo. Nel 1061 .... arrivati dei conquistatori dall'Europa del Nord, seguiti dagli Spagnoli che .... restati fino al 1713. Gli Spagnoli .... preso dalla Sicilia tutto quello che .... potuto, e in questi secoli l'isola .... diventata sempre più povera. Nel 1860 Garibaldi e i suoi mille compagni con la camicia rossa .... venuti dal Nord Italia e l'isola è diventata parte dell'Italia unita.

5 **Sei in vacanza in Sicilia: scrivi una cartolina a casa e di' quello che hai fatto, quello che hai visto, dove sei andato ecc.**

SCRIVI IL TUO LIBRO DI GRAMMATICA — L'imperativo

Completa lo schema dell'imperativo, aggiungendo anche le forme del plurale (*voi!*), che sono uguali al presente.

	1ª coniugazione (-*are*)	2ª coniugazione (-*ere*)	3ª coniugazione (-*ire*)	
(tu)	guard...a...!	prend..........!	apr..........!	fin..........!
(lei)	guard..........!	prend..........!	apr..........!	fin..........!
(voi)	guard..........!	prend..........!	apr..........!	fin..........!

6 **Crea delle frasi con l'imperativo, usando questi suggerimenti, come nell'esempio.**

a. Di' alla professoressa di parlare ad alta voce.
Professoressa, parli ad alta voce.

b. Di' a un amico di venire da te stasera.
....

c. Di' ai tuoi compagni di fare silenzio.
....

d. Invita una persona importante a entrare in casa.
....

e. Invita il Presidente a venire nel tuo Paese.
....

f. Dài un ordine a un tuo compagno.
....

SCRIVI IL TUO LIBRO DI GRAMMATICA

I possessivi

Completa lo schema dei possessivi.

mio	*mia*	*miei*	*mie*
tuo	....	....	....
suo	....	....	....

nostro	....	....	....
vostro	....	....	....
loro	....	....	....

In italiano il possessivo si accorda con la cosa .... e non con la persona che la possiede.

7 Forma delle frasi con questi elementi.

a. Marta • cane • suo • amare
Marta ama il suo cane.

b. tu • portare • fratello • tuo • casa
....

c. tu • portare • sorella • tua • casa
....

d. voi • andare • casa • loro
....

e. voi • invitare • Ines • casa • vostra
....

f. piacere • corso • mio • italiano
....

IN QUESTI 6 PASSI HAI IMPARATO A FARE MOLTE COSE. CON QUESTI ESERCIZI AIUTI LA MEMORIA A RICORDARLE.

8 Ricordi come si chiamano questi mobili e questi oggetti che trovi in ogni casa?

9 Sul quaderno, scrivi una mail a un tuo amico dicendo che sei arrivato a Palermo e descrivendo il tuo mini appartamento.

10 Ricordi questi colori?

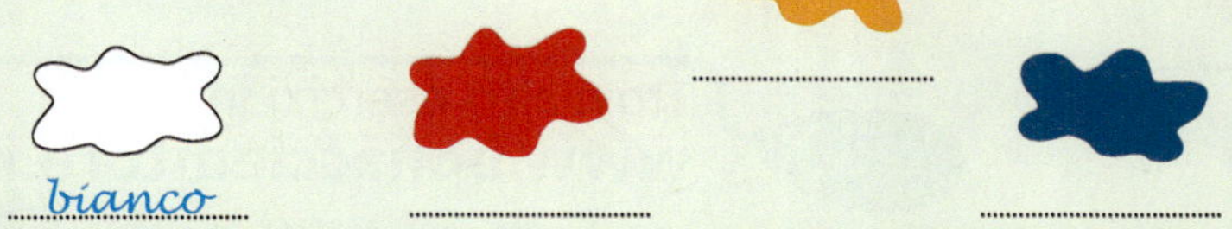

11 Dài una definizione di questi parenti, come nell'esempio.

a. zia: *è la sorella di mio padre o di mia madre*
b. cugino: ……
c. nonna: ……
d. sorella: ……
e. madre: *è la moglie di mio* ……
f. zio: ……
g. fratello: ……
h. padre: ……
i. nonno: ……

12 Scrivi una breve descrizione della tua casa e della tua famiglia.

Devi dire dove abiti, come è fatta la tua casa, chi c'è nella tua famiglia, che mestiere fanno i tuoi parenti. Poi racconta tutto al tuo compagno, senza leggere il testo che hai scritto per prepararti.

13 Completa il dialogo. Inserisci le risposte di Ines nel posto giusto.

1 Ma perché parlare di cose tristi quando c'è questo sole, questo mare...

2 Anche la Spagna è povera... La mafia?

3 No, sono già venuta tante volte. L'ultima volta tre anni fa.

Ciro È la prima volta che viene in Sicilia?
Ines ……

Ciro Be', la Sicilia è molto cambiata, credo, ma è sempre molto, molto povera.
Ines ……

Ciro È la prima cosa che chiedono tutti... La mafia c'è, ma c'è anche la guerra contro la mafia, e in Sicilia ci sono tante persone oneste, non ci sono solo mafiosi!
Ines ……

Ciro È vero: siamo in inverno, ma l'inverno siciliano sembra primavera!

14 Completa il dialogo. Inserisci le risposte di Ivan nel posto giusto.

1 Bene, non benissimo. Ho studiato italiano fin dalla prima elementare.

2 Una festa? Che bello!

3 Sì, è la prima volta che sono in Italia!

Ciro Hai detto che oggi vuoi andare un po' in giro per Palermo?
Ivan ……

Ciro La prima volta!? Ma tu parli benissimo.
Ivan ……

Ciro Wow, che fortunato! Stasera c'è una festa, verso le 10... vuoi venire?
Ivan ……

15 Ricordi queste azioni che fai ogni giorno?

a. A che ora ti alzi? *Mi alzo* ……
b. In che stanza vai quando esci dalla camera da letto? ……
c. Preferisci la doccia o la vasca? ……
d. Ti lavi, ti guardi allo specchio e vedi i tuoi capelli: cosa fai subito? ……
e. Dove vai quando esci dal bagno? ……
f. Che cosa ti piace mangiare a colazione? ……
g. Che cosa bevi a colazione? ……
h. Quando sei a casa tua, con chi fai colazione? ……
i. Ti piace fare colazione? O bevi solo un caffè? ……
j. Perché ti piace o non ti piace la colazione a tavola? ……

16 Usa le tue risposte dell'esercizio 15 per scrivere un testo su quello che fai la mattina.

Poi raccontalo al tuo compagno. Lui prende appunti così puoi controllare se ti ha capito.

Trovi altri esercizi in
www.bonaccieditore.it

4

Vengo a vivere in Italia

Imparo l'italiano per:

- comprare le cose che servono per una casa
- creare il proprio codice fiscale
- dire dove sono le cose
- fare documenti in banca, in Comune ecc.
- fare la spesa in un negozio
- invitare e accettare inviti
- ordinare in una pizzeria
- parlare del prezzo delle cose e dello sconto
- parlare della frequenza
- parlare della qualità delle cose
- parlare della vita quotidiana
- usare il dizionario

So come funzionano:

- avverbi di modo in *-mente*
- dizionario
- femminile e plurale
- imperativo con l'infinito e imperativo negativo
- parole che indicano il tempo e la frequenza
- parole che indicano lo spazio e la collocazione
- passato prossimo e verbi ausiliari
- pronomi personali oggetto di 3ª persona
- *questo* / *quello*
- tutti i numeri
- *tutto* + nome / numero
- verbi impersonali (*piove* e *nevica*)

Conosco alcune cose dell'Italia:

- case italiane
- come si prepara la tavola e come si preparano i cibi
- cucina italiana e ricette
- negozi, spesa, euro
- pizzerie
- uffici pubblici, banche, agenzie

Ricorda che il libro continua online

GI.4 | Guardiamoci intorno

Quante cose da fare!

Cristina Hakkonen

Cristina Hakkonen, detta Kirsti, è figlia di una italiana e di un finlandese e ha la doppia cittadinanza. È bilingue perché sua madre ha sempre parlato in italiano con lei. All'università ha studiato lingue straniere e poi ha lavorato come traduttrice di romanzi e di libri italiani in finlandese.

In questi ultimi anni in Italia i romanzi "gialli" del Nord Europa sono diventati famosi e Kirsti ha un contratto per tradurre in italiano tutti i romanzi di alcuni scrittori finlandesi, e allora ha deciso di venire per due o tre anni in Italia. Ha scelto di vivere a Verona perché è la città di sua madre e i suoi nonni vivono vicino, sul Lago di Garda (→ GI.3).

Kirsti ha trovato un appartamento in centro... ma che fatica fare tutte le burocrazie e le spese necessarie! Vediamo insieme dove deve andare Kirsti.

Come si dice *burocrazia* nella tua lingua madre?

....

Nel tuo Paese c'è molta burocrazia, come in Italia?

....

cioè
Introduce una spiegazione.

In Comune

Kirsti ha la cittadinanza italiana, **cioè** fa parte della popolazione della Repubblica italiana. La *nazionalità* è una caratteristica della persona, non si perde mai; invece la *cittadinanza* è uno *status* ufficiale: dà diritti e doveri, il *passaporto* italiano e il *codice fiscale*, cioè il numero che identifica ogni cittadino.

La *residenza* è il posto dove una persona vive, dove paga le tasse; è scritta sulla carta d'identità, che si chiede in Comune.

Studia queste parole con l'insegnante e la classe.
nazionalità • cittadinanza • residenza

I documenti

Il *codice fiscale* contiene molte informazioni: HKK sono le prime tre consonanti del cognome e CST sono la prima, la terza e la quarta consonante del nome; 80 è l'anno di nascita; H indica il mese di Giugno; 43 dà due informazioni: Kirsti è nata il giorno 3, e si aggiunge 40 per indicare che è una donna; l'ultima parte del codice indica il luogo di nascita; l'ultima lettera è casuale.

Studia queste parole con l'insegnante e la classe.
passaporto • carta d'identità • codice fiscale

In banca

Kirsti ha un conto in una banca finlandese, ma ha deciso di aprire un *conto corrente* anche in Italia, per poter usare la *carta di credito* e pagare l'*affitto* e le *bollette* con un *bonifico*. Per aprire un conto è necessario avere il *codice fiscale*: per questo Kirsti è andata prima in Comune e poi in banca.

Studia queste parole con l'insegnante e la classe.
conto (corrente) • carta di credito • bonifico • bolletta

Nell'agenzia immobiliare

Kirsti è già stata varie volte in questa *agenzia immobiliare*, dove hanno trovato per lei un bell'appartamento in *affitto*. Adesso che ha il codice fiscale e un conto corrente in banca, può firmare il *contratto d'affitto*.

Studia queste parole con l'insegnante e la classe.
agenzia immobiliare • affitto

Nel negozio di materiale informatico

Kirsti traduce libri, quindi lavora al computer, e preferisce avere una *linea internet* fissa anziché usare solo la *pennetta internet*; e poi vuole mettere un *sistema wifi* in casa, per poter lavorare anche sul balcone. Vicino a casa sua c'è un negozio di *materiale informatico*: Kirsti entra per chiedere informazioni sul costo.

Studia queste parole con l'insegnante e la classe.
linea internet • pennetta internet • sistema wifi • materiale informatico

Nel nuovo appartamento

L'*appartamento* di Kirsti è *ammobiliato*, cioè ci sono già i mobili: letto, armadio, frigorifero, lavatrice ecc. Ci sono anche i piatti, le posate e i bicchieri, ma Kirsti preferisce comprare queste cose secondo i suoi gusti: la tazzina dove beve il caffè, il piatto dove mangia, i bicchieri dove beve le devono piacere!

Studia queste parole con l'insegnante e la classe.
appartamento, ammobiliato

Al supermercato

Ci sono molte cose da comprare quando si entra in una casa nuova e bisogna riempire il *frigorifero* e la *dispensa*: olio, aceto, sale e cose di questo tipo; e poi i *detersivi* per i piatti e per la lavatrice, sapone, bagnoschiuma, shampoo... e tutte le cose per la pulizia della casa, dei pavimenti... oh, no! troppe cose. E allora la prima volta Kirsti compra solo le cose più urgenti; per il resto ripassa domani.

Studia queste parole con l'insegnante e la classe.
frigorifero • dispensa • detersivo

Dal fornaio

Ci sono delle cose che Kirsti non compra al supermercato. A Kirsti piace avere un *contatto umano*, *fare amicizia* con i negozianti sotto casa: con il fornaio dove c'è il pane fresco, con il barista che serve cappuccino e brioche alle 11 del mattino, con il fruttivendolo dove trova la frutta e la verdura fresca... Oggi Kirsti va dal fornaio.

Studia queste parole con l'insegnante e la classe.
contatto umano • fare amicizia

Sul pianerottolo di casa

Kirsti è contenta: adesso l'appartamento è suo per tre anni! Sale le *scale*, ma prima di entrare nella sua nuova casa bussa alla porta del *vicino*, che abita sullo stesso *pianerottolo*, per presentarsi e salutare: è buona educazione! L'appartamento è in via Mazzini al numero 98.

Studia queste parole con l'insegnante e la classe.
scala • vicino • pianerottolo

1 Ascolta nell' AUDIO 112 la lettura di questi testi.

P19 / Dicciannove | La nuova casa

1 Dove metti queste cose?

Ripassa il P15 e poi, con l'aiuto dei compagni e dell'insegnante, abbina ogni gruppo di oggetti qui sotto alla foto della stanza corrispondente scrivendo il numero della stanza. In una stanza vanno inseriti due gruppi di cose (uno nella stanza e uno dentro un mobile).
Dopo ascolta l'AUDIO 113 e ripeti l'AUDIO 114.

6 divano • poltrona • televisore • tavolo e sedie per mangiare • piatti • bicchieri • posate

detersivi per la casa • scopa • valigie • borse

frutta • verdura • pane • acqua • birra • carne

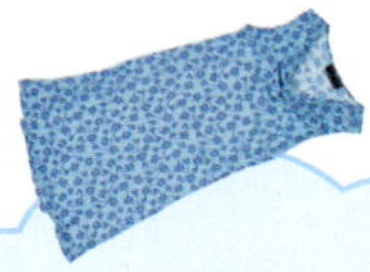

armadio • vestiti • scarpe • lenzuola

computer • stampante • libri • carta • penne • dizionari • tavolo • poltroncina da lavoro

carta igienica • sapone • bagnoschiuma • shampoo • asciugamani

olio • aceto • sale • detersivo per i piatti • pentole • padelle

Comprensione

2 **Kirsti sta girando per la casa per vedere che cosa deve comprare.**

Lei pensa ad alta voce, come fa spesso quando è sola, e intanto scrive sul suo tablet le cose che deve comprare. Ascolta il suo monologo (AUDIO 115) e scrivi anche tu su un foglio quello che manca a Kirsti. Non leggere la trascrizione qui sotto.

3 **Ascolta ancora l'AUDIO 115, seguendo con gli occhi il testo trascritto qui sotto, così puoi controllare se hai scritto sul foglio tutte le cose che Kirsti deve comprare. Nel testo mancano delle parole: dopo l'ascolto, scrivi quelle che ricordi. Poi, ascolta e ripeti con l'AUDIO 116, così controlli se hai inserito le parole giuste.**

allora...
Indica che stai cominciando a fare una sintesi, un riassunto delle tue idee.

Allora... è meglio scrivere tutto, altrimenti mi dimentico di comprare qualcosa...
Cominciamo dalla cucina. Ieri .... comprato olio, aceto, pepe e sale. Oggi devo riempire il frigo: verdura, frutta, vino bianco, birra, pane...
E poi .... anche fare un po' di dispensa: pasta, riso, salsa di pomodoro...
Allora, adesso... ecco: il bagno. Ieri .... dimenticato il sapone per le mani.
E ho .... carta igienica.
Soggiorno: non serve niente; per ora ho tutte le cose che servono.
Ieri .... scritto cinque cose, le ho comprate tutte e cinque... sono un genio, brava Kirsti! Ah, ... fatica metter su casa!
Vediamo se manca qualcosa in studio. Ah, sì: .... passare dall'elettricista per due spine multiple e per comprare una radio. Il resto è tutto **a posto**.

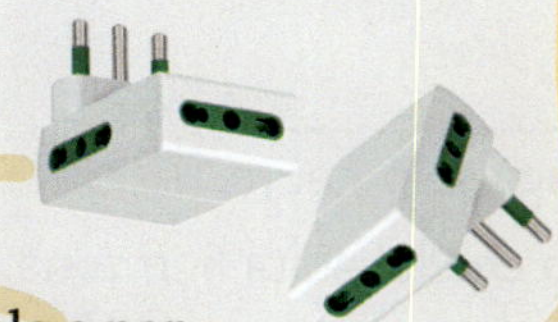

a posto
Indica che va tutto bene, che è tutto OK.
Posto, senza *a*, significa *luogo*.

4 **In quali negozi va Kirsti per comprare quello che le manca?**

Ascolta le conversazioni nell'AUDIO 117 e indica quale è il primo negozio dove va Kirsti, quale è il secondo e quale è il terzo scrivendo i numeri. Non preoccuparti se al primo ascolto non capisci tutte le parole e tutte le frasi: piano piano si può capire molto. Confronta la tua risposta con il tuo compagno.
Infine scrivi *fornaio*, *elettricista* e *fruttivendolo* sotto le foto corrispondenti.

....

....

....

5 **L'ordine giusto delle foto dell'esercizio 4 è *fornaio, elettricista, fruttivendolo*. Ascolta ancora le tre conversazioni nell' AUDIO 117 e trova queste informazioni.**

a. Dal **fornaio** Kirsti compra la metà di una baguette, che costa ....1.... euro e .... centesimi. Ma il fornaio le fa lo sconto e lei paga solo .... euro.

b. Dall'**elettricista** Kirsti compra 2 spine multiple belle. Una spina costa .... euro e .... centesimi. Le due spine in totale costano .... euro.

c. Dal **fruttivendolo** Kirsti compra:
- 1 chilo di pomodori a .... euro e .... centesimi;
- dell'insalata a .... euro e .... centesimi;
- 1 chilo di patate a .... euro e .... centesimi.

In totale Kirsti spende .... euro e .... centesimi. Lei dà .... euro e il resto è di .... centesimi.

6 **Controlla la tua risposta sul fornaio. Ascolta l' AUDIO 118.**

a. Mezza baguette costa .... euro e 5 centesimi, ma Kirsti paga solo 1 euro.

b. Per far capire al fornaio che lei abita lì in zona, Kirsti dice: *Sì, sono arrivata* .... *. Abito* .... *, in via Mazzini.*

7 **E adesso controlla la tua risposta sull'elettricista. Ascolta l' AUDIO 119.**

a. L'elettricista mostra due spine multiple, ma Kirsti non le vuole perché sono ....

b. Le spine più belle costano
○ uguale ○ il doppio

c. Ogni spina costa 3,50 e il totale è .... euro.

8 **Ultimo controllo: dal fruttivendolo. Ascolta l' AUDIO 120.**

a. Questa notte è piovuto e allora non c'è verdura
○ fresca ○ buona

b. Ridendo, il fruttivendolo dice a Kirsti che le fa lo sconto perché è
○ finlandese ○ una bella signora

c. Per chiedere il costo, Kirsti usa una di queste tre forme (che sono tutte e tre giuste!):
○ quanto fa? ○ quanto costa?
○ quant'è?

d. Il costo è: pomodori 2,30; insalata 1,40; patate 1,25. In totale fanno .... euro e 95 centesimi. Lei dà 5 euro e il resto è di 5 centesimi.

Analisi

9 **Parlare del prezzo delle cose.**

a. Per **chiedere il prezzo** puoi usare tre forme, che hai visto nell'esercizio 8, tutte con l'**interrogativo** ***quanto?***: ..quanto fa?.. ; .... ; ....

b. Per **chiedere lo sconto**, Kirsti dice, sorridendo: *Ma allora mi fa lo* .... *!*

c. Per **dire il costo** di qualcosa ci sono due forme:
- l'elettricista dice: *3,50 l'una, quindi* .... *7 euro*;
- il fruttivendolo dice: *In totale* .... *4,95*.

numeri decimali

10 **Scrivi queste parole chiave vicino alla definizione corretta.**

prezzo / costo ● costare / fare / essere ● euro ● ~~centesimo~~ ● sconto

a. ....*centesimo*....: è una parte di un euro. Dicendo i prezzi si può anche non dire questa parola. Per esempio, per € 3,40 puoi dire *tre euro e quaranta centesimi* oppure anche solo *tre e quaranta.* Tra il numero di euro e il numero dei centesimi si mette una virgola, non un punto come in inglese.

b. ....: quello che compri può costare meno per la gentilezza del fornaio, come nel nostro caso, o perché ci sono i *saldi*, come nella foto.

c. ....: è la moneta usata in molti Stati dell'Unione Europea. La parola *euro* ha il plurale *euri*? ○ sì ○ no

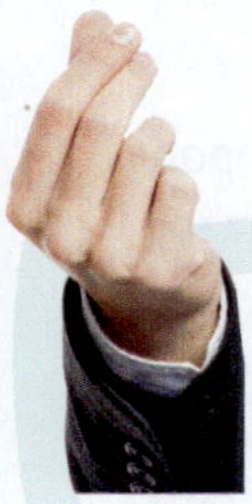

d. ...., ..., ...: sono i verbi che indicano quanto costa qualcosa. Per chiedere il costo puoi fare anche un gesto: sfregare queste due dita della mano, l'indice e il pollice (l'insegnante ti sta mostrando quali sono).

e. ...., ...: queste parole indicano quanto costano le cose. Per chiedere *quant'è?* puoi anche dire *quale è il prezzo / costo di questo anello?*

11 **Ascolta nell'** AUDIO 121 **i prezzi di questi oggetti e scrivili sotto le foto.**

€ ....*1.200*....

€ ....

€ ....

€ ....

€ ....

€ ....

12 **Prendi qualcosa che il tuo compagno ha sul banco, nella borsa o sul corpo e chiedigli quanto è costato; poi lui lo chiede a te.**

13 **Le parole per indicare la quantità.**

Ricordi le quantità studiate in **P10**? Controlla con i compagni se ricordi bene la differenza tra *troppo, molto, abbastanza, un po', poco.*

Osserva queste parole dette da Kirsti: "Non serve niente"; "per ora ho tutte le cose che servono"; "Ieri ho scritto cinque cose, le ho comprate tutte e 5." Tra le parole sottolineate in verde ci sono le due parole che devi scrivere all'inizio e alla fine di questo gruppo di parole di quantità:

.... ● *troppo* ● *molto* ● *abbastanza* ● *un po'* ● *poco* ● ....

14 **Completa il dialogo con una delle due forme: *tutto/a/i/e* + articolo + nome oppure *tutti/e* + *e* + numero.**

«Hai bevuto ....*tutte e*.... 3 le bottiglie di birra che ho comprato ieri sera?»

«Sì, le ho bevute .... 3! Ero un po' stanco...»

«Eh no! Se ogni volta che torni stanco ti bevi .... birra che c'è in frigo diventi grasso come una palla!»

«No: .... domeniche corro da qui al mare e ritorno.»

«Tu corri .... 5 i chilometri da qui al mare? Andata e ritorno? Non ci credo!»

- Quando dopo ***tutto/a/i/e*** c'è un **nome**, metti normalmente l'**articolo**:
  tutti ...*i*... *centesimi*
  tutti ...... *euro*
  tutte ...... *cose*
  tutto ...... *mio pane*
  tutta ...... *sua birra*
- Quando dopo ***tutti/e*** c'è un **numero**, in mezzo devi mettere la lettera ***e***:
  tutti ...... *10 gli euro*
  tutte ...... *2 le mie birre*

Sintesi

15 **Facciamo la sintesi sul femminile.**

Nell'**UNITÀ 1** abbiamo lavorato sul femminile, poi abbiamo trovato altri femminili nei vari Passi: è arrivato il momento di fare la sintesi.

▸ Il **femminile normale** si fa così:
gatto → *gatt*........ *ragazzo* → ....
gatti → *gatt*........ *ragazzi* → ....

▸ Le parole in ***-e*** **non cambiano** al femminile:
un cinese → *una cines*........
Ma ci sono alcuni **casi particolari**:
signore → *signor*........ *studente* → *student*........
professore → *professor*........ *dottore* → *dottor*........
presentatore → *presenta*........ *direttore* → *diret*........

▸ Le parole in ***-i***, ***-ù*** e ***-à*** sono quasi sempre **femminili**:
la sintesi
la gioventù
la città
Ma *taxi* è maschile: *Chiama* .... *taxi!*

▸ Ci sono delle parole in ***-a*** di origine greca che però sono **maschili**:
-ema → *il problema, il tem*........
-ista → *l'elettricista, il musicist*........

▸ Ci sono poi dei **femminili "strani"**.
- Gli amici dell'**UNITÀ 1** vanno in ***mot***........; per la carta d'identità serve una ***fot***........; dall'elettricista Kirsti vuole comprare una ***radi***........ e appena può compra anche un'***aut***........
Queste parole finiscono in ***-o***, che è quasi sempre maschile, ma sono "mezze" **parole**; le parole intere infatti sono femminili: ***moto**cicletta*, ***foto**grafia*, ***radio**ricevente*, ***auto**mobile*.
- La parola ***mano***, anche se finisce in *-o*, è femminile: *un*........ *mano*.
- Sono femminili tutti i nomi di **città**, anche se finiscono in *-o*:
Torino è bell........
Milano è fredd........
Palermo è cald........

▸ Ci sono infine i **femminili irregolari**:
marito → .... *fratello* → ....
uomo → .... *padre* → ....

16 **Per ricordare bene quello che hai imparato, a casa ascolta le tre conversazioni dell'AUDIO 117.**

17 **Ricordi queste parole? Se vuoi, a casa scrivi sul quaderno le parole corrispondenti nella tua lingua madre.**

allora, cioè, quindi • anello • auto, radio, mano, moto, foto • bagno, cucina, camera da letto, soggiorno, studio, corridoio, sgabuzzino • carta igienica, sapone, bagnoschiuma, shampoo • comprare, pagare, costo, prezzo, sconto, resto, moneta, euro, centesimo, totale • detersivo, scopa, valigia, borsa • vestito, scarpa • frutta, verdura, insalata, patata, pomodoro, carne • lenzuola, asciugamano • mettere • negozio, fornaio, elettricista, fruttivendolo • olio, aceto, sale • pane, baguette, metà • piatto, bicchiere, posata, pentola, padella • preoccuparsi • tavolo, poltroncina, stampante, carta, spina multipla • tutto, niente, abbastanza • posto / a posto • corrispondente • ora, per ora

18 **A casa, scrivi la mail che Kirsti manda ai suoi genitori a Helsinki.**

Nella mail Kirsti descrive il suo appartamento e le sue prime giornate in Italia.

19 **Controlla se ricordi le parole "importanti" che hai trovato in P1-P3.**

Sottolinea con la matita quelle che non ricordi e nei prossimi giorni torna a controllare di nuovo.

P20 / Venti | In Comune per la carta d'identità

Comprensione

1 Torna al GI.4 e rileggi le parti sul Comune e sui documenti d'identità.

Kirsti va a fare la nuova carta d'identità. Che cosa deve avere con sé, secondo te? Insieme al tuo compagno indica almeno due cose:

a. .... **b.** ....

2 Ascolta l'AUDIO 122, controlla se le tue ipotesi dell'esercizio 1 sono giuste e trova queste informazioni.

a. Kirsti ha fatto la richiesta online?	◯ sì	◯ no
b. Ci sono problemi se non l'ha fatta?	◯ sì	◯ no
c. Ha la vecchia carta d'identità?	◯ sì	◯ no
d. Che documento mostra?	◯ passaporto	◯ codice fiscale
e. I nonni di Kirsti abitano	◯ vicino	◯ lontano
f. Servono anche 2	◯ euro	◯ foto

3 Hai 2 minuti di tempo per leggere la trascrizione della conversazione tra Kirsti e l'impiegato del Comune. Poi ascolta di nuovo l'AUDIO 122 leggendo il testo.

Impiegato Buon giorno.
Kirsti Buon giorno. Ho preso la residenza qui a Verona e vorrei una nuova carta d'identità.
Impiegato Ha già fatto la richiesta online?
Kirsti Online... non... io sono arrivata qui da poco, non so bene come...
Impiegato Non fa niente, non ci sono problemi. Ecco: questo è il modulo. Lo compila e facciamo tutto **tranquillamente** in dieci minuti.
Kirsti Ah, bene, grazie.
Impiegato Ha la vecchia carta d'identità?
Kirsti No... come le ho detto sono qui da pochi giorni...
Impiegato Voglio dire: la carta d'identità del Comune da dove viene. L'ha persa?
Kirsti No... io vengo da Helsinki.
Impiegato Helsinki... Quell'Helsinki là, in Finlandia?
Kirsti Sì, certo. Ecco: questo è il passaporto italiano; ho la doppia cittadinanza...
Impiegato Ma lei parla italiano come... come un'italiana!
Kirsti Mia madre è veronese e mio padre è finlandese... I miei nonni abitano qua vicino.
Impiegato Bene... può mettersi lì su quel tavolino e scrivere i suoi dati sul modulo... Ah, mi scusi: servono anche due foto.
Kirsti Sì, sì, lo so. Le ho qui in borsa.

-mente

Per indicare il **modo** si aggiunge ***-mente*** al femminile di un aggettivo:
tranquilla + -mente = in modo tranquillo
allegra + -mente = in modo allegro

Con alcuni aggettivi in ***-le*** e ***-re*** la ***e*** non si mette:
facil(e) + -mente = in modo facile
difficil(e) + -mente = in modo difficile
regolar(e) + -mente = in modo regolare

4 Per aiutare la memoria, recita la conversazione tra Kirsti e l'impiegato (→ ES. 3) con un tuo compagno.

5 Tu sei uno straniero che è venuto a vivere in Italia. Cosa devi fare?

Sei andato in Questura, cioè alla Polizia, e hai chiesto e ricevuto il **permesso di soggiorno**, un documento che dice che puoi vivere in Italia per un anno o più. Con il tuo permesso di soggiorno e due foto vai in Comune a chiedere la residenza nella casa dove abita già tuo fratello.
Con un compagno, crea il dialogo tra l'immigrato e l'impiegato del Comune. Dovete essere pronti a recitare la conversazione se l'insegnante ve lo chiede.

Analisi

6 ***Vicino** e **lontano**.*

Le parole sottolineate in arancione nella conversazione (→ ES. 3) indicano vicinanza o lontananza. Scrivi qui sotto le parole di questo tipo:

a. vicinanza: qui ....

....

b. lontananza: ....

....

Vicinanza e lontananza:

- ***qui**, **qua**, **questo**, **questo qui** / **qua*** indicano **vicinanza**;
- ***lì**, **là**, **quello**, **quello lì** / **là*** indicano **lontananza**;
- ***qui** / **qua*** non hanno l'accento; ***lì** / **là*** hanno l'**accento** per non confonderli con il pronome *li* (→ **P22**) e con l'articolo determinativo *la* (che conosci dall'**UNITÀ 1**);
- ***qui sopra** / **qui sotto*** sono il contrario di ***lì sopra** / **lì sotto***;
- con ***qua*** e ***là*** preferiamo usare ***su*** e ***giù***, che hanno un significato simile a *sopra* e *sotto* (le parole *là* + *su* e *là* + *giù* si scrivono unite: ***lassù**, **laggiù***).

7 ***Questo** e **quello**.*

In **P18** abbiamo fatto una prima sintesi dei **dimostrativi: aggettivi** (quando sono davanti a un nome) o **pronomi** (quando sono al posto di un nome).

- ***Questo*** è **regolare**:

	singolare	plurale
maschile	questo	....
femminile	....	....

Davanti a **vocale**, *questo* e *questa* **si apostrofano**: ***quest'**amico*, ***quest'**oggi*, ***quest'**altra*.

- ***Quello***
  - Quando è **aggettivo**, cioè è davanti a un nome, è più complesso:

		singolare	plurale
maschile si comporta come l'articolo (o come le preposizioni articolate)	davanti a **consonante**	**quel** (***quel*** *ragazzo*)	**quei** (***quei*** *ragazzi*)
	davanti a ***s*** + **consonante** e a ***z***	**quello** (***quello*** *studente*; ***quello*** *zombie*)	**quegli** (***quegli*** *studenti*; ***quegli*** *zombie*)
	davanti a **vocale**	**quell'** (***quell'****albero*)	**quegli** (***quegli*** *alberi*)
femminile		**quella** (***quella*** *ragazza*) **quell'** (***quell'****amica*)	**quelle** (***quelle*** *ragazze*; ***quelle*** *amiche*)

  - Quando è **pronome** è **regolare**:

	singolare	plurale
maschile	quello	....
femminile	....	....

8 **Completa il dialogo con il dimostrativo corretto.**

«Ciao Laura, andiamo da Giulia questa sera?»
«Quale Giulia, ... che abbiamo conosciuto da poco tempo?»
«Sì, ... sera dà una festa e ci ha invitato. Ci sono anche .... due ragazzi di Roma, Lucio e Roberto, li ricordi?»
«Be', sì: .... alto è bellissimo!»
«Sì, ... è Roberto: è il dottore di mia madre.»

Sintesi

9 **Hai ricevuto la residenza, la carta d'identità e il codice fiscale: scrivi una mail ai tuoi genitori (o figli o amici) spiegando che cosa sono questi documenti e a che cosa servono. Di' che sei felice e che adesso ti senti più "italiano".**

10 **Trasforma la mail dell'esercizio 9 in una telefonata con il tuo compagno.**

11 **Una sintesi sulle parole che indicano lo spazio. Inserisci queste parole nelle frasi ascoltando l'AUDIO 123.**

dentro / fuori di ● di fianco a / di fronte a ● ~~lontano da~~ / vicino a

A

La palla è *lontana* ....
dalla scatola.

C

La bottiglia è ....
la scatola.

E

La borsa è ....
alla scatola.

B

La palla è ....
alla scatola.

D

La bottiglia è ....
della scatola.

F

La borsa è ....
alla scatola.

12 **Inserisci queste parole nelle frasi ascoltando l'AUDIO 124.**

Attenzione: per ogni figura devi scrivere due o tre parole che indicano lo spazio.

~~sopra~~ / sotto ● tra / fra / in mezzo a ● davanti a / dietro a ● a destra di / a sinistra di ● qui / là

A

La palla è *sopra* la scatola.
La scatola è .... la palla.

B

La frutta è ....
della scatola.
La scatola è ....
della frutta.

C

I pomodori sono ....
alla scatola.
La scatola è ....
ai pomodori.

D
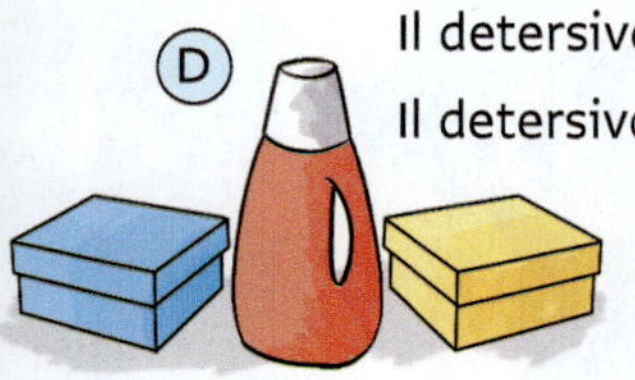

Il detersivo è .... le due scatole.
Il detersivo è .... le due scatole.
Il detersivo è .... **a**lle due scatole.

E

La palla è ....
La scatola è ....

13 **Una sintesi del plurale regolare.**

▶ In P2, P6 e P10 abbiamo visto il plurale dei nomi e degli aggettivi. Certamente ricordi molte cose:

- il **plurale regolare** delle parole in ***-o*** e ***-a***:
  ragazzo → ....
  ragazza → ....
- il **plurale regolare** delle parole in ***-e***:
  studente → ....

C'è un **problema di suono.**

▶ Le parole in ***-co*** / ***-ca*** e ***-go*** / ***-ga*** hanno la ***c*** e la ***g*** **dure**: *poco* / *poca*, *lungo* / *lunga*. Al plurale queste consonanti devono restare dure, e allora bisogna **aggiungere un'*h***:

poco → *pochi*
poca → ....
lungo → ....
lunga → *lunghe*

▶ I nomi e gli aggettivi che finiscono in ***-io*** / ***-ia*** con l'accento sulla *i* (come *zio*, *zia*, *farmacia*) devono tenere la *i* accentata, e quindi sono regolari:

zio → *zii*   *zia* → *zie*
farmacia → ....

Ma se la *i* non ha l'accento, formano il plurale con **una sola *i***:

esercizio → *esercizi*
figlio → ....

14 **Ma ci sono anche i plurali irregolari.**

- Le parole in **corsivo** nelle seguenti frasi sono **irregolari**, cioè non seguono le regole viste nell'esercizio 13:
  Vangelis è ***greco****: ha molti amici* ***greci*** (e NON *grechi*).
  Claudio è il mio migliore ***amico****, ma ho tanti altri* .... (e NON *amichi*).
- Lo stesso succede con le parole in *-logo*: Ines e Ivan, che hai conosciuto nell'**UNITÀ 3**, sono ***archeologi*** (e NON *archeologhi*).
- Alcune parole di **origine greca** che finiscono in *-a* ma sono maschili (→ **P19**), come *problema*, *teorema*, *poeta*, fanno il **plurale maschile in** *-i*:
  Gianni, c'è un problema! → *Gianni, ci sono dei* ....*!*
- E poi ci sono alcune **parole particolari**. Completa le frasi con il singolare dei nomi:
  Conosci quell'.................... *laggiù?* → *Conosci quegli* ***uomini*** *laggiù?*
  Carla, ti sei sporcata una..................... → *Carla, ti sei sporcata le* ***mani****.*
- Ricorda che gli **articoli indeterminativi** (*un*, *uno*, *una*, *un'*) non hanno plurale; per fare il plurale puoi usare le **preposizioni articolate** *del*, *dello*, *della*, *dei*, *degli* oppure *alcuni* / *alcune*:
  Ho ***un*** *biglietto per il concerto.* → *Ho* .... / .... *biglietti per il concerto.*
  Viene a cena ***una*** *mia amica.* → *Vengono a cena* .... / .... *mie amiche.*
  Lui è ***uno*** *studente.* → *Loro sono* .... / .... *studenti.*

15 **Infine ci sono i plurali più belli: quelli che non cambiano.**

Non cambiano al plurale:

- le parole in *-i* (che sono sempre femminili, ricordi? → **P19**):
  una analisi → delle ....
- le parole con l'**accento sull'ultima sillaba** (→ **P12**):
  una città → *molte* ....
  un comò → *due* ....
  un caffè → *alcuni* ....
- le parole di **una sola sillaba** (**monosillabi**):
  il blu → *i* ....
  un tè → *due* ....
- le parole **straniere**:
  un film → *due* ....
  un bar → *due* ....
  un computer → *due* ....
- i **nomi collettivi**: in molte lingue i nomi collettivi (quelli che indicano un gruppo) sono plurali: ***People*** *are moving*. In italiano invece **non hanno plurale**: ***La gente*** *si sta muovendo.*
- le parole che **hanno perso una parte**:
  foto, *radio*, *moto*, *auto* (che abbiamo visto parlando del femminile → **P19**)
  cinema (maschile, che è la prima parte di *cinematografo*)

16 **Ricordi queste parole? Se vuoi, a casa scrivi sul quaderno le parole corrispondenti nella tua lingua madre.**

chiedere, richiesta, domanda • dentro / fuori, sopra / sotto, davanti a / dietro a, di fianco a / di fronte a, tra / fra / in mezzo a • gente • impiegato, compilare, modulo • Questura, Polizia, permesso di soggiorno • qui / qua, lì / là, lassù / laggiù • tranquillo, facile • vicino / lontano, vicinanza / lontananza

17 **Controlla se ricordi le parole "importanti" che hai trovato in GI.1 e in P4-P6.**

Sottolinea con la matita quelle che non ricordi e nei prossimi giorni torna a controllare di nuovo.

P21 / Ventuno | In banca

Comprensione

1 Leggi il titolo del P21 e immagina che cosa può esserci nel dialogo.

La prima parte riguarda il codice fiscale, la seconda la carta di credito.

2 Ascolta nell'AUDIO 125 la conversazione tra Kirsti e l'impiegato della banca e scrivi il codice fiscale di Kirsti.

Codice fiscale: ....

3 Ascolta ancora l'AUDIO 125 e dopo l'ascolto inserisci nel dialogo le parole mancanti.

Impiegato Ha compilato tutti i moduli? Sono tanti, lo **so...**
Kirsti In questi giorni ho .... un milione di moduli: l'elettricità, il gas, il Comune, l'agenzia... ho anche imparato a memoria il mio .... fiscale!
Impiegato A memoria? Benissimo, allora me lo può dettare, per ...., così cominciamo?
Kirsti HKK.
Impiegato Cosa!? HKK... strano! Ma lei... lei non è italiana? Parla italiano...
Kirsti Grazie, **sa...** sono bilingue.
Impiegato Allora: HKK è già .... Mi detta il resto?
Kirsti Certo: CST.
Impiegato CST.
Kirsti No, mi ....: CST 80H43.
Impiegato 80H43.
Kirsti Z109Z. Questo è ....

so... / sa...

In questi casi, *so* e *sa* non significano *sapere*, cioè "conoscere" o "saper fare": sono un modo per spiegare il perché di una cosa o di un'azione.

4 La conversazione continua. Ascolta l'AUDIO 126.

a. L'interesse nei primi tre mesi è del
○ 2% ○ 2,5% ○ 3%

b. Le spese della carta di credito sono "appoggiate" al conto, cioè vanno direttamente sul conto corrente; si può fare la stessa cosa con
- l'affitto? ○ sì ○ no
- le bollette del gas, dell'elettricità ecc.? ○ sì ○ no

5 Ascolta ancora l'AUDIO 126 e dopo l'ascolto inserisci nel dialogo le parole mancanti.

Impiegato Allora, per i primi tre mesi il conto corrente le dà il 2,5%; dopo i tre ...., se lei ha più di 10.000 euro sul conto, l'interesse sale al 3%; se ha meno di 5.000 euro scende al 2.
Kirsti Eh... Spero di .... ancora 1.000 euro! **Sa...** sto mettendo su casa e i soldi volano via in un momento! Bene. Il conto .... va bene così. La carta di credito?
Impiegato Possiamo appoggiarla sul conto...
Kirsti Scusi? In che senso "appoggiarla"?
Impiegato È un modo di dire: significa che le spese della carta di .... vanno direttamente sul conto, e possiamo fare automaticamente la stessa cosa anche per l'affitto e per le .... del gas, dell'elettricità, dell'acqua, del telefono eccetera.
Kirsti Wow, mi va .... Costa molto, questo servizio?
Impiegato Le bollette sono gratis, la carta di credito costa 55 euro l'anno. Compiliamo i moduli anche per queste cose? È una cosa un po' lunga... **sa...**, ci sono mille controlli... Ma in un quarto d'ora possiamo finire.

6 Ascolta l'intera conversazione nell'AUDIO 127. Poi recita il dialogo con un tuo compagno.

Analisi

7 Come si leggono i numeri?

"Ho compilato **un milione** di moduli"; "ci sono **mille** controlli".

100	si dice ....
1.000	si dice ....
10.000	si dice ***diecimila***
100.000	si dice ***centomila***
1.000.000	si dice *un* ....*e*

8 **Guarda questi numeri e poi continua tu. Ricorda che il plurale di *mille* è *...mila*.**

a. 230 → *duecento trenta*
b. 1.200 → *mille (e) duecento*
c. 3.670 → *tremila seicento settanta*
d. 4.500 → ....
e. 10.500 → *diecimila (e)* ....
f. 20.450 → .... *(e) quattrocento* ....
g. 350.000 → *trecentocinquantamila*
h. 500.000 → *mezzo milione* oppure .... *mila*
i. 1.500.000 → *un milione e mezzo* oppure un .... *(e) cinquecento*....................
j. 3.540.778 → *tre* .... *cinquecentoquaranta*.......... *e sette*.......... *settant*..........

9 **Quale di questi anni è corretto? Ascolta l'AUDIO 128 e rispondi.**

a. Filippo Moretti è nato il 10 Giugno del
○ 1948
○ 1958
○ 1968

b. La Prima guerra mondiale è cominciata nel
○ 1913
○ 1914
○ 1915

c. La bomba a Hiroshima è stata lanciata nel
○ 1944
○ 1945
○ 1955

d. Marianna Verdi è nata il 27 Settembre del
○ 1983
○ 1993
○ 1997

e. Barack Obama è diventato Presidente degli Stati Uniti nel
○ 2006
○ 2007
○ 2008

f. Il Regno d'Italia è nato nel
○ 1761
○ 1861
○ 1991

gli anni
Gli anni si scrivono senza il punto.

Ascolta ancora l'audio per controllare le tue risposte; ripeti le frasi mentre ascolti.

Sintesi

10 **Facciamo la sintesi sulle preposizioni e le altre parole usate nelle espressioni di tempo.**

Le hai trovate in molti Passi, specialmente in **P7**, **P13** e **P17**, ma adesso cerchiamo di fare un quadro generale. Completa queste indicazioni di tempo.

a
..........**lle** 6.30
sono qui da lunedì (fino) .... venerdì
.... mezzogiorno / mezzanotte

di
.... giorno / mattina / pomeriggio / sera / notte (si usa anche *il*)
un corso intensivo .... un mese (indica durata)
la vedo .... lunedì (ma anche *il lunedì*: azione abituale)

in
nel 2016 (con una data precisa si usa *il*: *il 19 febbraio*)
.... un momento, ... 5 minuti (= *subito*)
.... Gennaio (con tutti i mesi)
.... primavera (con tutte le stagioni)

per
.... i primi tre mesi

articolo

la domenica, ... domeniche (= *tutte le domeniche*)

il giovedì, **i** giovedì (= *tutti i* ***giovedì***)

.... mattina bevo un cappuccino (azione abituale di ogni mattina; si usa con tutte le parti del giorno)

nomi con accento finale

Ricorda: i nomi con l'accento finale non cambiano al plurale.

fa

l'ho conosciuto un anno ....

tra / fra

ci vediamo .... / .... un'ora / un giorno / un mese / un anno

sulle / verso

vengo **verso** le 7, stasera

ti telefono **sulle** 3 e mezza

da

.... Giugno (con tutti i mesi)

............**lla** primavera (con tutte le stagioni)

.... un anno / ieri / oggi / domani

.... lunedì (con tutti i giorni della settimana)

ø inteso come zero

ci vediamo lunedì, vengo mercoledì (con tutti i giorni della settimana; non si usano le preposizioni se si vuole indicare *questo lunedì*, *questo mercoledì* ecc.)

prossimo / scorso

ci vediamo lunedì **prossimo**

ci siamo visti lunedì **scorso**

11 Fare delle domande.

L'insegnante fa delle domande di questo tipo ad alcuni di voi.

a. Che cosa ti piace fare *la mattina / in estate / a una certa ora del giorno* ecc., come abitudine?
b. Dove vai *il prossimo sabato / a una certa ora di domani / questa sera* ecc.?
c. *Per quanto tempo* o *da quanto tempo* fai una certa cosa?

Poi il gioco passa a te e al tuo compagno: uno fa la domanda e l'altro ha 5 secondi per rispondere; se sbaglia o ci mette più tempo, perde 1 punto. Partite tutti e due con 5 punti.

12 Completa il verbo *salire*.

Il verbo *salire* è il contrario di *scendere*; gli spagnoli devono stare attenti: *salir* corrisponde all'italiano *uscire*!

salire

(io)	sal**g**o	(noi)	saliamo
(tu)	sali	(voi)	....
(lui / lei)	....	(loro)	sal**g**ono

13 Ricordi queste parole? Se vuoi, a casa scrivi sul quaderno le parole corrispondenti nella tua lingua madre.

banca, interesse, per cento (%) • bilingue • bolletta, luce, elettricità, gas • cento, mille, mila, milione • compilare, modulo • imparare a memoria • punto • salire, scendere • servizio

14 A casa, fai un dettato con l'AUDIO 128.

15 Controlla se ricordi le parole "importanti" che hai trovato in P7-P9.

Sottolinea con la matita quelle che non ricordi e nei prossimi giorni torna a controllare di nuovo.

GI.5 | Guardiamoci intorno

Case italiane

1 **Unisci i testi alle foto, come nell'esempio. In *corsivo* trovi alcune parole importanti sulle case.**

1) In Italia ci sono molte **case di campagna** o **casolari:** sono vecchie case *restaurate* per rispondere ai bisogni della vita del nostro secolo. Queste case sono in mezzo alla natura e hanno un prato tutto intorno, con alberi e fiori. Agli italiani queste case piacciono molto, e le famiglie le comprano per passare i weekend e qualche giorno di vacanza.

2) Un **condominio** è un palazzo moderno di 6-8 *piani*, diviso in tanti *appartamenti*. Agli italiani non piace vivere in condominio: gli *inquilini* che stanno al *piano* di sopra camminano e fanno rumore, quelli dell'appartamento a destra tengono il volume della televisione molto alto... Il condominio è il tipo di casa più comune nelle *periferie* di tutto il mondo.

3) Un **palazzo** è un *condominio*, ma è antico; è nel *centro* della città e gli appartamenti spesso sono molto grandi, sono *case di lusso*. Gli appartamenti nei *palazzi storici* costano molto e spesso sono *studi* di avvocati e medici o *uffici* di banche o altre aziende.

(4) Una **villa** è una casa molto grande, spesso con un *parco* o un grande *giardino*, alcune volte con la *piscina*. Nelle ville vivono persone molto ricche che possono restaurare le ville antiche o possono costruire ville nuove secondo il loro gusto.

(5) In città gli italiani vivono in **appartamenti**, che sono una parte di un *palazzo* o di un *condominio*. Gli appartamenti di solito non sono molto grandi, e molti giovani che non hanno molti soldi vivono in **monolocali**, cioè mini appartamenti di una sola stanza più il bagno. Se a una persona piace vivere in *centro*, allora l'appartamento va bene; ma quelli che vivono in appartamenti in *periferia*, se possono vanno a vivere in una casa tutta loro, in mezzo alla natura.

(6) Chi non abita in città e non può avere un casolare antico, se può sceglie di vivere in una **casa singola** o **villetta**, circondata da un giardino: anche se è piccolo, agli italiani un giardino piace sempre. E poi non ci sono vicini che fanno rumore!

(7) Se non si può avere una *villetta*, ma non si vuole vivere in un *condominio*, è possibile scegliere una **casa a schiera**: c'è un *appartamento* a destra e uno a sinistra, ma davanti c'è un *giardino* e dietro c'è spesso un *orto*, qualche albero e un po' di verde.

2 A te quale tipo di casa piace di più? E perché?

Spiega i tuoi gusti al tuo compagno e poi, se l'insegnante te lo chiede, anche alla classe.

3 Indica quali tipi di case hanno queste caratteristiche.

a. Condominio: è comune nelle periferie delle città.
b. ....: ha bisogno di restauri per dare il *comfort* dei nostri tempi.
c. ....: non ha altre case intorno.
d. ....: ha un giardino, un parco e alcune volte una piscina.
e. ....: ha altre case vicine, ma anche un giardino e dello spazio verde.
f. ....: è antico ed è nel centro delle città.
g. ....: è un appartamento per persone che non hanno molti soldi.
h. ....: è in un palazzo o in un condominio.

4 Ascolta la lettura dei testi nell'AUDIO 129.

5 Trova nella tua lingua madre il corrispondente delle parole in *corsivo* nei testi dell'esercizio 1: così aiuti la tua memoria a ricordarle.

P22 / Ventidue | In pizzeria con gli amici

Comprensione

Nuovo messaggio

A | cristina.hakkonen@gmail.com

Oggetto pizza

Cara Kirsti,
che ne dici di vederci questa sera per una pizza? Di solito quando ci vediamo parliamo di lavoro, di traduzioni, di libri... Ogni tanto vorrei parlare anche di altro!
Con i ragazzi della redazione andiamo spesso da Nico, vicino all'Arena.
Scusa se ti scrivo una mail, ma mi sono sempre dimenticato di chiederti il numero di cellulare.
Il mio è 335 1929458.
Ciao, Giorgio

Invia

1 Leggi la mail.

Giorgio lavora in una ....: è il posto dove i file di un libro o di una rivista vengono messi sulla pagina, con le foto, i titoli ecc.
Secondo te, Giorgio sta facendo la corte a Kirsti?

2 Leggi i due SMS.

a. Nel primo SMS, Kirsti chiede se la pizza è stasera e poi chiede anche "...............................?". Secondo te, vuole saperlo perché non ha voglia della corte di Giorgio... o perché l'idea le piace? Secondo te, Giorgio viene da solo o, questa volta, chiama degli amici?

b. Nel secondo SMS trovi la risposta: ci sono anche .... e ....

c. Nel pomeriggio però arriva una telefonata a sorpresa: chi è secondo te? ....

come stai?

Ricorda che questa formula di solito non chiede informazioni sulla salute, ma è solo un modo di dire. Quindi rispondi "bene" anche se hai il mal di testa!

3 Ascolta l'AUDIO 130 e trova queste informazioni.

a. Chi chiama? ....

b. Perché chiama? Per dire a Kirsti ....

....

c. Kirsti ○ accetta ○ non accetta

Ascolta di nuovo l'audio.

d. Per salutare al telefono si dice: ○ ciao ○ pronto

e. Per rispondere alla formula di saluto *come stai?* si dice ....

4 **Siamo in pizzeria. Leggi la trascrizione della conversazione e inserisci le parole mancanti. Poi controlla ascoltando l'AUDIO 131.**

Kirsti	Quante pizze! Nelle pizzerie italiane è sempre così... non so mai quale scegliere.
Giorgio	Io le guardo tutte ma poi prendo sempre la diavola...
Erika	E io la margherita... e a Michele piace solo la margherita con la rucola!
Cameriere	Buona ________. Volete ordinare?
Giorgio	Sì. Per me una diavola, e per loro due margherite, una normale e una con la ________.
Cameriere	Bene. E ________, signora?
Kirsti	Ehmm... Prendo una quattro stagioni. Ma a me piace con l'origano.
Cameriere	Lo mette la cucina o preferisce metterlo lei?
Kirsti	________ bene in cucina.
Cameriere	OK. Da bere?
Tre voci	Birra.
Cameriere	Piccole? Medie? Grandi?
Tre voci	Piccola - media - media.
Kirsti	Per me un'________ minerale.
Cameriere	La vuole liscia o gassata?
Kirsti	Oh, gassata.
Cameriere	Allora: una margherita normale, una ________ la rucola, una diavola, una ________ stagioni. Due birre ________, una ________, un'acqua ________ gas. OK?
Tutti	Sì - grazie - ok - va bene.
Giorgio	Ma come! Sei finlandese e non ti ________ la birra?
Kirsti	Finlandese sì, ma figlia di una veronese: quindi bevo vino bianco. Lo prendo alla fine, però, così arriva **bello fresco**.

bello + aggettivo

Bello + aggettivo dà forza all'aggettivo, come *molto*.

5 **Per ricordare bene il dialogo (→ ES. 4) fai queste cose insieme al tuo compagno.**

a. Ascoltate ancora la conversazione nell'AUDIO 132. Mancano le battute del cameriere: ditele voi ad alta voce.

b. Adesso recitate la conversazione: uno fa la parte di Kirsti, l'altro tutte le altre voci.

6 **A te piace la pizza? Quale pizza ti piace di più? E cosa ti piace bere?**

a. Sei in pizzeria con il tuo compagno: create la conversazione tra di voi per decidere quali pizze ordinare e che cosa bere.

b. Adesso create un secondo dialogo: uno di voi è il cameriere e l'altro ordina per tutti e due.

7 **Chi paga? Ascolta il dialogo nell'AUDIO 133 e trova queste informazioni.**

a. Giorgio dice *facciamo alla romana*; è un "modo di dire" che per lui significa che si paga:
- ○ uno per tutti
- ○ ogni persona per sé

b. Giorgio dice *niente da fare*; questo "modo di dire" significa:
- ○ assolutamente sì
- ○ assolutamente no

Un gesto per chiedere il conto è alzare la mano e poi muoverla come una persona che sta scrivendo.

c. Kirsti dice *facciamo così, allora*; questa espressione vuol dire che:
- ○ c'è qualche cosa da fare
- ○ si vuole fare una proposta

Ascolta ancora l'audio per controllare le tue risposte.

8 **Adesso ascolta l'AUDIO 134 e ripeti le battute.**

Analisi

9 Riflettiamo insieme sulle parole sottolineate in azzurro che hai trovato in questo Passo. Leggi le frasi e rispondi alle domande.

a. Nel primo SMS, Kirsti chiede se la pizza è stasera e poi chiede anche "Chi viene?". Secondo te, vuole saper*lo* perché non ha voglia della corte di Giorgio... o perché l'idea le piace? (→ **ES. 2**)
→ *Che cosa vuole sapere Kirsti?* ......chi viene?......

b. Kirsti: "Quante pizze! Nelle pizzerie italiane è sempre così... non so mai quale scegliere." Giorgio: "Io *le* guardo tutte ma poi prendo sempre la diavola..." (→ **ES. 4**)
→ *Che cosa guarda Giorgio?* ....

c. Kirsti: "Ehmm... Prendo una quattro stagioni. Ma a me piace con l'origano." Cameriere: "*Lo* mette la cucina o preferisce metter*lo* lei?" (→ **ES. 4**)
→ *Che cosa può mettere la cucina o Kirsti?* ....

d. Kirsti: "Per me un'acqua minerale." Cameriere: "*La* vuole liscia o gassata?" (→ **ES. 4**)
→ *Che cosa può essere liscia o gassata?* ....

e. Kirsti: "Finlandese sì, ma figlia di una veronese: quindi bevo vino bianco. *Lo* prendo alla fine, però, così arriva bello fresco." (→ **ES. 4**)
→ *Che cosa prende alla fine Kirsti?* ....

f. Ascoltate ancora la conversazione nell'audio 132. Mancano le battute del cameriere: dite*le* voi ad alta voce. (→ **ES. 5**)
→ *Che cosa devono dire gli alunni?* ....

▸ Quelli che hai trovato sopra, e che hai visto in molti Passi, sono **pronomi personali oggetto** (3ª persona singolare): **pronomi** perché stanno al posto di un nome o di una frase, **oggetto** perché indicano l'oggetto di una frase (ricordi? soggetto + verbo + oggetto).
- ***Lo*** è **maschile singolare** e lo usi per riferirti non solo a una cosa maschile singolare (frasi *c* ed *e*), ma anche a una cosa che è stata detta prima, come nella frase *a*.
- ***Li*** è **maschile plurale**: *Quando hai visto i ragazzi? **Li** ho visti ieri.*
- ***La*** e ***le*** sono i **femminili**, singolari e plurali, come nelle frasi *b*, *d*, *f*.

▸ ***Lo*** e ***la*** possono avere l'**apostrofo**.
- Chiedi dell'origano e il cameriere ti dice: ***L'****abbiamo messo già in cucina*.
- Chiedi dell'acqua e il cameriere ti dice: *Oh, scusi! –* ***L'****ho portata al tavolo sbagliato*.

▸ Con il verbo ***avere*** i pronomi personali oggetto hanno un comportamento particolare: aggiungono ***ce*** **prima del pronome**:
Avete delle pizze senza origano? – Sì, ***ce*** *le abbiamo.*
Vuoi del ghiaccio? – Grazie, ***ce*** *l'ho già.*

10 Metti in ordine il dialogo: le battute del cliente hanno i numeri, quelle del cameriere hanno le lettere. Scrivi la successione corretta.

cliente	cameriere
1. Vorrei una pizza senza mozzarella. Ce l'avete?	**a.** Sì, certo. L'abbiamo con verdure o con prosciutto o...
2. Perfetto. Grazie.	**b.** OK. Una pizza senza mozzarella, con verdure cotte e un'acqua naturale non fredda.
3. Benissimo, le mangio sempre volentieri, le verdure!	**c.** Nessun problema. Allora, con le verdure cotte?
4. La vorrei anche senza carne... mi scusi se non l'ho detto prima!	**d.** Da bere?
5. Acqua naturale, senza gas. La preferisco poco fredda.	**e.** Prego.

...1... → ...a... → .... → .... → .... → .... → .... → .... → .... → ....

Confronta la successione delle battute con il tuo compagno, poi recitate il dialogo.
Adesso trova nel dialogo i pronomi personali oggetto (sono 6).

Sintesi

11 **Continuiamo la sintesi delle espressioni di tempo che abbiamo cominciato in P21.**

Qui lavoriamo sulle espressioni che indicano la **frequenza di un'azione**. Le hai trovate in molti Passi e anche nei messaggi e nei dialoghi all'inizio di questo Passo.

a. *Di solito* quando ci vediamo parliamo di lavoro. (→ **MAIL P. 114**)
b. *Ogni tanto* vorrei parlare anche di altro! (→ **MAIL P. 114**)
c. Con i ragazzi della redazione andiamo *spesso* da Nico, vicino all'Arena. (→ **MAIL P. 114**)
d. Mi sono *sempre* dimenticato di chiederti il numero di cellulare. (→ **MAIL P. 114**)
e. Claudia non esce *mai* la sera. (→ **SMS P. 114**)

Ecco le parole che indicano la frequenza. Scrivi *sempre* e *mai* nelle due caselle vuote.

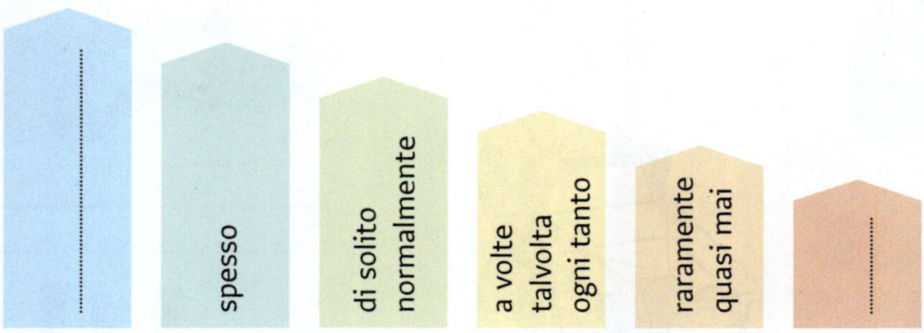

12 **Quanto spesso fai la doccia ogni settimana?**

Questo è un esempio delle domande che l'insegnante vi può fare; può anche chiedere quanto spesso pulisci la cucina, lavi i piatti, fai da mangiare, vai al cinema ecc.

13 **In questo Passo hai trovato molti verbi. Completa il presente e il participio passato.**

	presente						participio passato
	io	tu	lui / lei	noi	voi	loro	
avere							
bere							
dire							
essere							
fare							
leggere							
piacere							
prendere							
sapere							
scegliere	*scelgo*	*scegli*	*sceglie*	*scegliamo*	*scegliete*	*scelgono*	*scelto*
uscire							
vedere							
venire							
volere							

14 **Ricordi queste parole? Se vuoi, a casa scrivi sul quaderno le parole corrispondenti nella tua lingua madre.**

(a) sorpresa ● (alla) fine ● (alla) romana ● accettare, volentieri ● assolutamente ● battuta ● cuocere ● (fare la) corte ● minerale, naturale, liscia, gassata ● modo di dire ● mozzarella, origano, prosciutto, rucola ● ordinare ● pizza margherita, pizza alla diavola ● rivista ● salute, mal(e) ● scegliere ● sempre, spesso, (di) solito, normalmente, ogni tanto, raramente, quasi mai, mai

15 **A casa, fai un dettato con l'AUDIO 134.**

16 **Controlla se ricordi le parole "importanti" che hai trovato in GI.2 e in P10-P12.**

Sottolinea con la matita quelle che non ricordi e nei prossimi giorni torna a controllare di nuovo.

P23 / Ventitré | Prepariamo la cena per gli amici

Comprensione

1 **Con l'aiuto del dizionario, trova come si chiamano i cibi qui sopra e poi scrivi i loro nomi vicino ai disegni.**

Per ricordare meglio le parole, bisogna fare dei gruppi di cose simili (è così che in ogni Passo ti vengono date le parole da ricordare).
Adesso scrivi che cosa c'è dentro ogni gruppo:

a. pacchi o vasetti: *tagliatelle* ....

b. cose per la colazione: ....

c. verdura: ....

d. carne: ....

e. cose da bere: ....

f. frutta: ....

Usare il dizionario

- Cercare i **nomi**, gli **aggettivi** (che dicono le qualità dei nomi: *bello*, *brutto* ecc.) e gli **avverbi** (che dicono le qualità dei verbi: *sempre*, *certamente*, *forse* ecc.) è facile: li trovi al **singolare maschile** (s.m.).
  Il dizionario ti dice anche se ci sono plurali o femminili irregolari e se ci sono più significati di una stessa parola.
- Cercare i **verbi** è più difficile, perché sul dizionario trovi solo l'**infinito**; per esempio, se cerchi *preso* o *messo* non li trovi, perché sono dei participi passati: devi cercare *prendere* e *mettere*, e poi il dizionario ti dice che i participi sono *preso* e *messo*.
- Cercare gli **articoli**, i **pronomi**, le **congiunzioni** e le **preposizioni** non sempre serve, perché hanno tanti usi e tanti significati: ti conviene studiarli bene nel libro di italiano!

2 **Chiedi al tuo compagno (e poi lui chiede a te):**

a. quale è la frutta, la verdura, il tipo di carne che gli piace di più
b. che cosa beve di solito
c. che cosa compra per la colazione
d. tra le cose in pacco o in vasetto, quale gli piace di più

Per rispondere, dovete sempre usare il verbo *piacere*.

3 **In ogni gruppo c'è una cosa fuori posto: cancellala.**

a. latte • vino • coca • ~~marmellata~~ • birra • acqua
b. pomodori pelati • pomodori • cipolline • olive
c. sedano • carote • cipolle • cetrioli • mele
d. prugne • banane • arance • latte • mele • pere
e. zucchero • caffè • marmellata • miele • sale
f. salame • prosciutto • patate • pollo • bistecca

4 **Kirsti vuole preparare le tagliatelle con il ragù.**

Il ragù è un tipico menù bolognese, ma oggi è popolare in tutt'Italia, quindi va bene anche per una mezza finlandese che sta a Verona!

kg / etto / gr
1 kg = 1 chilo, 1.000 grammi
1 etto = 100 grammi
1g / 1 gr = 1 grammo

a. Leggi la ricetta a destra del ragù alla bolognese: devi usare il dizionario, ma l'insegnante ti aiuterà a capire che alcune parole si usano raramente (per esempio *gambo*, *spicchio*) e quindi servono solo per le ricette come questa.
b. Ascolta la ricetta nell'**AUDIO 135**, così puoi anche sentire l'italiano parlato con accento bolognese.
Attenzione: ogni italiano che legge questa ricetta dice: "Ah, no, questa ricetta è sbagliata!": l'Italia è il Paese delle differenze e ogni famiglia ha la *sua* ricetta per il ragù, come per ogni piatto.

Ragù alla bolognese

Ingredienti
- 1 gambo di sedano, 1 carota, 1 cipolla, 1 spicchio di aglio
- ½ **kg** di carne, 1 **etto** di prosciutto oppure 1 salsiccia
- 600-700 **gr** di pomodori pelati
- olio, sale, noce moscata, erbe odorose a scelta (consigliato l'alloro), latte

Preparazione
Fare un soffritto con sedano, carota, cipolla e aglio.
Mescolare la carne macinata con il prosciutto tagliato a pezzetti o con la salsiccia.
Rosolare la carne con il soffritto, mescolando bene. Aggiungere il sale, la noce moscata e le erbe odorose preferite, poi mescolare bene.
Quando la carne comincia a essere cotta, aggiungere i pelati e mescolare.
Non tenere mai il fuoco alto: il ragù cuoce per due ore a fuoco bassissimo. È necessario mescolare spesso.
Quando la cottura è finita, spegnere il fuoco, aggiungere un po' di latte e lasciare riposare almeno un'ora.

Analisi

5 **I verbi delle ricette.**

Nelle ricette ci sono alcuni verbi importanti, che hanno caratteristiche particolari.

cuocere
participio **passato**: ....

(io)	cuoc**io**	(noi)	cuociamo
(tu)	cuoci	(voi)	cuocete
(lui / lei)	....	(loro)	cuoc**iono**

a. Il presente del verbo ***cuocere*** è regolare, ma in due casi si deve aggiungere una ***i*** per **conservare il suono dolce della *c***: infatti, se aggiungi solo la *-o* della prima persona, il verbo diventa *cuoco*, con la *c* dura... ma il *cuoco* è questo signore qui a fianco!
La stessa cosa succede con alcuni verbi che hanno una ***g* dura**, come ***pagare*** (*pago, pa**ghi**, paga, pa**ghiamo**, pagate, pagano*), dove si deve aggiungere una ***h***.
b. Ma non è sempre così: alcuni verbi non conservano il suono dolce della *g*. Nella ricetta trovi ***aggiungere***: (*io*) *aggiungo* ha la ***g* dura**. Il participio passato è *aggiunto*.
c. Un altro verbo irregolare è ***spegnere***: (*io*) *spengo* e (*loro*) *spengono* hanno **ng** invece di *gn*. Il participio passato è *spento*.

6 **Senza guardare l'esercizio 5, prova a ricordare questi verbi. Completa la tabella.**

	presente						participio passato
	io	tu	lui / lei	noi	voi	loro	
cuocere	cuocio						cotto
pagare							
aggiungere							
spegnere							

7 **Gli ordini del cuoco che ha scritto la ricetta.**

a. Nella ricetta a p. 119 non si usa l'imperativo normale (→ **P15, ES. 7**), ma un'altra forma del verbo. Scrivila qui sotto:

- *mescola la carne* → mescolare la carne
- *aggiungi il sale* → ....
- *spegni il fuoco* → ....

Nelle ricette, nei regolamenti, nelle istruzioni per un computer ecc., al posto dell'imperativo si usa il verbo nella forma base, cioè all'..................

b. Per fare il negativo si usa *non* + ...

Metti al negativo i tre imperativi dell'esercizio *a*:

- *mescola* → non mescolare
- *aggiungi* → ....
- *spegni* → ....

Sintesi

8 **Lavorando con i compagni della tua stessa nazionalità, scrivete la ricetta di un piatto tradizionale del vostro Paese.**

Se avete un gruppo mail, mandatela a tutti; altrimenti l'insegnante può fotocopiare le due o tre ricette più interessanti per leggerle insieme.

9 **Questo compito per casa non è difficile ed è molto, molto... buono!**

Fai il ragù spiegato nella ricetta a p. 119. Puoi usarlo con tutti i tipi di pasta.

Scrivi questi nomi di pasta vicino alle foto corrispondenti.
~~spaghetti~~ • penne • fusilli • maccheroni • tagliatelle

spaghetti

....

....

10 **Ricordi queste parole? Se vuoi, a casa scrivi sul quaderno le parole corrispondenti nella tua lingua madre.**

pacco, vasetto • arancia, banana, mela, prugna, pera • birra, coca, vino, acqua minerale • bistecca, carne macinata, pollo, prosciutto, salame, salsiccia • caffè, latte, marmellata, miele, zucchero • cetriolo, melanzana, insalata, pomodoro, patata, zucchina • cipolline, olive, pomodori pelati, tonno • formaggio, parmigiano • cuocere, cotto, cottura, fuoco, spegnere, spento • aggiungere, aggiunto, mescolare, tagliare • ricetta, ragù • fusilli, maccheroni, penne, spaghetti, tagliatelle • soffritto, aglio, cipolla, carota, sedano

11 **Controlla se ricordi le parole "importanti" che hai trovato in P13-P15.**

Sottolinea con la matita quelle che non ricordi e nei prossimi giorni torna a controllare di nuovo.

P24 / Ventiquattro | La prima cena per gli amici veronesi

Il tuo posto a tavola

La **tavola italiana** non è diversa da quella internazionale; sulla tovaglia ci sono:

- dei **piatti**: uno per il *primo* (9) e uno per il *secondo* ( ); ci può essere anche un piattino per l'*antipasto*;
- delle **posate**: *cucchiaio* ( ) e *coltello* ( ) a destra, *forchetta* ( ) a sinistra; in alto, sopra il piatto, ci possono essere le *posate da frutta* ( ), più piccole, e un *cucchiaino per il dolce* ( );
- dei **bicchieri**, uno da acqua ( ) e uno da vino ( );
- il **tovagliolo** ( ).

Sul tavolo c'è l'*oliera* ( ), con *olio*, *aceto*, *pepe* e *sale*.

Unisci le "parole della tavola" alle immagini nel disegno scrivendo i numeri corrispondenti.

Comprensione

1 Kirsti di solito si alza alle 9, ma questa mattina si è svegliata alle 6.

a. Perché, secondo te? Osserva il titolo di questo Passo e forse lo capisci!

b. La prima cena con i nuovi amici è importante: secondo te, a chi telefona Kirsti per raccontare tutto?

2 Ascolta l'AUDIO 136 e trova queste informazioni.

a. Secondo la mamma di Kirsti, quale è la cosa più importante?
- ○ Quello che si serve in tavola.
- ○ Il modo in cui è preparata la tavola.

b. Perché? ....

....

c. E il tovagliolo, come deve essere? ....

....

Confronta le tue risposte con il tuo compagno.

3 Leggi la trascrizione della telefonata tra Kirsti e sua madre e inserisci le parole che mancano. Poi riascolta l'AUDIO 136 per controllare le parole che hai inserito.

Kirsti	Mamma, ciao!
Mamma	Ciao, piccola! Come ....?
Kirsti	Benissimo... cioè: malissimo...
Mamma	Mio dio, ... cosa...
Kirsti	No, malissimo nel senso che mi sono .... alle 6. Alle 6!
Mamma	Tu? Proprio tu che alle 9 sei ancora una zombie!? Come mai?
Kirsti	Ho invitato a .... i colleghi che lavorano nella redazione del mio editore. Sai, sono un po' preoccupata... è la prima cena che faccio da quando sto a Verona!
Mamma	E .... essere perfetta... Lo sai il mio segreto, vero?
Kirsti	"È più importante la tavola del cibo".
Mamma	Esatto: quando arrivano, gli .... vedono subito la tavola: se è preparata molto .... si fanno l'idea che tutto è preparato molto bene. E poi quando .... devono pensare a quali posate scegliere, quale bicchiere...
Kirsti	E poi c'è il tovagliolo, vero?
Mamma	Certo! Il tovagliolo non deve mai essere di ....: va bene in pizzeria, non a casa Hakkonen!
Kirsti	In altre parole, è il marketing della tavola!

vero?
Serve per chiedere a chi ascolta la conferma che è d'accordo.

4 **La telefonata continua: ascolta l'AUDIO 137 e trova queste informazioni.**

a. Prima di ascoltare l'audio e basandoti sulla tua conoscenza di quello che si fa al mattino appena svegli, immagina che cosa può aver fatto Kirsti.

- ....
- ....

b. Che cosa ha fatto Kirsti nel resto della mattina?

- ○ Ha lavorato alla traduzione del libro e adesso deve andare a fare la spesa.
- ○ È andata a fare la spesa e poi ha lavorato alla traduzione del libro.

c. A Verona sta

- ○ piovendo
- ○ nevicando

d. Kirsti prepara una cena

- ○ italiana
- ○ finlandese

piove / nevica

Sono verbi che hanno solo la 3ª persona singolare e non hanno il soggetto.

KIRSTI PREPARA IL KALAKUKKO, UN PIATTO TIPICO FINLANDESE: UN PASTICCIO DI PESCE E DI CARNE CON PANE INTORNO.

5 **Leggi la trascrizione della telefonata e inserisci le parole che mancano. Poi riascolta l'AUDIO 137 per controllare le parole che hai inserito.**

Mamma Ma cosa hai fatto alle 6?
Kirsti Ho fatto la doccia, poi ho fatto .... con calma, ho bevuto un caffè e poi un .... e poi un altro... Poi, visto che avevo tempo, ho pulito la casa, ho fatto una lavatrice, ho stirato un'ora guardando un .... in TV... alle 9 mi sono messa a tradurre il romanzo che devo finire tra due settimane.
Mamma Non sei andata a fare la ....?
Kirsti **Piove**... ho aspettato, sperando nel sole, ma... piove ancora.
Mamma Qui **nevica**.
Kirsti A me piace la neve... qui invece c'è solo pioggia. E adesso devo andare a .... la spesa sotto la pioggia.
Mamma Cosa prepari per cena?
Kirsti Ho fatto un antipasto finlandese, con il pesce affumicato e la mela verde. Poi faccio una zuppa delle nostre, quella con le uova, e poi il kalakukko. E poi patate al forno e per finire la nostra torta di mele con la cannella.
Mamma Proprio tutto ....!
Kirsti Eh, no: il vino è ....!

6 **Ascolta l'intera telefonata nell'AUDIO 138, poi recita la conversazione con il tuo compagno.**

Analisi

7 **Ricordi quello che si fa la mattina (→ P17)? Qui hai trovato quello che ha fatto Kirsti. Mettiamo insieme le cose che hai imparato in quel Passo e in questo.**

Mi sono ....*svegliata*.... alle 6.

Mi sono ....

.... i denti.

Mi sono ....

Ho preparato ....

Ho fatto ....

.... la casa.

....

....

.... tradotto alcune pagine del romanzo.

Sono andata a ....

Ho preparato ....

a. Quali di queste cose fai ogni giorno (= *sempre*) o spesso ecc. (→ **P22, ES. 11**)?

- sempre: *mi sveglio,* ....
- spesso: ....
- talvolta: ....
- se posso, mai!: ....

b. In **P17** hai visto i **verbi riflessivi**, quelli che vogliono *mi*, *ti*, *si* ecc. per indicare che l'azione fatta dal soggetto ritorna sul soggetto stesso. Quali riflessivi hai usato nell'esercizio sopra? Scrivili all'infinito (che finisce con *-arsi*, *-ersi*, *-irsi* invece che con i semplici *-are*, *-ere*, *-ire*):
svegliarsi, ...

c. Adesso fai molta attenzione a come formano il **passato prossimo** i verbi riflessivi. Scrivi tre esempi:
mi sono svegliata, ...
Che ausiliare hai usato? ◯ *essere* ◯ *avere*

Per fare il **passato prossimo** (→ P13-P14) si usano questi **ausiliari**:

avere	con i **verbi transitivi** (per esempio *mangiare*, *scrivere*, *leggere*, *fare*, *dire* ecc.)	l'azione può passare su un oggetto, quindi è possibile rispondere alle domande "chi?"/ "che cosa?"	***Ho** mangiato* (che cosa?) *la pasta.*
essere	con i **verbi intransitivi** (per esempio *andare*, *venire*, *salire*, *scendere* ecc.)	l'azione non può passare su un oggetto, quindi non è possibile rispondere alle domande "chi?" / "che cosa?"	*Luca **è** andato a Roma.*
	con i **verbi riflessivi** (per esempio *lavarsi*, *pettinarsi*, *svegliarsi* ecc.)	l'azione ritorna sul soggetto	*Ti **sei** lavato le mani?*

Alcune volte i verbi **transitivi** sono **usati come riflessivi** per dare più forza a quello che si dice:
***Mi sono mangiato** una pizza enorme.* (nella forma normale: ***Ho mangiato** una pizza enorme*)
***Mi sono bevuto** tre caffè.* (nella forma normale: ***Ho bevuto** tre caffè*).

8 Che strane le uova!

L'uovo non è "strano": è uno dei cibi più diffusi al mondo, da sempre! Ma la parola *uovo* è strana, come vedi in questa battuta della telefonata, quando Kirsti descrive il menù che sta preparando: *Faccio una zuppa delle nostre, quella con **le** ....*.
Il **singolare** è **maschile** (*un uovo*), il **plurale** è **femminile** e finisce in *-a* (***le uova***).

La stessa cosa succede con altre parole, che vedi nel disegno:
un dito → ***le dita*** *il labbro* → ***le labbra*** *il braccio* → ***le braccia***
Anche la *mano*, che è unita al braccio e alle dita, è strana, come certamente ricordi (→ **P20, ES. 14**): *una mano* → ***due mani***.

Sintesi

9 Crea delle frasi con il participio passato, come nell'esempio.

a. leggere • libro • finlandese *Ho letto un libro di uno scrittore finlandese.*
b. farsi • doccia • bella • calda
c. bere • coca • bella • fredda
d. bersi • birra • bella • fresca
e. mangiare • tagliatelle • bolognese

10 Inserisci nelle frasi il plurale di queste parole.

foto • dito • labbro • banco • braccio • ~~pizza~~ • uovo • cinema • uomo

a. In pizzeria mi sono mangiato due *pizze* .
b. Io non mangio le .... perché sono vegetariano.
c. In questa città non ci sono ....
d. Era bellissimo e sono caduta tra le sue ....
e. Ragazzi, rimettiamo a posto i ....
f. Sono andata per sbaglio nel bagno degli .... !
g. È bellissima: ha gli occhi grandi e le .... rosse.
h. Vi mando presto le .... di Firenze.
i. Ha le mani belle: le sue .... sono lunghe.

11 Ricordi queste parole? Se vuoi, a casa scrivi sul quaderno le parole corrispondenti nella tua lingua madre.

braccio / braccia, labbro / labbra, dito / dita, mano / mani • calma • collega • come mai?, vero? • nevicare, piovere • piatto, bicchiere, posata, coltello, cucchiaio, forchetta • preparare, tavola, tovaglia, tovagliolo, posto • pulire, stirare, lavatrice, doccia • spesa • svegliarsi, lavarsi, pettinarsi • televisione, TV • uovo / uova • zuppa • dolce, torta • affumicato

12 Controlla se ricordi le parole "importanti" che hai trovato in GI.3 e in P16-P18.

Sottolinea con la matita quelle che non ricordi e nei prossimi giorni torna a controllare di nuovo.

GI.6 | Guardiamoci intorno

L'Italia a tavola: le 3F

In America si dice che *Italian is cool* e che la ragione è da trovare nelle 3F:

Oggi ci guardiamo intorno per vedere qualcosa su una delle 3F: **l'Italia a tavola.**

La pizza, un cibo universale

Napoletana: acciughe, capperi, origano

Margherita: pomodoro e mozzarella

Diavola: salame piccante

La pizza è il cibo più semplice: pane cotto al forno (o *tortilla*, in Centro America) con qualcosa sopra.
Sul pane (chiamato *pasta della pizza*) le pizze hanno una base di mozzarella e pomodoro, poi si possono aggiungere verdure, uova, salumi ecc., come vedi nelle foto. Dopo la cottura si mette un po' di olio e, se si vuole, dell'origano.

Capricciosa: funghi, carciofini, prosciutto cotto, olive ecc.

Marinara: aglio, origano

Quattro stagioni: funghi, carciofini, prosciutto cotto, olive

Quattro formaggi: gorgonzola e altri formaggi

Vegetariana: verdure alla griglia

La pasta, un altro cibo universale

Anche la pasta è un cibo semplice: pasta di grano (o di riso) bollita, cioè cotta nell'acqua bollente. Per darle sapore, si aggiunge qualcosa: sugo al pomodoro, ragù, **uovo** e maiale, verdure cotte, olio piccante ecc.

In Italia ci sono molti tipi di pasta, di sughi e di tradizioni.

La pasta è il **primo** piatto importante di un pranzo e quindi in un ristorante puoi anche dire *Vorrei solo un primo...* (anche se non ha molto senso, se non c'è poi un secondo!).

Antipasto, primo, secondo

Oggi a pranzo molti mangiano un panino o, se amano lo *slow food*, prendono un **primo**, cioè un piatto di pasta; la sera si mangia spesso un antipasto e poi o un primo o un secondo.

L'**antipasto** è fatto di salumi, formaggi, verdure, uova: di solito è una porzione piccola, ma in Piemonte o in Sicilia gli antipasti sono veri e propri... pasti completi!

Il **secondo** (che si chiama "secondo" anche quando non c'è un "primo") è di solito di carne o di pesce, ma può anche essere vegetariano, con **uova**, verdure e formaggio.

UOVO
Attenzione:
1 uovo / 2 uova.

Ristoranti italiani nel mondo

Il cibo italiano ha conquistato il mondo in tre modi.

- **Pizzerie**: le trovi in ogni Paese; in origine erano di emigranti del Sud d'Italia, perché è da lì che viene la pizza.
- **Ristoranti popolari**, poco cari: anche questi sono quasi sempre di cucina del Sud, portata dagli emigranti.
- **Ristoranti di lusso**, più cari: hanno cucina di ogni regione; oggi ci sono anche catene di ***slow food*** (la risposta italiana al *fast food*) e ci sono centri, come quelli di ***Eataly***, che presentano il meglio della cucina italiana nel mondo.

1 **Nel tuo Paese c'è la cucina italiana? Di quale tipo? Ci vai spesso? Ti piace? Cucini italiano qualche volta?**

Prepara un breve testo con questi argomenti o anche altri legati alla cucina italiana, ma soprattutto spiega quello che ti piace e quello che non ti piace della cucina italiana. Devi essere pronto a raccontare queste cose ad alta voce alla classe.

2 **Ascolta l'AUDIO 139.**

In Italia non esiste un ristorante di *Cucina italiana*

In Italia non esiste un ristorante di "cucina italiana" perché la cucina italiana è fatta di tante cucine regionali, molto diverse tra loro. Anche all'interno di una regione ci sono differenze: per esempio, nel Veneto il *baccalà* (cioè il merluzzo, un pesce atlantico) può essere fatto *alla vicentina* o *alla trevigiana*, cioè come lo fanno in due città abbastanza vicine, Vicenza e Treviso. In Emilia i *tortellini* (il piatto più tipico) sono diversi a Bologna, a Parma o a Rimini.

E tutti gli italiani conoscono le diverse cucine regionali: in Puglia le *orecchiette con le cime di rapa* (una verdura) sono un piatto tipico e nessuno immagina le orecchiette al ragù; allo stesso modo, a Bologna nessuno immagina le tagliatelle con le cime di rapa, ma solo con il ragù.

La cucina italiana è la cucina delle "differenze", delle cose che trovi solo in una zona: vino, formaggio, pasta e pane hanno mille forme e mille sapori, in Italia!

3 **Come è la cucina nel tuo Paese? Ci sono tante differenze come in Italia? Scrivi qualche riga confrontando la cucina italiana e quella del tuo Paese.**

4 **Ricordi queste parole? Se vuoi, a casa scrivi sul quaderno le parole corrispondenti nella tua lingua madre.**

antipasto, primo, secondo, formaggio • differenza • pesce, baccalà, forno, sapore • tortellini, orecchiette • pizza, mozzarella, pomodoro • uovo / uova

Palestra di italiano

SCRIVI IL TUO LIBRO DI GRAMMATICA — ***Tutto***

Tutto, che è il contrario di *nessuno* e *niente*, si usa in maniera diversa:

▶ ***tutto/a/i/e*** + ... + nome ▶ ***tutti/e*** + ... + numero

1 Crea delle frasi usando queste parole, come nell'esempio.

a. mangiare • tutti • lei • dolci → *Lei ha mangiato tutti i dolci.*
b. lui • tutti • tre • dolci • mangiare → ....
c. lei • tutti • giorni • comprare • baguette → ....
d. io • fare • tutta • spesa → ....
e. tu • non • fare • niente • giorni • tutti → ....
f. loro • visitare • tutte • dieci • chiese • di • Perugia → ....

SCRIVI IL TUO LIBRO DI GRAMMATICA — **Il femminile**

Il femminile **regolare** si fa così:

▶ *gatt**o*** → *gatt*.......... *gatt**i*** → *gatt*..........
▶ *ragazz**o*** → .... *ragazz**i*** → ....
▶ *un cines**e*** → *una cines*..........

Ma ci sono molti casi particolari come hai visto in **P19 (ES. 15)**.

2 Riscrivi questo testo al femminile.

Questo è il signor Brancusi: è un professore di italiano, ma è anche il direttore della scuola di musica. È un uomo simpaticissimo e un musicista molto bravo. Questa scuola ha sessant'anni: ha cominciato il padre. Quando il padre è diventato troppo vecchio, hanno continuato lui e suo fratello, che è un artista.

Questa è la signora Brancusi: ....
....
....
....
....
....
....
....

3 Indica se le parole sono maschili o femminili: mettile nel sacco giusto, come nell'esempio.

SCRIVI IL TUO LIBRO DI GRAMMATICA

Gli avverbi di modo

Gli **avverbi** sono parole che dicono qualcosa su un verbo (come un aggettivo dice qualcosa su un nome): il modo, il tempo, il luogo, la frequenza ecc.

- Per creare gli **avverbi di modo** aggiungi ***-mente*** al femminile dell'aggettivo. Esempio: ....
- Gli aggettivi in ***-re*** / ***-le*** perdono la vocale. Esempio: ....

4 **Trasforma questi aggettivi in avverbi.**

a. attento → *attentamente*
b. grande → ....
c. regolare → ....
d. nuovo → ....
e. felice → ....
f. naturale → *naturalmente*
g. generale → ....
h. caldo → ....
i. antico → ....
j. ricco → ....

SCRIVI IL TUO LIBRO DI GRAMMATICA

Il plurale regolare

- Il plurale **regolare** delle parole in *-o* e *-a*:
  ragazzo → ....
  ragazza → ....
- Il plurale **regolare** delle parole in *-e*:
  studente → ....
- Le parole in ***-co*** / ***-ca*** e ***-go*** / ***-ga*** aggiungono un'***h***:
  poco → .... *lunga* → *lunghe*
- Le parole in ***-io*** / ***-ia*** con l'accento sulla *i* sono regolari:
  zio → ....
  zia → ....
  Ma se la *i* non ha l'accento, formano il plurale con **una sola *i***:
  esercizio → ....
  figlio → ....

5 **Crea delle frasi al plurale usando queste parole.**

a. libro • nuovo • lungo • leggere → *Sto leggendo dei libri nuovi e lunghi.*
b. a casa • fare • poco • esercizio • oggi → ....
c. mia zia • essere • donna • simpatica → ....
d. ieri • cercare • questa • medicina • tre • in farmacia → ....
e. pizza • buona • mangiare • ieri • papà → ....

SCRIVI IL TUO LIBRO DI GRAMMATICA

Il plurale irregolare

Ci sono anche i **plurali irregolari.**

- Le parole in *-**logo*** non aggiungono l'*h*:
  archeologo → ....
  Anche altre parole non l'aggiungono:
  greco → .... *amico* → ....
- Alcune parole di **origine greca** che finiscono in ***-a*** (ma sono maschili) hanno il **plurale in *-i***:
  problema → ....
  elettricista → ....
- Le parole in ***-i***, le parole con l'**accento sull'ultima sillaba**, le parole di **una sola sillaba** e le parole **straniere** non cambiano al plurale:
  analisi → ....
  caffè → ....
  tè → ....
  bar → ....

6 **Crea delle frasi al plurale usando queste parole.**

a. cibo • greco • piacere → *Mi piacciono i cibi greci.*
b. ieri • film • vedere • con mio amico → ....
c. se trovare • elettricista • non c'è più • problema → ....
d. in unità • c'è • analisi e sintesi → ....
e. pizza • buona • non trovare • città del Nord → ....

SCRIVI IL TUO LIBRO DI GRAMMATICA — I pronomi personali oggetto (3ª persona singolare)

Per non ripetere un nome o una frase puoi usare i **pronomi personali oggetto di 3ª persona** *lo, la, li, le*.

- ***Lo*** si usa con i nomi **maschili singolari**, ma anche più in generale per **qualcosa che è stato detto prima**.
  Esempio: ....
- Davanti a vocale ***lo*** e ***la*** si **apostrofano**, invece i plurali ***li*** e ***le*** rimangono come sono.
  Esempio: ....
- Con ***ecco***, che serve per mostrare una cosa, questi pronomi si scrivono in un'unica parola: *eccol**o***, *eccol**a***, *eccol**i***, *eccol**e***.

7 **Completa queste frasi con il pronome personale corretto.**

Ricorda che in *ho, ha, hai, hanno* l'*h* non si sente, quindi queste parole cominciano con una vocale.

a. Il vino non mi piace, ...lo.... sai benissimo!
b. La birra non mi piace, e anche questo .... sai!
c. Hai visto dov'è la birra? Ecco.............. là!
d. "Ho comprato una macchina nuova: ....hai vista?" "..................ho vista: è bellissima!"
e. "Non trovo più le mie matite: .... hai viste?" "Le tue matite? .... hai messe nel cassetto."

IN QUESTI 6 PASSI HAI IMPARATO A FARE MOLTE COSE. CON QUESTI ESERCIZI AIUTI LA MEMORIA A RICORDARLE.

8 **Metti in ordine il dialogo: le tue battute hanno i numeri, quelle del fornaio hanno le lettere. Scrivi la successione corretta.**

tu	fornaio
1. Buon giorno.	**a.** Perfetto, grazie, a domani!
2. Benissimo, grazie.	**b.** Che cosa le do, oggi?
3. Vorrei un po' di pane, mezzo chilo circa.	**c.** Buon giorno a lei! Tutto bene?
4. Certamente, è il mio pane preferito.	**d.** Sono buonissimi. Fatti un'ora fa. Serve qualcos'altro?
5. Va bene anche se è un po' di più. E poi vorrei qualche dolce.	**e.** La solita baguette francese?
6. Ah, che belli. Mi dà 4 di quei dolcetti con le mele?	**f.** Ecco qui, un po' di più di mezzo chilo.
7. No, grazie, è tutto.	**g.** Ci sono questi dolci qui, guardi...
8. Ecco a lei 5 e 50.	**h.** Bene, allora... sono 5 euro e 50 centesimi.

1. → ...c... → **2.** → .... → **3.** → .... → **4.** → .... → **5.** → .... → **6.** → .... → **7.** → .... → **8.** → ....

9 **Completa il dialogo con i tuoi dati: stai chiedendo una nuova carta d'identità.**

«Buongiorno»
«..»

«Bene. Mi dà il numero della vecchia carta?»
«..»

«Ah, lei è straniero? Allora mi serve il permesso di soggiorno e il passaporto.»
«..»

«Benissimo, tutto regolare. Ha un codice fiscale... o quello che si usa nel suo Paese?»
«..»

«Servono anche due foto.»
«..»

«OK, la sua carta d'identità è pronta tra circa 10 minuti.»
«..»

10 A sinistra, scrivi un SMS invitando a cena una persona che ti interessa molto. A destra, rispondi all'SMS.

11 Che cosa fai in questi luoghi?

a. Comune: *faccio la* ....
b. banca: ....
c. agenzia immobiliare: ....
d. negozio di materiale informatico: ....
e. supermercato: ....
f. fruttivendolo: ....
g. fornaio: ....

12 Ricordi l'appartamento di Kirsti (→P19)? Scrivi tutte le cose che ricordi per ogni stanza.

13 Oggi, quando torni a casa dalla scuola o mentre fai una passeggiata, guarda i negozi e scrivi su un pezzo di carta quanto costano queste cose; poi a casa scrivi i prezzi in numero e per intero.

a. 1 kg di patate ...... *1,29* ...... *un euro e ventinove (centesimi)*
b. 1 espresso
c. 1 etto di prosciutto
d. 1 kg di banane
e. 1/2 chilo di pane
f. 1 vasetto di marmellata
g. 1 pacco di pasta

14 Nell'Unità hai trovato questi verbi. Ecco i participi passati: scrivi l'infinito.

a. chiesto → *chiedere*
b. comprato → ....
c. detto → ....
d. letto → ....
e. mangiato → ....
f. pagato → ....
g. preso → ....
h. salito → ....
i. scelto → ....
j. scritto → ....

15 **Descrivi nei vari modi possibili la posizione degli oggetti che vedi nei disegni, usando queste parole che indicano il luogo.**

sopra / sotto ● tra / fra ● in mezzo a ● ~~a destra di~~ / a sinistra di / di fianco a ● davanti a / dietro a

(A) *L'automobile è a destra della casa.* ....

....

....

....

(B) ....

....

....

(C) ....

....

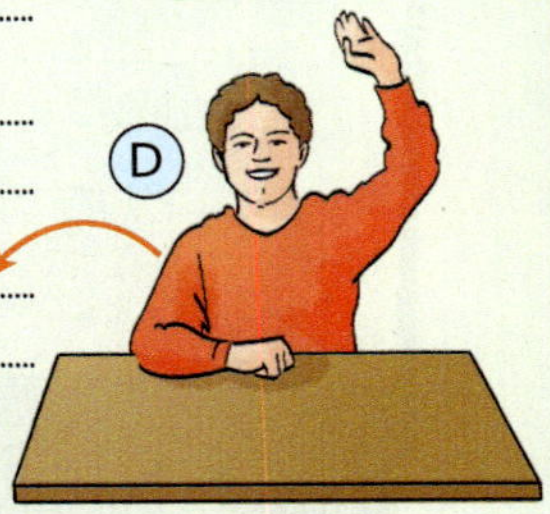

(D) ....

....

16 **Un match di boxe!**

Questo è un match tra te e il tuo compagno: tu sei da una parte e lui dall'altra.
Dovete conquistare le 10 caselle (i quadretti con i numeri). Per conquistare una casella devi fare una frase usando un'**espressione di tempo**: per esempio, il tuo compagno dice *Novembre* e tu devi creare una frase con *in Novembre*.
Se sbagli, perdi il turno. Vince chi completa per primo le caselle e quindi può dare un pugno *grammaticale* all'altro!

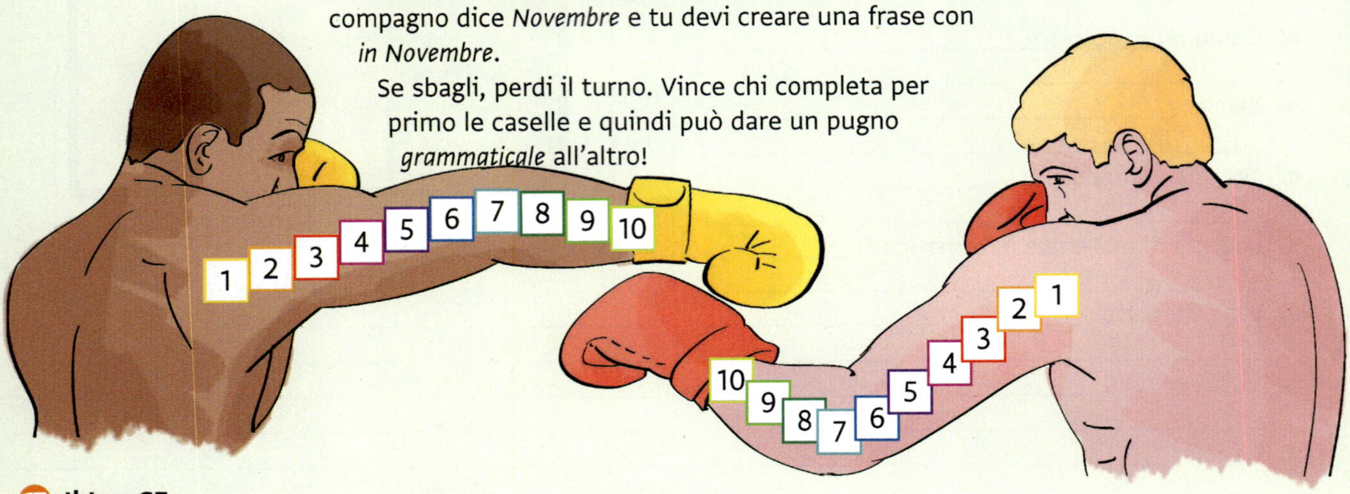

17 **Il tuo CF.**

a. Se non hai un **CF italiano**, puoi inventarlo usando:

- le prime 3 consonanti del **cognome**; se non ci sono 3 consonanti, per esempio in *Wali*, allora dopo le consonanti metti la prima vocale: WLA
- la prima, la terza e la quarta consonante del **nome**;
- gli ultimi due numeri dell'**anno** di nascita, il **mese** (Gennaio = *A*; Febbraio = *B*; Marzo = *C*; Aprile = *D*; Maggio = *E*; Giugno = *H*; Luglio = *L*; Agosto = *M*; Settembre = *P*; Ottobre = *R*; Novembre = *S*; Dicembre = *T*), il **giorno** (da 01 a 31); se sei una **donna**, aggiungi 40 al giorno (per esempio, se sei nato il 5 febbraio 1990 → 90B05; se sei nata lo stesso giorno → 90B45);
- un gruppo con 1 lettera, 3 numeri, 1 lettera.

Pago BANCOMAT

b. Con un compagno, inventa un dialogo come **P21, ES. 3**:

- usa il tuo ***codice fiscale*** (l'impiegato ti chiede anche l'anno, il luogo di nascita e l'indirizzo);
- devi dire che non vuoi la carta di credito ma il ***bancomat***, la carta con la quale puoi ritirare soldi dallo ***sportello automatico***.

Trovi altri esercizi in **www.bonaccieditore.it**

Una nuova avventura per te: esperienze multimediali e musicali!

Nelle prime due Unità hai seguito *Il Balboni* pagina dopo pagina, audio dopo audio: la tua attenzione è stata tutta per la lingua - gli articoli, i verbi, i pronomi ecc.
Le Unità 3 e 4 hanno spostato l'attenzione dalla lingua all'Italia (La Sicilia) e alle persone (Ciro, i suoi genitori, Ines, Ivan, Kirsti e i suoi amici).
Forse hai già usato alcuni materiali multimediali online (per esempio il dizionario per immagini). Adesso, prima di entrare nell'ultima Unità del libro, puoi esplorare alcune delle risorse multimediali in cui non devi *lavorare sulla lingua* italiana, ma devi *usare la lingua* italiana per capire dei video e delle famose "arie" di opera (un'*aria* è una specie di canzone, dentro un'opera): qui puoi ascoltare e cantare delle canzoni scritte proprio per te che sei all'inizio dell'Unità 5 di *Il Balboni*.
Quello che ti chiediamo, a questo punto dell'*A-Uno*, e di cercare una comprensione globale; ma tu puoi anche cercare di capire tutto, di tradurre i testi nella tua lingua, di provare a cantare insieme al cantante. Puoi scrivere un nuovo testo, cantarlo con la base musicale online e poi metterlo su YouTube - l'unica cosa importante è che devi giocare, divertirti, passare qualche ora di piacere *usando l'italiano*.

Andiamo all'opera!

Forse ti stai chiedendo: "ma dopo quattro Unità didattiche di livello *A-Uno* posso già ascoltare un'opera?". La risposta è "sì", puoi già ascoltare alcune parti di un'opera, e nelle pagine online trovi un'aria del *Barbiere di Siviglia* di Rossini per la U4 e due arie di Puccini per la U5, e poi altre arie d'opera per i livelli A2, B1, B2.
Il percorso è indicato in ogni scheda che trovi online, e di solito ha questa struttura:

a. leggi l'introduzione;
b. leggi il testo, cercando di capirlo, con l'aiuto che ti diamo noi;
c. immagina quale musica può aver usato Rossini, Puccini o Verdi ecc. per quel testo: allegra, veloce, lenta, triste...;
d. ascolta alcune versioni diverse su YouTube;
e. pensa quale ti piace di più e perché;
f. se alcuni tuoi compagni hanno ascoltato queste arie, puoi confrontare con loro le tue idee e i tuoi gusti.

Quali sono i principali compositori che puoi ascoltare? Ecco alcuni di loro.

Gioacchino Rossini (1792-1868)

Rossini è figlio di un musicista povero e per tutta la sua vita ha paura della povertà: a 21 anni ha già composto dieci opere e sta diventando ricco. Poi va in Francia e a 37 anni, ricco e famoso, scrive l'ultima opera e poi vive tranquillamente per quarant'anni a Parigi.
Rossini ha scritto opere come *Il barbiere di Siviglia*, *La Cenerentola*, *L'Italiana in Algeri*, *Semiramide*, *Tancredi*, *La gazza ladra* e *Guglielmo Tell*.

Giacomo Puccini (1858-1924)

Il nonno e il padre di Puccini sono musicisti e così Giacomo cresce *dentro* la musica.
A 25 anni presenta a Milano la sua prima opera e la sua musica mette insieme la tradizione italiana di Verdi e la lezione di Wagner, l'altro grande compositore d'opera del diciannovesimo secolo. Puccini diventa il musicista più famoso (e più pagato!) al mondo e scrive opere come *La bohème*, *Tosca*, *Madama Butterfly*, *Manon*, *La fanciulla del West*, *Turandot* (la sua ultima opera, del 1924). In quegli anni sta nascendo il cinema sonoro (cioè con il suono e le voci) e molta della musica dei film segue lo stile di Puccini.

Giuseppe Verdi (1813-1901)

Verdi nasce vicino a Parma, in un paesino dove la sua famiglia ha un'osteria (il bar della tradizione italiana), e non ha i soldi per studiare. Ma presto in paese tutti capiscono che è un genio e lo aiutano ad andare a Milano a studiare musica. Nel 1842, a 29 anni, scrive *Nabucco*, dove c'è il coro più famoso della storia dell'opera, *Va' Pensiero*: è un grande successo. Seguono altre opere "popolari", facili, come *Il trovatore* e *La traviata*, l'opera ancora oggi più vista nel mondo. Verdi ha composto un grande numero di opere, come *Otello*, *Macbeth*, *Falstaff*, *Don Carlos*, *Aida* ecc., ed è il compositore più presente nei teatri del mondo.

Andiamo a Sanremo!

Ogni anno a Febbraio c'è il Festival della Canzone Italiana a Sanremo, una piccola città tra Genova e Nizza (in Francia). Per una settimana cantanti famosi e cantanti giovanissimi presentano le canzoni che sentiamo durante l'estate - e alcune di queste canzoni diventano famose in tutto il mondo, come *Volare* di Modugno, presentata a Sanremo nel 1959.

Che cosa puoi fare con queste canzoni

Fabio Caon e la sua band hanno preparato per te delle canzoni, che trovi sul sito online in due versioni: la canzone cantata da Caon e una versione dove c'è solo la musica (si chiama *base*), che puoi usare per cantare tu la canzone, e se usi *record* puoi mettere su YouTube la canzone cantata da te!
Ma puoi fare anche di più: da solo o con alcuni compagni puoi tradurre la canzone nella tua lingua, e poi cantarla e metterla su YouTube!

FABIO CAON, L'AUTORE E CANTANTE DI QUESTE CANZONI

Che cosa raccontano queste canzoni

Queste canzoni ti mostrano vari aspetti della vita italiana e usano l'italiano dei ragazzi, l'italiano vivo. Fabio Caon ha cercato di darti un'immagine vera dell'Italia.
Nel 1983 al festival di Sanremo Toto Cutugno presenta una delle più famose canzoni sull'Italia, *L'italiano*, che dà un'immagine tradizionale dell'Italia:

Lasciatemi cantare
con la chitarra in mano
lasciatemi cantare:
sono un italiano

Fabio Caon ci presenta un'Italia diversa, un'Italia normale, come vedi in alcune parti di una delle sue canzoni:

In Italia si sta bene
In Italia si sta male
In Italia si sta come si sta

In Italia si sta al sole
In Italia a volte piove
In Italia si nasce e si muore

E cosa c'è quindi di interessante in questo Paese "normale", come il tuo e come tutti i Paesi del mondo? Per rispondere a questa domanda, vai nella **sezione online** e ascolta la canzone.
Buon divertimento!

Alcuni dei grandi cantanti italiani

DOMENICO MODUGNO

Autore di *Volare*.

ANDREA BOCELLI

Cantante di *Con te partirò*.

LAURA PAUSINI

Famosa soprattutto in Francia e in America Latina.

MINA

La più grande cantante italiana.

La dimensione multimediale

Questo libro di carta è solo una parte del materiale che usi per imparare italiano.
Nel sito, che certamente hai già visto e usato nelle prime 4 Unità, ci sono tre tipi di materiali:

- **materiali supplementari**, che aggiungono esercizi e attività;
- **materiali che ti aiutano quando ne hai bisogno**, per esempio quando non sai una parola, quando non ricordi un elemento della grammatica italiana ecc.;
- **materiale per *usare* la lingua italiana**: le arie d'opera, le canzoni, i video.

Ricorda bene questa frase: "materiale per *usare* la lingua italiana", dove il verbo *usare* è la chiave. Devi ascoltare, leggere, cercare di mettere nella tua memoria le parole - ma quando usi questi materiali non stai *studiando* italiano, stai *usando* l'italiano!

Online trovi tre tipi di **materiale video**:

- **video**, costruiti apposta per te, **su alcuni aspetti della vita quotidiana**, come quelli che hai visto insieme a Kirsti: preparare la tavola, fare la spesa, fare il ragù ecc.;
- **video sull'Italia**, con un testo adatto al livello A1 e, più avanti, A2;
- **video di cultura italiana** per livelli più alti, nella web TV di Loescher/Bonacci: sono video molto difficili per te, ma puoi guardarli e cercare di capire il senso generale del testo, aiutandoti con le immagini.

Questa sezione online del tuo libro di italiano cambia mese dopo mese, perché ci sono sempre nuovi materiali dove tu puoi *usare* l'italiano.

5

Tornano tutti i nostri amici!

Imparo l'italiano per:

- chiamare un'ambulanza
- descrivere i vestiti
- descrivere il carattere di una persona
- descrivere una persona dal punto di vista fisico
- esprimere sentimenti ed emozioni
- indicare causa ed effetto
- indicare i colori
- parlare del lavoro
- parlare del tempo, del clima e delle stagioni
- parlare delle malattie
- parlare di me e del mio Paese

So come funzionano:

- aggettivi *bello*, *buono*, *grande*
- *che*: congiunzione, pronome relativo e pronome interrogativo
- connettori che legano frasi e parole
- doppia negazione
- *forse* e *quasi* come indicatori di incertezza
- *perché* ed *e* e la sequenza causa-effetto
- pronome relativo *il quale*
- pronomi personali oggetto (atoni e tonici)
- verbi *piacere* e *sembrare*

Conosco alcune cose dell'Italia:

- imposte e tasse
- mondo del lavoro
- sistema scolastico

Ricorda che il libro continua online

VENTICINQUESIMO PASSO

P25 / Venticinque | Paolo, anche la moto ferma può far male!

Comprensione

1 Guarda le immagini: ricordi dove hai già trovato Paolo, Francesco e Cristina?

2 Il titolo di questo Passo è strano: cerchiamo di capire.

Di solito i motociclisti si fanno male mentre corrono in moto, non quando sono fermi... Guarda i disegni e cerca di immaginare quello che è successo.

3 Ascolta l'AUDIO 140 dopo aver guardato i tre disegni.

a. Chi deve fare benzina?
○ Paolo ○ Francesco

b. Chi beve un cappuccino?
○ Francesco ○ Cristina

c. Chi è caduto?
○ Paolo ○ la moto di Paolo

d. Facciamo un riassunto:
Paolo deve fare ...., invece Francesco e Cristina sono a posto e vanno al bar a prendere un .... Dal bar vedono che la .... cade sul piede di .... Corrono fuori a vedere che cosa è successo.

Adesso ascolta l'AUDIO 141 e ripeti le battute del dialogo.

4 Ascolta l'AUDIO 142, dopo aver guardato le due illustrazioni.

Questa conversazione è un po' più difficile del solito, ma piano piano puoi capirla.

a. C'è del sangue?
○ sì ○ no

b. Paolo forse si è rotto un
○ piede ○ braccio

c. Che numero chiama Cristina?
○ 118 ○ 128

d. Come si chiama il paese dove c'è il distributore?
○ Pietroburgo ○ San Pietro

e. Facciamo un riassunto:
La moto è .... e forse il piede di Paolo è rotto. Cristina .... il ...., che è il numero del Pronto soccorso, cioè l'ambulanza, e spiega agli infermieri che lei e i suoi amici sono vicino a un .... Il paese si chiama ....

Adesso ascolta l'AUDIO 143 e ripeti le battute del dialogo.

5 **Ascolta l'AUDIO 144, dopo aver guardato le tre figure.**

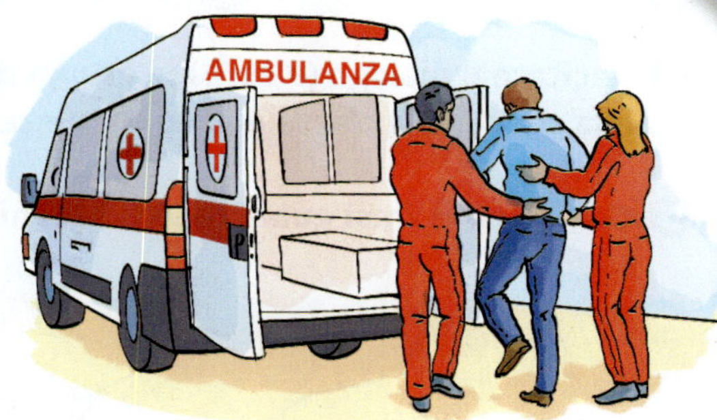

Anche qui ci sono parole nuove, ma piano piano puoi capirle.

a. L'infermiere conferma che il piede è rotto?
◯ sì ◯ no

b. In che ospedale portano Paolo?
◯ San Pietro ◯ Alba

c. La moto rimane al distributore di benzina?
◯ sì ◯ no

d. L'*accettazione* è l'ufficio dove si "accetta" un malato, che fa una scheda con i suoi dati e con il suo problema. Chi va in accettazione?
◯ Paolo ◯ Francesco e Cristina

e. Il *reparto* è una sezione di un ospedale dove si cura un problema specifico, nel nostro caso un osso rotto. Chi va in reparto?
◯ Paolo ◯ Francesco e Cristina

f. Facciamo un riassunto:
Arriva l'ambulanza e l'infermiere conferma che il .... di Paolo è .... Gli infermieri caricano Paolo sull'.................... e lo portano direttamente in ...., mentre Francesco e Cristina vanno al .... per l'accettazione.

Adesso ascolta l'AUDIO 145 e ripeti le battute del dialogo.

6 **Ascolta tutta la storia nell'AUDIO 146 leggendo la trascrizione.**

Ⓐ

Paolo	Francesco, io devo fare benzina. E poi qui costa meno che a Torino!
Francesco	OK Paolo. Io invece sono a posto... Ho fatto il pieno ieri sera.
Cristina	Andiamo a prendere un caffè, mentre Paolo fa benzina?
Paolo	Sì, dài, poi vengo anch'io.
Cristina	Caffè o cappuccino?
Francesco	Caffè. Tu cappuccio, vero? Scusi, un caffè lungo e un cappuccino, per favore.
Cristina	Sta venendo un po' freddo, fuori, bevo volentieri qualcosa di caldo... Oh, mio dio: guarda, è caduta la moto di Paolo!

Ⓑ

Francesco	Paolo! come stai!?
Paolo	Cavolo... male, sto male. Credo che... ahi...
Francesco	Aspetta che sposto la moto...
Cristina	Non c'è sangue... ma... il piede è...
Paolo	Ahh. Credo di essermi rotto il piede... la moto mi è caduta sopra, fa un male cane!
Cristina	Non c'è tempo da perdere, chiamo il 118. Sì? Pronto? Siamo sulla statale da Alba a Torino, circa 10 chilometri da Alba, a un distributore ENI...
Francesco	Il paese si chiama San Pietro.
Cristina	Ecco, siamo a San Pietro... Un piede rotto. La moto gli è caduta sopra... Si chiama Paolo Mari... OK, aspettiamo... Gli metto sopra del ghiaccio? Bene, grazie. 10 minuti e arriva l'ambulanza.

118 ospedale
113 polizia
115 pompieri

Ⓒ

Infermiere	Buona sera, buona sera... ah ecco. Eh sì... è rotto... Fa male?
Paolo	Molto. E adesso cosa succede?
Infermiere	Be', la carichiamo in ambulanza e la portiamo all'ospedale di Alba. Appena siamo in ambulanza le faccio una puntura di antidolorifico.
Paolo	E... e la moto?
Francesco	Non preoccuparti: la prendo io; Cristina prende la nostra e veniamo dietro all'ambulanza.
Infermiere	Se lei dà i suoi documenti ai suoi amici, vanno loro al Pronto Soccorso per l'accettazione e noi andiamo direttamente in reparto.
Paolo	E poi...
Infermiere	E poi... 40 giorni di gesso, e poi tutto a posto. Le ossa guariscono bene!

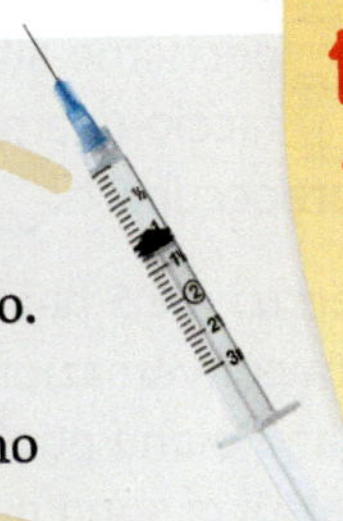

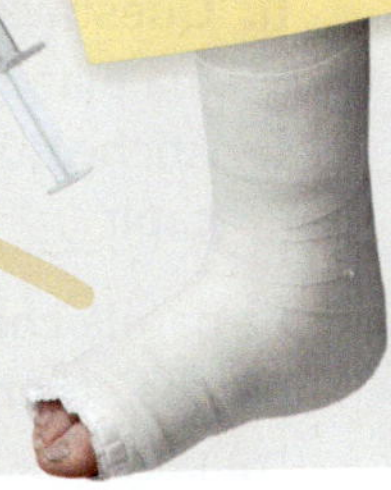

7 **Recitate il dialogo (→ ES. 6) in gruppi di quattro. Alla fine due gruppi recitano la conversazione di fronte alla classe, e la classe decide chi vince l'Oscar come miglior gruppo.**

8 **Completa le frasi guardando i disegni.**

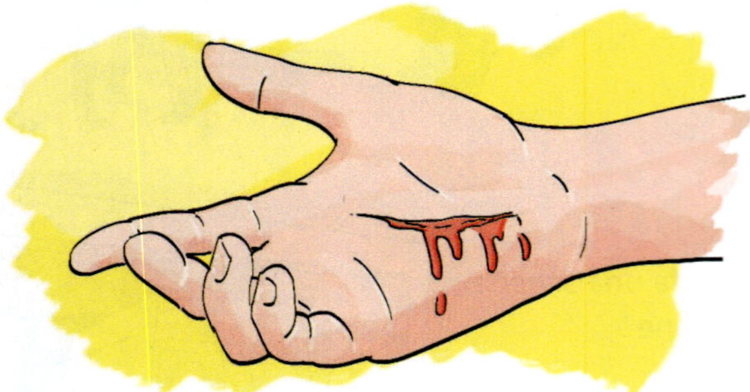

a. Si è tagliato una .... e viene fuori molto ....

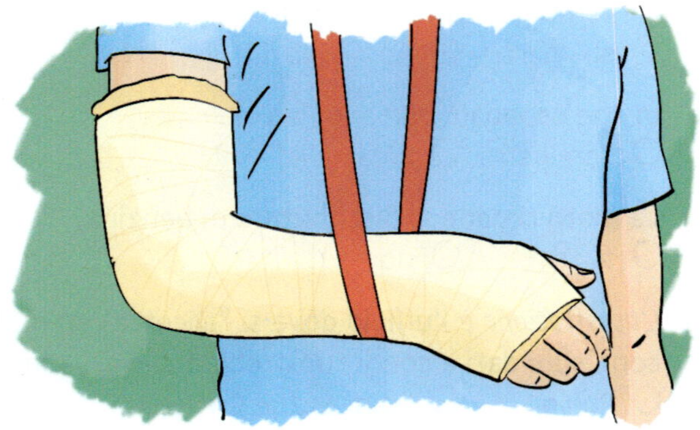

b. Si è rotto un .... e gli hanno messo il ...., che deve tenere per 40 giorni.

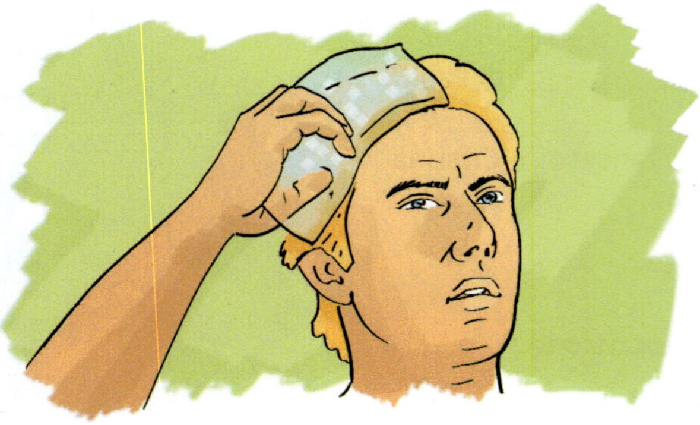

c. Si è fatto male alla .... e ha messo un sacchetto di ....

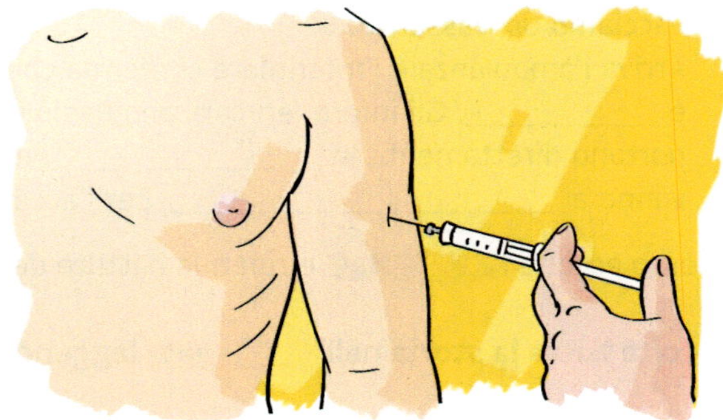

d. Il braccio gli fa molto male e per calmare il dolore gli fanno una .... di .... dolorifico.

Analisi

9 **Completa queste frasi che hai trovato negli esercizi precedenti.**

Nei dialoghi (→ ES. 6) hai trovato queste frasi (per ora non scrivere nelle righe tra parentesi):

a. La moto mi è caduta sopra. (Paolo)
b. La moto .... è caduta sopra. (................)
c. .... metto sopra del ghiaccio? (................)
d. .... carichiamo in ambulanza. (................)
e. .... portiamo all'ospedale di Alba. (................)
f. .... faccio una puntura di antidolorifico. (................)
g. Non preoccuparti: .... prendo io. (................)

Negli esercizi 4 e 5 hai trovato queste frasi:

h. Questa conversazione è un po' più difficile del solito, ma piano piano puoi capir........ . (................)
i. Anche qui ci sono parole nuove, ma piano piano puoi capir........ . (................)

Le parole che hai inserito nelle frasi sono **pronomi**, perché stanno al posto di un nome. Adesso scrivi nelle righe tra parentesi il nome che i pronomi sostituiscono.

- Le parole sottolineate in azzurro sono **pronomi personali oggetto**, o "diretti", che hai già visto in **P22 (ES. 9)**.
  Nelle frasi *d* ed *e* il pronome ***la*** è usato per un maschio, perché l'infermiere dà del *lei* a Paolo.
- Le parole sottolineate in verde sono **pronomi personali indiretti**: essi non sono legati direttamente al verbo, ma con una preposizione, come per esempio *a* o *di*.
  I pronomi personali indiretti possono avere due forme:
  - una **forma debole**, in cui la preposizione è nascosta (come nelle frasi *b*, *c*, *f*: *gli*, *le*);
  - una **forma forte**, in cui le preposizioni *a* o *di* sono presenti: *gli* → *a lui*, *le* → *a lei* ecc.

Fai l'esercizio 10, poi vediamo perché si chiamano forme *deboli* o *forti*.

10 **Usa la forma forte dei pronomi personali indiretti al posto di quella debole.**

a. *Mi* dà un cappuccino? → Dà un cappuccino a me.
b. *Ti* ho portato il caffè. → Ho portato il caffè ....
c. *Gli* metto del ghiaccio? → Metto del ghiaccio ....
d. Signora, *le* faccio una puntura. → Faccio una puntura ....
e. *Mi* fa male il piede. → .... fa male il piede.

Con l'aiuto dell'insegnante, completa il seguente schema.

mi	a me
ti	a ....
gli / le	a .... / a ....
ci	a ....
vi	a ....
gli	a loro

- Quando vengono pronunciati, *mi, ti, gli / le* ecc. non hanno un accento forte: la frase ***Mi** porti il caffè?* si pronuncia *mipòrtilcaffè?*
Come puoi sentire dall'insegnante, il pronome *mi* non ha un accento forte.
- *A me, a te* ecc. invece hanno un accento forte: la frase *Porta il caffè* ***a me*** si pronuncia *pòrtailcaffèamè*. Il pronome *me* si sente bene.

Mi, ti, gli / le ecc. hanno un **tono debole** e si chiamano **atoni** (la lettera *a-* aggiunta all'inizio di una parola significa "senza").
Me, te, lui / lei ecc. hanno un **tono forte** e si chiamano **tonici**.

11 **Sostituisci il pronome personale atono con quello tonico, come nell'esempio.**

a. *Mi* piace molto la pizza. → A me piace molto la pizza.
b. La pizza *gli* piace molto. → La pizza piace molto ....
c. Da*gli* quel panino. → Da' .... quel panino.
d. Porta*le* quel panino. → ....
e. *Le* puoi dire che l'aspetto? → ....
f. Sono due ragazzi gentili: fa*gli* questo piacere. → ....
g. È un bravo ragazzo: fa*gli* questo piacere. → ....
h. *Ti* ho portato questo regalo. → ....
i. *Vi* piace questo film? → ....

12 **Sostituisci il pronome personale tonico con quello atono, come nell'esempio.**

Nelle seguenti frasi il pronome atono va sempre prima del verbo (nelle frasi *c, d, f, g* dell'esercizio 11 hai visto che può anche essere unito al verbo, ma adesso non lavoriamo su questo aspetto).

a. *A me* piace molto la pizza. → Mi piace molto la pizza.
b. Con questa musica *a me* viene il mal di testa. → Con questa musica .... viene il mal di testa.
c. Ha mandato *a lei* un SMS d'amore. → ....
d. Ha detto *a loro* di restare a casa, qui piove. → ....
e. *A noi* piace questa musica. → ....
f. Ho portato *a te* questo regalo, so che ti piace. → ....

Sintesi

13 **Ascolta l'AUDIO 147 e trova chi ha questi problemi. Inserisci vicino a ogni disegno il numero del dialogo corrispondente.**

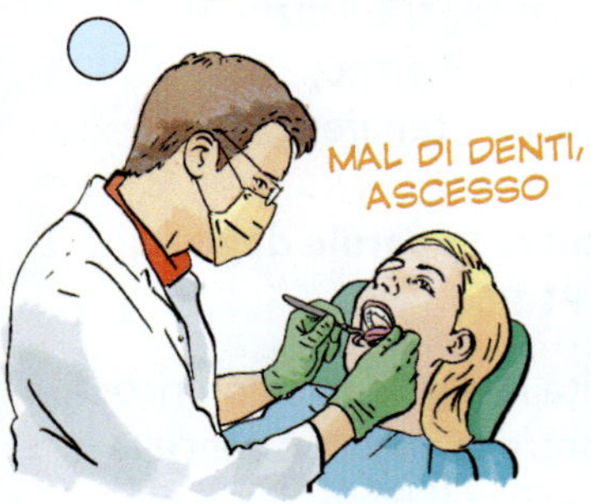

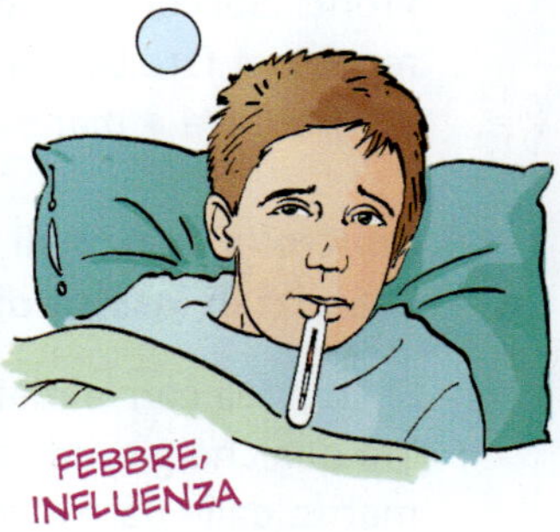

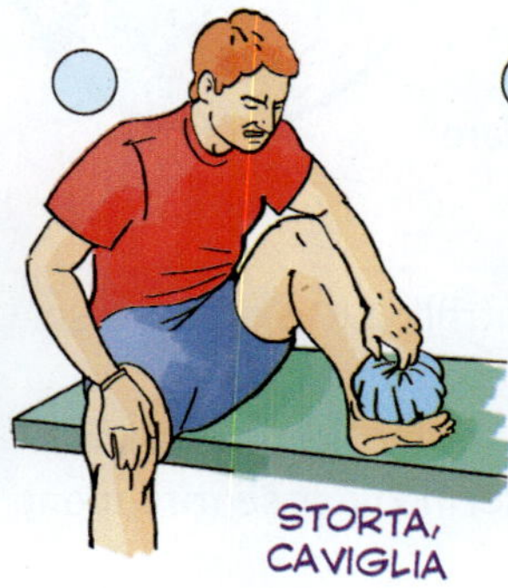

14 **Ascolta ancora l'AUDIO 147 leggendo i testi.**

Attenzione: inserisci le battute degli uomini nel punto giusto, scrivendo il numero corrispondente, come nell'esempio.

(A) Mattia ha la febbre

Donna Pronto?
Uomo (2)
Donna Eh... Non va tanto bene: il piccolo Mattia ha la febbre. Quasi 39!
Uomo ( )
Donna Credo di sì: ha male alle ossa, mal di pancia ed è senza forze... Tra mezz'ora arriva il **dottore**, poi ti chiamo.

> **dottore / medico**
> Ogni laureato è *dottore*. Un dottore in medicina si chiama *medico*.

1. **Uomo** Influenza?
2. **Uomo** Ciao, sono Luigi. Come va?

(B) Una storta alla caviglia

Uomo ( )
Donna Cosa ti è successo?
Uomo ( )
Donna Aspetta, vado in quel bar a farmi dare un po' di ghiaccio.
Uomo ( )
Donna Certo: così la caviglia non si gonfia!

1. **Uomo** Ma fa bene davvero, il ghiaccio?
2. **Uomo** Aahhhii.
3. **Uomo** Ho messo male il piede... mi sono fatto una storta alla caviglia... fa un male cane!

(C) Dal dentista

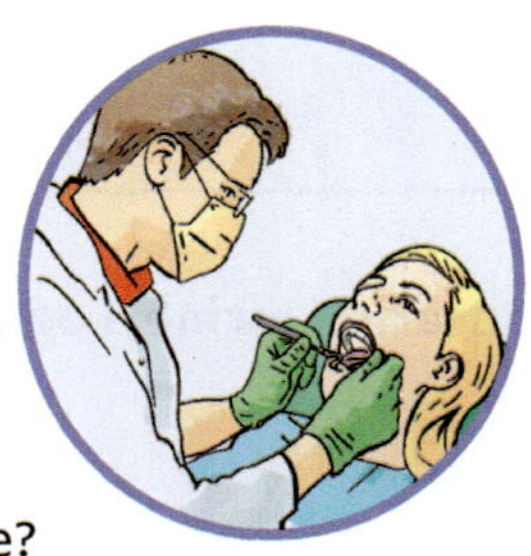

Uomo ( )
Donna Qui in fondo... sì, ecco, lì!
Uomo ( )
Donna E che cosa devo fare?
Uomo ( )

1. **Uomo** Aspetti che controllo... C'è un ascesso.
2. **Uomo** Quale dente fa male?
3. **Uomo** Prendere degli antibiotici per curare l'ascesso, e un antidolorifico per sentire meno male.

(D) In farmacia

Donna Buona sera.
Uomo ( )
Donna Hmmm. Ha anche mal di gola?
Uomo ( )
Donna Eh, questo non è un raffreddore che va via con un'aspirina. Sta arrivando l'influenza, le consiglio di chiamare il suo medico.
Uomo ( )
Donna Certo. Le do questo...

1. **Uomo** Buona sera. Mi sta venendo il raffreddore, lo sento... c'è qualcosa per fermarlo?
2. **Uomo** Ma per il mal di gola si può fare qualcosa?
3. **Uomo** Un po'... e anche mal di testa. Forse anche un po' di febbre...

15 **Nell'ultimo dialogo dell'esercizio 14, la farmacista usa due volte un pronome personale indiretto che significa *a lei*: sottolinealo.**

16 **A coppie, recitate i quattro dialoghi dell'esercizio 14.**

Alla fine l'insegnante chiama quattro coppie a recitare i dialoghi davanti a tutta la classe, che deve votare la coppia migliore.

17 **Scrivi una mail a un amico dicendogli che non stai bene e spiegandogli che cosa hai.**

18 **Ricordi queste parole? Se vuoi, a casa scrivi sul quaderno le parole corrispondenti nella tua lingua madre.**

antibiotico, antidolorifico, dolore • febbre, influenza, raffreddore • male alle ossa, mal di pancia, mal di gola • dentista, ascesso, mal di denti • fare male, un male cane, rompere (rotto) • piede, braccio, caviglia, osso / ossa • storta, ghiaccio, gonfiarsi, gesso, puntura, sangue • dottore, medico, farmacista • ospedale, Pronto Soccorso, ambulanza, accettazione, reparto • fare benzina, fare il pieno, distributore • piano piano • tenere

19 **Controlla se ricordi tutte le parole degli esercizi di lessico di P1-P6.**

Sottolinea con la matita le parole che non ricordi. Tra qualche giorno, controlla ancora e cancella la matita dalle parole che ricordi bene.

GI.7 | Guardiamoci intorno

Il lavoro

Circa 4 giovani su 10 cercano lavoro e non lo trovano - e poi ci sono i giovani che non cercano lavoro e non studiano.
La crisi economica mondiale, cominciata nel 2008, è stata molto dura per l'Italia, e il lavoro è il principale problema delle famiglie italiane.
I problemi più grandi li hanno le persone sopra i 55 anni (che se perdono il lavoro non lo trovano più) e i giovani (che sono quasi tutti "precari", cioè hanno un posto di lavoro a tempo *determinato*).

Che lavori fanno gli italiani?
Il grafico ti può offrire un'idea.

In Italia ci sono circa 3 milioni e mezzo di immigrati, che spesso fanno lavori poco pagati (come per esempio le badanti, che curano gli anziani), lavori molto faticosi (come la costruzione di case, strade, ferrovie ecc.) o lavori temporanei dove **non** serve **nessuna** specializzazione (come raccogliere i pomodori, le olive, l'uva ecc.).

non... nessuna

In molte lingue basta una sola negazione; in italiano invece si può usare la **doppia negazione**.

1. **Alcune parole importanti da ricordare.**
   agricoltura, industria, commercio, costruzioni • turismo, istruzione, sanità, pubblica amministrazione, trasporti • precario

2. **Controlla se ricordi tutte le parole importanti di GI.1-GI.6.**
   Sottolinea con la matita le parole che non ricordi. Tra qualche giorno, controlla ancora e cancella la matita dalle parole che ricordi bene.

P26 / Ventisei | Ciro trova un lavoro

Comprensione

1 **Leggi questo foglio: è un cambiamento importante nella vita di Ciro, il ragazzo siciliano che hai trovato nell'UNITÀ 3. Che tipo di testo è? Non preoccuparti se non capisci tutto: è un testo difficile.**

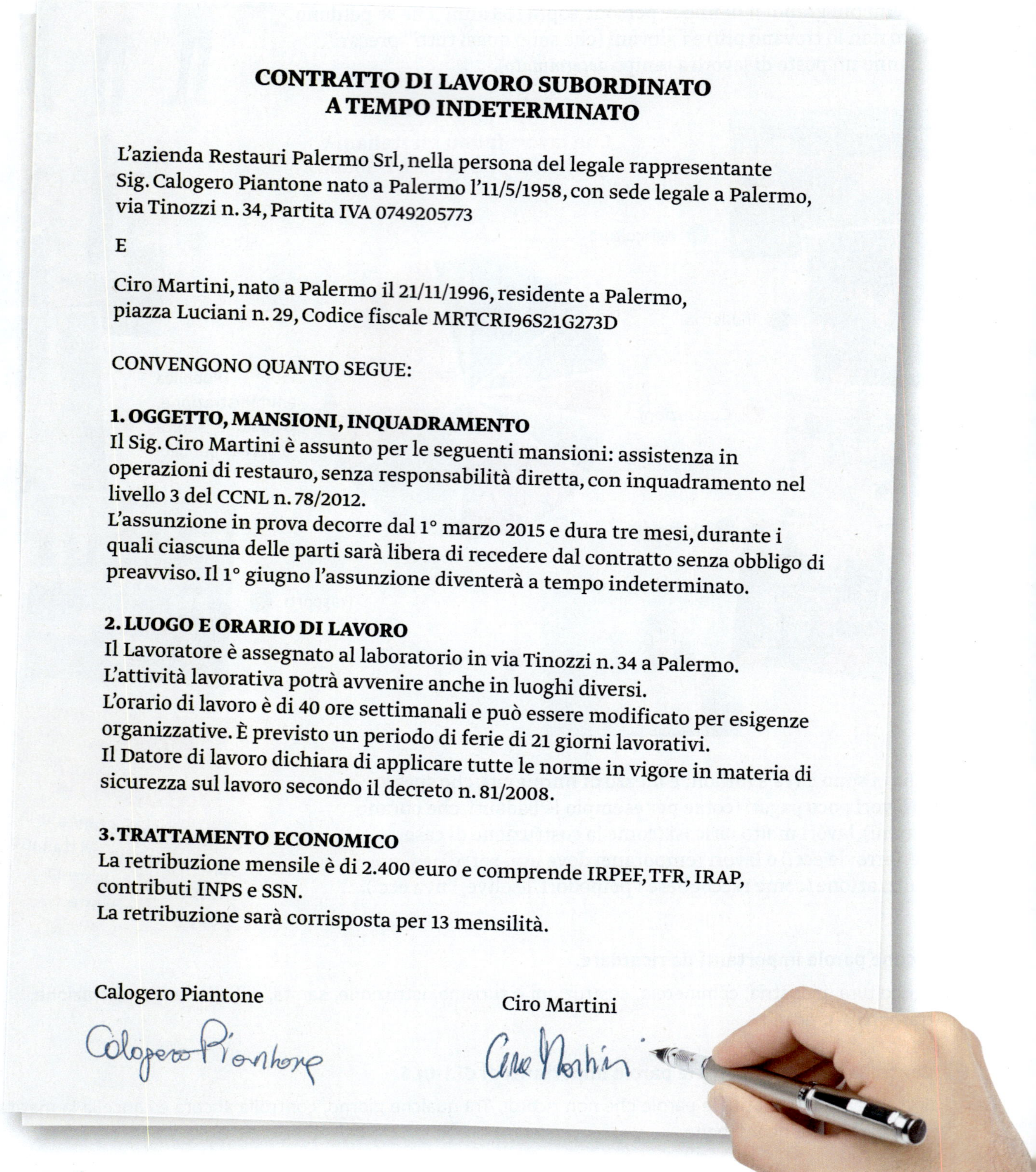

CONTRATTO DI LAVORO SUBORDINATO A TEMPO INDETERMINATO

L'azienda Restauri Palermo Srl, nella persona del legale rappresentante Sig. Calogero Piantone nato a Palermo l'11/5/1958, con sede legale a Palermo, via Tinozzi n. 34, Partita IVA 0749205773

E

Ciro Martini, nato a Palermo il 21/11/1996, residente a Palermo, piazza Luciani n. 29, Codice fiscale MRTCRI96S21G273D

CONVENGONO QUANTO SEGUE:

1. OGGETTO, MANSIONI, INQUADRAMENTO

Il Sig. Ciro Martini è assunto per le seguenti mansioni: assistenza in operazioni di restauro, senza responsabilità diretta, con inquadramento nel livello 3 del CCNL n. 78/2012.

L'assunzione in prova decorre dal 1° marzo 2015 e dura tre mesi, durante i quali ciascuna delle parti sarà libera di recedere dal contratto senza obbligo di preavviso. Il 1° giugno l'assunzione diventerà a tempo indeterminato.

2. LUOGO E ORARIO DI LAVORO

Il Lavoratore è assegnato al laboratorio in via Tinozzi n. 34 a Palermo.

L'attività lavorativa potrà avvenire anche in luoghi diversi.

L'orario di lavoro è di 40 ore settimanali e può essere modificato per esigenze organizzative. È previsto un periodo di ferie di 21 giorni lavorativi.

Il Datore di lavoro dichiara di applicare tutte le norme in vigore in materia di sicurezza sul lavoro secondo il decreto n. 81/2008.

3. TRATTAMENTO ECONOMICO

La retribuzione mensile è di 2.400 euro e comprende IRPEF, TFR, IRAP, contributi INPS e SSN.

La retribuzione sarà corrisposta per 13 mensilità.

Calogero Piantone

Ciro Martini

2 **Il foglio alla pagina precedente è il contratto di lavoro di Ciro, che è un ragazzo fortunato perché ha trovato lavoro e perché va a fare il mestiere che gli piace: il restauratore.**

Cerchiamo di capire insieme la prima parte del testo.

a. ***Lavoro subordinato***: *sub* significa "sotto", quindi il lavoro di Ciro è di livello ○ alto ○ basso

b. ***A tempo indeterminato***: è la cosa più importante per i lavoratori dipendenti, cioè quelli che dipendono da un'azienda; *indeterminato* significa che il contratto è:
○ valido per un certo tempo
○ senza indicazione di tempo

c. ***Legale rappresentante***: è la persona che rappresenta l'azienda di fronte alla legge, cioè il signor ....

d. ***Sede legale***: è il luogo dove si trova l'azienda.
La sede legale dell'azienda è in:
○ via Tinozzi ○ piazza Luciani

e. ***Convengono quanto segue***: nell'italiano "legale", cioè quello della legge, *convenire* significa "essere d'accordo". Quindi la frase significa "sono d'accordo su quello che segue", cioè sui tre punti del contratto che seguono.

3 **Ora cerchiamo di capire altre parole del testo.**

a. ***Oggetto***: un contratto ha un *oggetto*, qualcosa sul quale si è d'accordo; l'oggetto è il fatto che Ciro è *assunto*, cioè ha un posto di lavoro nell'azienda ....

b. ***Mansioni***: sono le cose che Ciro deve fare, cioè:
○ fare assistenza, senza essere responsabile
○ fare un lavoro dove lui è responsabile

c. ***Inquadramento***: il CCNL ha vari livelli, che dipendono dal tipo di lavoro, da quanto tempo una persona è in un'azienda ecc.; ogni lavoratore assunto a tempo indeterminato è *inquadrato*, cioè inserito in un certo livello. A che livello è Ciro?
....

d. ***Assunzione in prova***: il signor Piantone deve capire se Ciro è bravo e Ciro deve capire se il lavoro gli piace: quindi l'assunzione è *in prova* per .... mesi e diventa completa il giorno ....

e. ***Ciascuna delle parti***: le *parti* sono le due persone che hanno firmato il contratto, cioè il datore di lavoro, **sig.** ...., e il lavoratore, sig. ....

f. ***Recedere senza obbligo di preavviso***: poter rompere il contratto (*recedere* significa "tornare indietro") senza avere l'*obbligo*, cioè il dovere, di pre-avvisare; *pre* significa *prima*, quindi senza dover informare l'altra parte alcuni giorni prima.

sig. / sig.ra
Sig. sta per signor(e).
Sig.ra sta per signor(a).

Queste sono le sigle (cioè parole fatte dalle lettere iniziali di altre parole) che hai trovato nel contratto.

▸ **IVA Imposta sul Valore Aggiunto**
È una tassa comune in tutto il mondo: si chiama VAT in inglese, MwSt./USt in tedesco, TVA in Francia, 增值税 in Cina, НДС in Russia ecc.
Paghi l'IVA quando compri qualcosa: per i cibi è 2/10%, per altre cose è al 22%.

▸ **CCNL Contratto Collettivo Nazionale di Lavoro**
Un'azienda non può pagare un lavoratore meno di quello che c'è nel contratto che riguarda tutti i lavoratori di un settore (*collettivo* vuol dire questo).

▸ **IRPEF Imposta sul Reddito delle Persone Fisiche**
Le *imposte*, che normalmente si chiamano *tasse*, sono calcolate sul *reddito*, cioè su quello che una persona ha guadagnato in un anno di lavoro.

▸ **TFR Trattamento di Fine Rapporto**
Quando un lavoratore dipendente va in pensione o cambia lavoro, quindi c'è la fine del rapporto di lavoro, riceve più o meno lo stipendio di un mese per ogni anno che ha lavorato in quell'azienda. Spesso si dice *liquidazione*, non TFR.

▸ **IRAP Imposta Regionale sulle Attività Produttive**
È una tassa regionale ed è pagata dalle aziende.

▸ **INPS Istituto Nazionale della Previdenza Sociale**
Una persona *previdente* è attenta al futuro e si organizza per non rimanere senza cibo, senza casa e senza soldi. Questo istituto nazionale è "previdente per tutti" (per questo è *sociale*, cioè riguarda la società) e dà la pensione a chi ha più di 67 anni. Ogni mese l'azienda toglie dallo stipendio dei lavoratori una parte, che è il *contributo INPS*.

▸ **SSN Servizio Sanitario Nazionale**
In Italia è obbligatorio dare un *contributo*, cioè una parte dello stipendio, per avere il medico, le medicine e gli ospedali senza pagare: il diritto alla salute è scritto nella Costituzione italiana.

4 **Calogero Piantone spiega a Ciro come è organizzato il lavoro e quanto è lo stipendio mensile.**

a. Incominciamo con l'**organizzazione del lavoro**. Leggi questa parte del dialogo:

Piantone	Ciro, leggi qua, il punto 2: vedi? Il tuo posto di lavoro è qui, in laboratorio, ma accetti di andare a lavorare anche fuori...
Ciro	Cioè... è quando restauriamo un palazzo o una chiesa, giusto?
Piantone	Esatto.

Fin qui è tutto chiaro? Spiega al tuo compagno quello che hai capito e controllate se siete d'accordo.

b. Adesso Ciro e il sig. Piantone parlano dell'**orario di lavoro**. Si parla anche di *straordinari*: se un giorno c'è bisogno di lavorare 10 ore oppure se bisogna lavorare nel weekend, le ore in più sono gli *straordinari*. Leggi il dialogo:

Piantone	L'orario di 40 ore, che è quello solito dei lavoratori, normalmente è di 8 ore al giorno, da lunedì a venerdì, ma se c'è bisogno possiamo anche cambiare...
Ciro	E se devo lavorare più delle 40 ore?
Piantone	Scegli tu: posso pagartele come straordinario o puoi usare quelle ore come permessi, per stare a casa o andare dove vuoi tu.
Ciro	E le ferie? Posso prenderle quando voglio?
Piantone	Noi chiudiamo il laboratorio 3 settimane all'anno, in Agosto, e quindi quelle 3 settimane sono di ferie per tutti. Gli altri 6 giorni li puoi prendere quando vuoi, ma dobbiamo essere d'accordo...
Ciro	Naturalmente: non posso andare in vacanza se dobbiamo consegnare un lavoro urgente!

Come vengono pagate le ore in più? In due modi:

- Il sig. Piantone può ....
....
- Ciro può usare quelle ore come ....
....

Tutto chiaro? Confronta la tua comprensione con il tuo compagno.

c. Passiamo all'ultima parte del dialogo:

Ciro	Ah, scusi, che cosa è questo decreto n. 81/2008?
Piantone	È il regolamento per la sicurezza sul lavoro. Lo devi studiare e devi fare un corso di 4 ore sulla sicurezza; è un corso obbligatorio. E poi c'è il trattamento economico...
Ciro	Cioè lo stipendio! 2.400 euro? Ma lei mi ha detto che il primo anno sono 1.100 al mese...
Piantone	Sì, tu prendi 1.100, ma a me costi 2.400, perché ci sono tutte le tasse – IRPEF, IRAP – e poi il TFR e i contributi INPS e SSN...
Ciro	Cavolo! E a Dicembre prendo anche la tredicesima?
Piantone	Sì, è un po' meno di uno stipendio intero, ti vengono circa 1.000 euro, così puoi fare i regali di Natale!

Rispondi alle domande:

- Si parla della **sicurezza sul lavoro**: cosa deve fare Ciro? ....
....
- Quanto **guadagna** Ciro ogni mese? ....
- Quanto **costa** Ciro all'azienda ogni mese? ....
....

Confronta la tua comprensione con il tuo compagno.

5 **Ascolta l'intera conversazione nell'AUDIO 148. È una conversazione difficile, quindi forse è meglio ascoltarla due volte. Poi ripeti le battute ascoltando l'AUDIO 149.**

Dopo aver ascoltato e ripetuto, recita il dialogo con un tuo compagno. L'insegnante sceglie due coppie per recitarlo davanti a tutta la classe, e voi decidete tutti insieme quale coppia è da Oscar!

6 **L'insegnante sceglie alcuni di voi per leggere ad alta voce il contratto. Se non capite, interrompete chi sta leggendo solo alla fine di ogni battuta.**

Analisi

7 ***Che*: una parola piccola ma importantissima.**

Hai trovato molto spesso la parola *che*: è bene ragionare su questa parola, che ha almeno tre significati differenti. Nelle pagine che hai appena studiato hai trovato la parola *che* sottolineata con colori diversi.

8 **Indica se il *che* è pronome interrogativo (I), congiunzione (C) o pronome relativo (R).**

a. Il contratto *che* ho firmato mi piace. Ⓘ Ⓒ Ⓡ
b. *Che* cosa significa "recedere"? Ⓘ Ⓒ Ⓡ
c. *Che* tipo di testo è questo? Ⓘ Ⓒ Ⓡ
d. Una cosa *che* devi conoscere è il CCNL. Ⓘ Ⓒ Ⓡ
e. Il CCNL, *che* è importante, è complicato. Ⓘ Ⓒ Ⓡ
f. Ha detto *che* prendo 2.400 euro! Ⓘ Ⓒ Ⓡ

▸ *Che* serve per **iniziare una domanda**. Completa queste frasi che hai trovato nelle pagine precedenti:
a. .... tipo di testo è?
b. A .... livello del CCNL è inquadrato Ciro?

Spesso si trova la forma completa ***che cosa?***, altre volte si trova solo ***cosa?***:
c. .... cosa è questo decreto n. 81/2008?
Hai visto *che* usato come **pronome interrogativo** in **P4**, insieme a *chi?*, *quando?*, *quanto?*, *perché?* ecc.

▸ *Che* **introduce l'oggetto di un verbo**, cioè dice *che cosa* una persona ha detto, visto, fatto, chiesto ecc.
Nelle pagine precedenti hai trovato queste frasi:
a. *Indeterminato* significa .... il contratto è senza indicazione di tempo.
b. Lei mi ha detto .... il primo anno sono 1.100 al mese...
Siccome questo uso di *che* serve a congiungere, cioè a unire il verbo con la frase seguente, *che* è chiamato **congiunzione**.

▸ *Che* è un **pronome relativo**, che può essere sostituito da ***il quale, la quale, i quali, le quali***. Completa le seguenti frasi, che hai trovato nelle pagine precedenti, usando queste ultime forme al posto di *che*:
a. Ciro, ... è un ragazzo fortunato perché ha trovato lavoro.
b. Il CCNL ha vari livelli, ... dipendono dal tipo di lavoro.
c. Le *parti* sono le due persone .... hanno firmato il contratto.

Sintesi

9 **Queste persone hanno trovato lavoro. Ascolta l'AUDIO 150 e unisci le foto che indicano le professioni ai disegni inserendo il numero corrispondente. Poi controlla con il tuo compagno.**

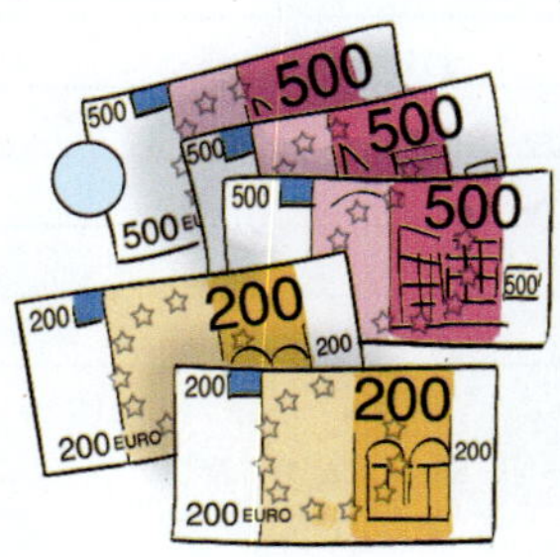

Ascolta ancora l'audio per controllare se hai fatto tutto giusto. A casa puoi riascoltare i dialoghi e se qualcosa non è chiaro la prossima volta lo chiedi all'insegnante.

10 Hai trovato un lavoro: telefona a un tuo amico (il tuo compagno) e raccontagli tutto.

Prendi degli appunti per essere più sicuro di te.

mestiere: ....

tipo di azienda: ....

orario: ....

stipendio: ....

come ti senti: ....

quando cominci: ....

11 Adesso trasforma la telefonata dell'esercizio 10 in una mail.

Nuovo messaggio

A

Cc Ccn

Oggetto *Ho trovato un lavoro!*

Sans Serif

Invia

12 In questo Passo hai trovato molte parole nuove e importanti. Ricordi queste parole? Se vuoi, a casa scrivi sul quaderno le parole corrispondenti nella tua lingua madre.

assumere (assunto), assunzione, (in) prova • contratto, firmare, accettare • lavoro, lavoratore, azienda, datore di lavoro, dipendente • orario, straordinario, permesso, ferie • responsabile, responsabilità, obbligo, sicurezza • stipendio, contributo, tassa, guadagnare • (essere d') accordo • cambiamento, vita • regalo • salute • sigla

13 Controlla se ricordi tutte le parole degli esercizi di lessico di P7-P12.

Sottolinea con la matita quelle che non ricordi. Tra qualche giorno, controlla ancora e cancella la matita dalle parole che ricordi bene.

GI.8 | Guardiamoci intorno

La scuola

Ciro ha fatto un corso di formazione professionale per diventare restauratore. Prima del corso, ha preso un diploma di liceo artistico a 19 anni. Vediamo insieme come è organizzata la scuola in Italia.

Scuola materna (asilo)

Vanno alla scuola materna i bambini dai 3 ai 5 anni. In Italia gli asili non sono sufficienti per rispondere alla domanda delle famiglie, che è molto forte soprattutto quando tutti e due i genitori lavorano.

Scuola elementare

Nell'italiano legale si chiama *scuola primaria*, ma tutti la chiamano *elementare* perché dà i primi elementi della conoscenza: i bambini imparano a leggere, a scrivere e a usare i numeri; studiano un po' di inglese e hanno le prime informazioni di storia, geografia, scienze e disegno.

L'università

L'università italiana ha il modello 3-2-3: una laurea di 3 anni che corrisponde al BA internazionale; la laurea magistrale di 2 anni, che corrisponde al MA; il dottorato di ricerca di 3 anni, che corrisponde al PhD. Molte università italiane hanno la sede in antichi palazzi dei centri storici, ma le facoltà scientifiche sono in palazzi moderni, spesso in periferia.

Scuola media

Sono 3 anni fondamentali della vita: gli studenti entrano alle medie che sono ancora dei bambini ed escono che sono dei ragazzi. Alla scuola media (o *scuola secondaria di primo grado*) ci sono vari professori: di italiano, storia e geografia, di inglese e della seconda lingua straniera, di matematica, geometria e scienze, di arte, musica ed educazione fisica.

Scuola superiore

La scuola superiore (o *scuola secondaria di secondo grado*) non è obbligatoria e dura 5 anni. Ci sono i *licei* (classico, scientifico, artistico e linguistico), che preparano all'università; gli *istituti tecnici* (commerciale, turistico, industriale e alberghiero), che formano specialisti ma permettono anche di andare all'università; gli *istituti professionali*, che durano solo 3 anni e formano operai e lavoratori specializzati.

1 Alcune parole importanti da ricordare.

scuola materna / asilo, elementare, media, superiore • diploma, liceo, istituto tecnico, istituto professionale, operaio • università, laurea, facoltà, ricerca • classico, scientifico, artistico, linguistico • turistico, commerciale, industriale, alberghiero • storia, geografia, matematica, geometria, scienze, arte, musica, educazione fisica

P27 / Ventisette | Kirsti compra dei vestiti per l'estate

▶ Kirsti arriva a Verona in **autunno**: non fa molto freddo, bastano jeans e una maglia calda... ma serve l'ombrello, perché l'autunno è piovoso!

▶ A Verona l'**inverno** è freddo, c'è vento e spesso nevica, ma la neve con il sole è bellissima: basta avere piumino, sciarpa e berretto.

▶ La **primavera** è molto variabile: nello stesso giorno c'è nebbia al mattino, fa caldo a mezzogiorno, poi si annuvola nel pomeriggio e piove la sera!

▶ Sta arrivando l'**estate** e Kirsti deve comprare vestiti leggeri: una gonna, una maglietta, scarpe da ginnastica e occhiali da sole!

Comprensione

1 Forse ricordi, dal P19, che Kirsti ha l'abitudine di parlare ad alta voce anche se è sola, per ricordare meglio le cose.

Leggi la trascrizione e scrivi il nome sotto a ognuna delle cose che Kirsti nomina.

Allora, vediamo un po'... jeans leggeri, perché i jeans che ho portato dalla Finlandia sono pesanti. E poi anche una gonna chiara e una più scura. Sì.
Magliette: ne ho una, due, tre, quattro... mah, se ne trovo una bella la compro. Quest'estate voglio usare anche delle camicie, che sono più fresche.
E poi due **paia** di scarpe da ginnastica, un **paio** chiaro e uno scuro. E calzini cortissimi. Ma vorrei anche un paio di scarpe belle, con il tacco alto, e... ah, sì, mi servono anche dei collant.
Credo che così sono a posto, per ora. I costumi da bagno li compro quando vado al mare. Gli occhiali da sole li ho già.

1 paio / 2 paia

Paio indica una **coppia di oggetti**, per esempio di scarpe o calzini. Al plurale fa *paia*.

Adesso ascolta l'AUDIO 151 e segui il testo con gli occhi. Finito l'ascolto, vai all'AUDIO 152 e ripeti quello che Kirsti pensa ad alta voce.

2 **Nelle descrizioni dei vestiti di Kirsti nelle diverse stagioni ci sono questi vestiti e oggetti che servono per coprirci: scrivi il loro nome vicino alle figure alle quali si riferiscono, poi ascolta l'AUDIO 153.**

....

....

....

....

....

....

3 **Ascolta ancora l'AUDIO 153 e questa volta cerca di capire le parole che descrivono il clima. Per prepararti all'ascolto, unisci le parole ai disegni ai quali si riferiscono inserendo i numeri corrispondenti.**

1

2

3

○ ci sono le nuvole
è nuvoloso
annuvolarsi

○ nevica
neve

○ fa freddo
c'è freddo
è freddo

○ c'è nebbia
è nebbioso

○ è piovoso, piove
pioggia

○ fa caldo
c'è caldo

4

5

6

Analisi

4 **Per parlare dei vestiti servono degli aggettivi per descrivere le loro qualità. Scrivi gli aggettivi sotto le coppie di oggetti corrispondenti.**

~~fresco~~ / caldo • chiaro / scuro • leggero / pesante

5 **E poi, parlando di vestiti, ci sono degli altri aggettivi fondamentali: i colori!**

In **GI.3** abbiamo già visto i colori.
Ma i colori dei vestiti sono molti di più: spesso i colori *chiari* o *scuri* hanno dei nomi particolari, non basta dire *rosso chiaro* o *verde scuro*.

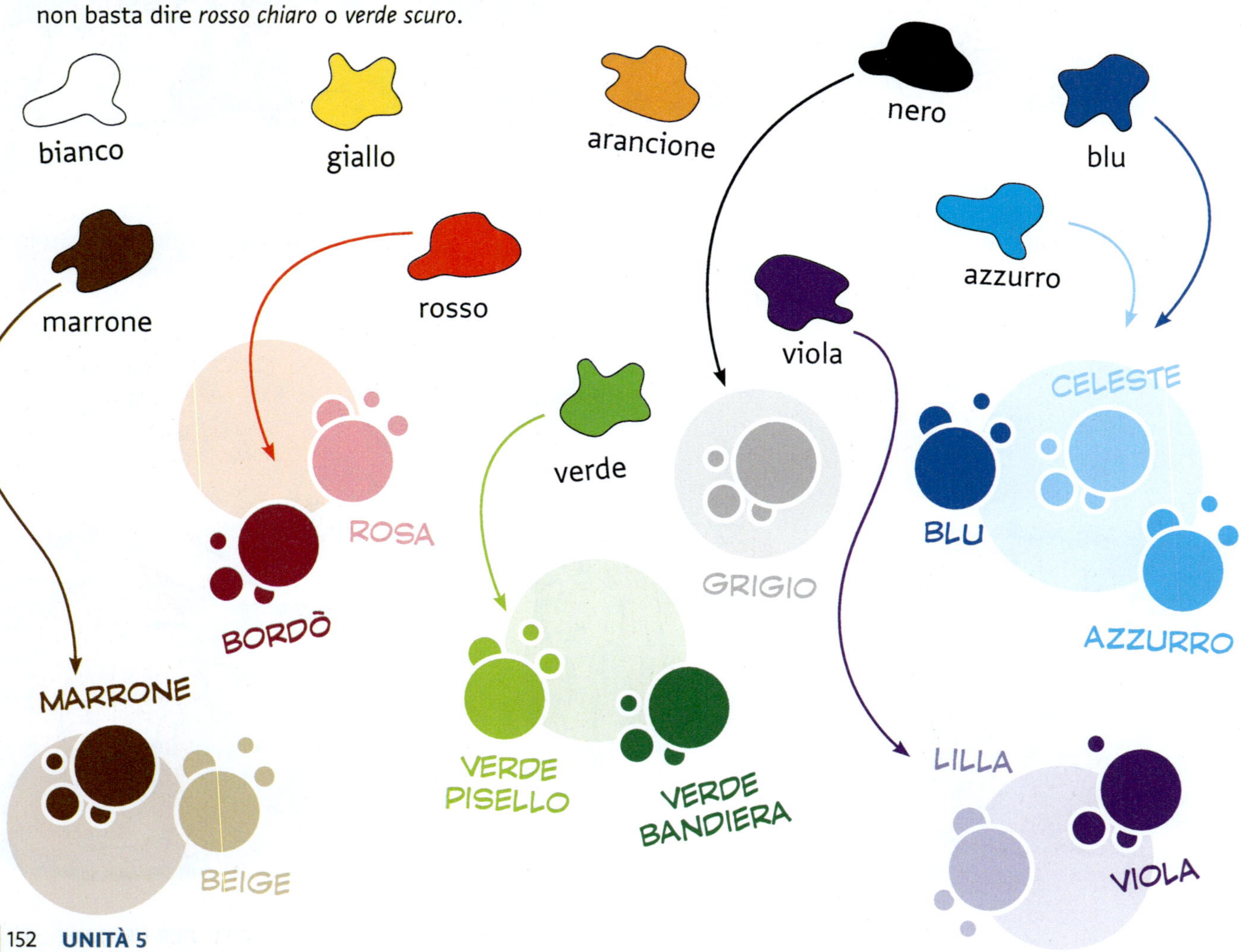

6 Una sintesi sui pronomi relativi.

Puoi imparare molte cose dell'italiano anche nelle "consegne", cioè le istruzioni degli esercizi. Per esempio, completa queste due consegne:

a. Scrivi il loro nome vicino alle figure .... si riferiscono. (→ **ES. 2**)
b. Unisci le parole ai disegni .... si riferiscono. (→ **ES. 3**)

Le forme che hai inserito, cioè ***alle quali*** e ***ai quali***, sono i **pronomi relativi** dei quali abbiamo parlato in **P26 (ES. 7)**. Come vedi, oltre all'articolo, davanti a *quale* puoi usare le **preposizioni articolate** (→ **P10**).

Sintesi

7 Inserisci la forma corretta di *quale*, con l'articolo o con la preposizione articolata.

a. È una donna ....dalla.... .... si imparano sempre molte cose.
b. È una di quelle persone con .... mi piace parlare.
c. Non parla mai di cose .... non è ben informata.
d. E le cose delicate le dice solo a persone ....alle.... .... può chiedere di non dire niente ad altre persone.
e. Sa che ci sono delle persone per .... è impossibile non dire quello che sanno, e a lei queste persone non piacciono!

Vedi questa signora? La sua camicia è di un bel rosa, e in mano ha una rosa.

Il **colore *rosa*** è
○ maschile ○ femminile

La ***rosa*** come fiore è
○ maschile ○ femminile

In questo caso il colore del vaso è *viola* scuro, e il fiore è una *viola*.

Hai appena scoperto una regola dell'italiano: i nomi dei **colori** sono **tutti maschili**!

8 Descrivi i vestiti di un compagno di classe.

Il tuo compagno deve indovinare chi stai descrivendo.
Poi il tuo compagno descrive qualcuno e tu devi indovinare chi è. Alla fine l'insegnante chiama alcuni di voi e questo diventa un gioco di classe.

9 Mostratemi qualcosa di colore... rosso!

L'insegnante dice questa frase e tutti dovete mettere sul banco qualcosa di rosso o mostrare un vestito con del colore rosso. Se l'insegnante chiede ancora qualcosa di rosso, non potete più mostrare le cose o i vestiti che avete già mostrato. Chi non ha niente del colore che l'insegnante chiede è eliminato! Vince l'ultimo che ha qualcosa da mostrare.

10 Queste sono le parole che devi ricordare dopo questo Passo, ma se ne ricordi di più è meglio! Se vuoi, a casa, scrivi sul quaderno le parole corrispondenti nella tua lingua madre.

- stagione, autunno, inverno, primavera, estate • piovere, pioggia, piovoso, ombrello, nevicare, neve • nebbia, nebbioso, nuvola, nuvoloso
- vestito leggero / pesante / caldo / fresco • maglia, maglietta, camicia • piumino, sciarpa, berretto • jeans, gonna, calzino, collant • scarpe da ginnastica, scarpe con il tacco, paio / paia • occhiali da sole
- colore chiaro, colore scuro • rosso, rosa, bordò • verde bandiera, verde pisello • marrone, beige • celeste, azzurro, blu • viola, lilla

11 Controlla se ricordi tutte le parole degli esercizi di lessico di P13-P18.

Sottolinea con la matita quelle che non ricordi. Tra qualche giorno, controlla ancora e cancella la matita dalle parole che ricordi bene.

P28 / Ventotto | Mary, perché studi italiano?

Perché ci sono circa 750.000 persone che studiano italiano nel mondo?

a. Quali di queste ragioni ti hanno portato a studiare l'italiano? ....

....

b. Ci sono altre ragioni? ....

....

Comprensione

1 **Ricordi Mary? L'abbiamo trovata nell'UNITÀ 2. Trova i suoi dati e trascrivili.**

- Nome e cognome ....
- Nazionalità ....
- Studia italiano a ....
- La scuola si chiama ....
- Il suo livello di italiano è ....
- La sua insegnante è ....

2 **Adesso ascolta l'AUDIO 154: un giornalista sta intervistando Mary sulle ragioni che l'hanno portata a Firenze a studiare italiano. Ci sono quattro cose dell'Italia che le piacciono molto:**

a. ....
b. ....
c. ....
d. ....

3 **L'intervista è lunga, ma certamente hai capito il senso generale. Riascolta l'AUDIO 154 leggendo il testo dell'intervista.**

La canzone che il giornalista aggiunge all'intervista ti aiuta a capire che cosa è il *compleanno*.

Giornalista Oggi presentiamo agli ascoltatori di Radio Firenze un servizio sugli stranieri che studiano italiano nella nostra città. Ci sono molte scuole, ci sono più di 30 università straniere, e i fiorentini sono abituati agli studenti che si sforzano di parlare italiano: li aiutano a trovare le strade, gli danno indicazioni per ristoranti o musei.
Ma perché tanti stranieri vengono qui da noi? Che cosa gli interessa del nostro Paese e della nostra lingua? Lo chiediamo ad alcuni studenti. Buon giorno.

Mary Buon giorno.

Giornalista Da dove viene, signora...

Mary Mary O'Leash. Vengo da Dublino, in Irlanda.

Giornalista Tutti pensano agli studenti di italiano come a ragazzi, studenti universitari... non diciamo la sua età, ma lei non è una ragazzina...

Mary Posso dire la mia età senza problemi: ho 50 anni e questo mese a Firenze è il regalo per il mio compleanno, che è domani.

Giornalista Oh, tanti auguri, Mary... un momento! Lei non sa che cosa hanno sentito i nostri ascoltatori. Può scoprirlo ascoltando Radio Firenze alle 17.30.
Torniamo sul tema dell'italiano: perché le piace l'Italia?

Mary Io lavoro in banca. Passo tutto il giorno a parlare di soldi, in una città dove piove sempre... allora, quando torno a casa ascolto le opere italiane, guardo le foto che ho fatto qui in vacanza con il vostro sole, sfoglio i miei libri sull'arte italiana, mi faccio una pasta con il ragù, che ho imparato a fare a Bologna.

Giornalista Arte, opera...

Mary Tutta la musica, non solo l'opera: mi piacciono anche i vostri cantanti... quelli che scrivono anche i testi, come si chiamano...

Giornalista I cantautori. Quindi: musica, arte, sole e buona cucina. È questa l'Italia, per lei.

Mary So bene che non è solo questa, l'Italia: c'è la crisi, ci sono i disoccupati... ma la crisi e i disoccupati ce li abbiamo anche in Irlanda. Ma qui, per qualche settimana, posso dimenticare la banca, la crisi e la pioggia!

4 **L'intervista è difficile. Per capirla meglio, ascolta e ripeti l'AUDIO 155 e a casa fai un dettato usando questo audio: scrivere aiuta la memoria!**

5 **Ascolta nell'AUDIO 156 alcune parti delle altre interviste fatte da Radio Firenze.**

a. Guarda le foto e scrivi il numero dell'intervista corrispondente.

....
....

....
....

....
....

....
....

b. Ascolta ancora l'audio e scrivi sotto alle foto da dove vengono le persone intervistate: Ciad, Marocco, Cina e Ucraina.

c. Ascolta l'ultima volta e scrivi chi fa la cantante, chi fa il meccanico, chi è una badante e chi ha chiesto asilo politico perché nel suo Paese c'è la guerra.

Analisi

6 Studiamo le parole che servono a unire, a "connettere".

I "connettori" (che in grammatica sono avverbi, congiunzioni ecc.) sono importantissimi per costruire un testo, per unire le frasi. Conosci molti connettori e li hai capiti senza problemi negli audio di questo Passo.

Leggi queste frasi (che hai trovato negli **AUDIO 154 E 156**) e di' che cosa significano i connettori, come nell'esempio.

a. *Ci sono **più di** 30 università straniere.*
Più di è una quantità
☑ più grande ○ uguale ○ più piccola

b. ***Perché** tanti stranieri vengono qui da noi?*
Perché chiede
○ il tempo ○ il luogo ○ la ragione

c. *Sono qui a Firenze **perché** studio canto.*
Perché spiega
○ il tempo ○ il luogo ○ la ragione

d. *Mi piace Firenze... **ma** fa troppo freddo.*
Ma unisce due cose
○ legate tra di loro ○ contrarie

e. *Ho 50 anni **e** questo mese a Firenze è il regalo per il mio compleanno.*
E unisce due cose
○ legate tra di loro ○ contrarie

f. *Lei non sa **che cosa** hanno sentito i nostri ascoltatori.*
Che cosa unisce un verbo alla frase seguente, che indica
○ oggetto ○ tempo

g. *Una città **dove** piove sempre...*
Dove indica
○ la ragione ○ il luogo ○ il tempo

h. ***Quando** torno a casa ascolto le opere italiane.*
Quando indica
○ la ragione ○ il luogo ○ il tempo

i. *Guardo le foto **che** ho fatto qui in vacanza.*
Che lega le due frasi
○ prendendo il posto di un nome
○ ripetendo il nome

j. *Tutta la musica, **non solo** l'opera.*
Non solo indica che
○ ci sono altre cose
○ non ci sono altre cose

k. *Mi piacciono **anche** i vostri cantanti.*
Anche indica che
○ ci sono altre cose
○ non ci sono altre cose

l. ***Quindi**: musica, arte, sole e buona cucina.*
Quindi indica che si fa
○ un riassunto
○ una domanda

7 Completa il testo inserendo i connettori adatti.

Sono ...*più di*... due anni che sono in Italia, un Paese .... ormai mi sembra casa mia .... gli italiani sono come noi greci.
Ho lasciato la Grecia .... con la crisi non c'è più lavoro, ... anche perché ho voglia di vedere il mondo. Lei non sa .... ho dovuto fare i primi tempi per vivere! .... adesso ho un lavoro. Ho anche una ragazza .... spero di andare presto a vivere con lei!
Mi piacciono le cose belle di Firenze, ... anche quelle meno belle: il traffico, i turisti.
È una città .... mi trovo bene .... dove voglio vivere con la mia ragazza e i miei figli. Sì, ... voglio due, tre bambini. Mi piacciono i bambini.
...................., riassumendo: sono arrivato per disperazione, ... resto per amore!

8 *Perché* indica la ragione, cioè la causa di un'azione.

In molte lingue, come in inglese e in francese, si usano due parole differenti per:

- **chiedere** il perché: *why?*, *pourquoi?*
- **dire** il perché: *because*, *parce que*.

C'è questa differenza anche in italiano? ○ sì ○ no

9 ***Perché*, *quindi*, *dunque*, *allora*, *e*: questi connettori possono connettere la causa all'effetto, alla conseguenza, come nei fumetti.**

a. Nel fumetto in alto, il connettore ***e*** unisce
- ○ causa + effetto
- ○ effetto + causa

b. Nel fumetto in basso, il connettore ***perché*** unisce
- ○ causa + effetto
- ○ effetto + causa

Quindi*, *dunque*, *allora funzionano come ***e***: presentano **prima la causa** e **poi l'effetto.**

Sintesi

10 **Conosci altri connettori, non solo quelli studiati nell'esercizio 6. Unisci a ogni connettore arancione i connettori verdi corrispondenti.**

11 **Completa il presente dei tre verbi in *-ire*, che hai trovato in questa Unità.**

	unire	*inserire*	*sostituire*
(io)	unisco	....	....
(tu)	....	inserisci	....
(lui / lei)	....	....	sostituisce
(noi)	uniamo	....	....
(voi)	....	....	sostituite
(loro)	....	inseriscono	....

Certamente ricordi che i verbi della **3ª coniugazione**, quelli che finiscono in *-ire*, sono di due tipi:
- alcuni sono **regolari**;
- altri inseriscono ***-isc-*** nelle tre persone singolari (*io*, *tu*, *lui / lei*) e nella terza persona plurale (*loro*).

12 **A quale gruppo appartengono questi verbi di terza coniugazione? Mettili nella scatola giusta, come nell'esempio.**

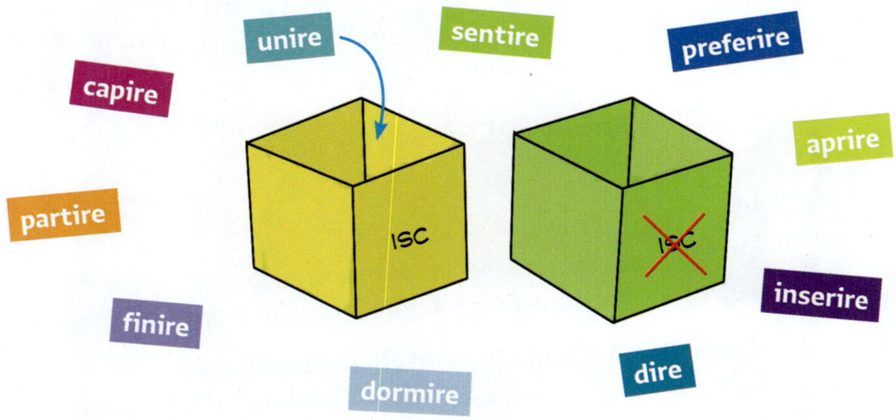

13 **Per ricordare bene le parole e le forme che hai trovato nell'intervista (→ ES. 3), recitala con un compagno.**

14 **Ci sono molte parole importanti in questo Passo. Controlla se le hai imparate e, se vuoi, a casa scrivi le parole corrispondenti nella tua lingua madre.**

- asilo politico, immigrato, disperazione • crisi, disoccupato
- compleanno, regalo, augurio • giornalista, intervista, servizio • opera, moda, cucina • cantante, cantautore • ascoltatore, fiorentino • traffico
- unire, inserire, sostituire • indicare
- connettere, connettore • causa, effetto • contrario

15 **Controlla se ricordi tutte le parole degli esercizi di lessico di P19-P24.**

Sottolinea con la matita quelle che non ricordi. Tra qualche giorno, controlla ancora e cancella la matita dalle parole che ricordi bene.

P29 / Ventinove | Parla del tuo mondo

Comprensione

mentre
Ha due significati:
- durante, allo stesso tempo;
- invece, al contrario.

1 Ascolta queste descrizioni che alcuni studenti stranieri fanno del loro Paese e svolgi le attività proposte.

Per aiutarti ti diamo delle parole chiave. Con i tuoi compagni, e con la guida dell'insegnante, cerca di capire il loro significato. Poi **mentre** ascolti trova le informazioni che ti chiediamo.

a. Ascolta l'AUDIO 157 a occhi chiusi e cerca di capire il significato generale.
b. Da dove viene Krimo?
....
c. A quale parte dell'Italia assomiglia il suo Paese?
- ○ Sud
- ○ Centro
- ○ Nord

d. A Krimo piacciono
- ○ le città grandi come Tunisi
- ○ le città più piccole, più tranquille

e. Dopo aver risposto alle domande (e non prima, e neanche mentre ascolti!), leggi il testo e inserisci le parole chiave.
f. Alla fine, ascolta ancora l'audio per controllare le parole che hai inserito.

(A)

Krimo (AUDIO 157)

antico • ~~assomigliare~~ • carne di maiale • colonia • colonizzare • musulmano • padrone • quasi • tranquillo

Ciao. Mi chiamo Krimo e sono tunisino.
La Tunisia è in Africa, ma in molte cose ...assomiglia... al Sud d'Italia: clima mediterraneo, mare stupendo, molti monumenti .... In Tunisia ci sono stati i Greci e i Romani, e poi gli Arabi.
E la cucina tunisina è quasi come quella del Sud, ma noi non usiamo molto la pasta e non usiamo mai la .... perché siamo ....
Tunisi è una grande città e ha tutti i problemi delle grandi città, ma ci sono tante città più piccole, dove la vita è più ....
Io sono di Tunisi, ma a me piacciono le città piccole.
Studio italiano perché in Tunisia ci sono .... più italiani che in Italia! A noi piacciono gli italiani perché non ci hanno mai ...., mentre i francesi si sentono ancora un po' i nostri ...., anche se non siamo più una .... francese dal 1956.

(B)

Manuela (AUDIO 158)

capitale • mondiale • cocaina • coltivare • confine • costruire • droga • fiore • foresta • onesto

Ciao. Mi chiamo Manuela, ma tutti mi chiamano Manola.
Sono di Bogotà, la .... della Colombia. Tutti pensano che Bogotà sia la capitale .... della ...., della ....*... bueno*, è vero, c'è anche la cocaina. Ripeto: *anche* la coca. Ma ci sono anche tante persone ...., che lavorano, che insegnano, che .... case, che .... caffè, ..., mais...
Il mio Paese è in gran parte nelle Ande, che sono montagne bellissime, come le Alpi italiane; ma una parte della Colombia è nella ...., al .... con il Brasile: grandi fiumi, laghi... L'Italia è bellissima, ma anche la Colombia è un bel Paese!

a. Ascolta l'AUDIO 158 a occhi chiusi e cerca di capire il significato generale.
b. Insieme al tuo compagno, ricostruisci il racconto di Manuela, mettendo insieme le cose che vi ricordate.
c. Completa questo riassunto: Manuela viene da ...., in Colombia. La Colombia ha una parte sulle .... e una parte nella ....
d. Dopo aver completato il riassunto (e non prima, e neanche mentre ascolti), leggi il testo e inserisci le parole chiave.
e. Alla fine, ascolta ancora l'audio per controllare le parole che hai inserito.

a. Ascolta l'**AUDIO 159** a occhi chiusi e cerca di capire il significato generale.

b. Ricordi queste informazioni?

- Che cosa non piace a Marika della Polonia? ________________
- Marika è venuta in Italia perché si è innamorata di un uomo italiano o è venuta per lavoro e dopo si è innamorata? ________________
- In tutto il mondo pensano alla Cinquecento Fiat come a una macchina italiana: perché Marika parla della Cinquecento quando parla della Polonia? ________________

c. Dopo aver risposto alle domande (e non prima, e neanche mentre ascolti!), leggi il testo e inserisci le parole chiave.

d. Alla fine, ascolta ancora l'audio per controllare le parole che hai inserito.

Ⓒ

Marika (**AUDIO 159**)

bosco • fabbrica • forse • grano • innamorarsi • mentre • organizzare • parco • scambio commerciale • polacco • sembrare • terra

La Polonia... la Polonia è la mia nazione, e a me ________ il posto più bello del mondo. Ma il più bel sole è quello italiano, lo so! Mi sembra impossibile che ________ da noi piove, qui in Italia c'è il sole... La Polonia è una ________ dolce: ci sono molte colline, grandi fiumi, città antiche, ________ e ________ naturali - ma per mesi piove, per altri mesi nevica, e poi arriva l'estate e per qualche settimana c'è un caldo... caldissimo!
Sono qui a Milano da quasi sei mesi, lavoro per un'azienda di Cracovia e stiamo ________ degli ________: portiamo la vodka ________ in Italia e il vino italiano in Polonia. L'Italia compra in Polonia patate e ________ e la ________ della Cinquecento Fiat è in Polonia!
Al lavoro parlo in inglese, ma studio italiano perché quando vado a fare la spesa o quando prendo la brioche e il cappuccino al bar voglio parlare italiano, non inglese.
E adesso mi sono ________ della vostra lingua e di un bell'uomo italiano. ________ resto a Milano per sempre!

Ⓓ

Andrew (**AUDIO 160**)

vita • cemento • curva • diritto • grattacielo • guidare • migliaia • migliorare • morire • passare • pianura • teatro • vetro

Hi, I'm Andrew, sono Andrea, da Cleveland, Ohio, e sono qui perché sono un cantante d'opera e voglio ________ il mio italiano.
La mia città è come tutte le città americane, *downtown*, come si dice? In centro ci sono molti ________ e le strade sono piene di gente durante il giorno, ma quando ________ in centro di sera, per andare all'Opera House, a ________, mi sembra quasi di essere in un deserto di ________ e ________.
Nessuno cammina a piedi, ci sono solo taxi e qualche macchina. Mi piacciono le vostre città perché sono piene di gente, c'è casino, ________. Soprattutto le città piccole - io studio a Siena, dove ci sono ________ di studenti: sto bene, mi piace stare qui!
Ma non mi piacciono le vostre strade nelle colline, nelle montagne, con mille ________: sono abituato alla grande ________ americana, con le strade belle ________! Quando ________ in Toscana mi sembra di ________!

a. Ascolta l'**AUDIO 160** a occhi chiusi e cerca di capire il significato generale.

b. Ricordi queste informazioni?

- Che mestiere fa Andrew? ________________
- Che cosa non gli piace delle città americane? ________________
- Che cosa gli piace delle piccole città italiane? ________________
- Che cosa non gli piace della Toscana? ________________
- Dopo aver risposto alle domande (e non prima, e neanche mentre ascolti!), leggi il testo e inserisci le parole chiave.

c. Alla fine, ascolta ancora l'audio per controllare le parole che hai inserito.

2 **L'insegnante chiede a quattro di voi di leggere i testi dell'esercizio 1.**

Cercate di leggere in modo vivo, come attori e attrici. Alla fine la classe decide chi vince l'Oscar!

3 **Lavorando a coppie, trasformate due dei testi dell'esercizio 1 in interviste.**

Uno fa il giornalista e l'altro il personaggio, e poi il contrario. Alla fine, quattro coppie recitano le interviste di fronte alla classe.

Analisi

4 **In P18 hai imparato il modo di dire i tuoi gusti con il verbo *piacere*: facciamo un ripasso.**

In italiano il verbo *piacere* è indiretto (*L'Italia* ***mi*** *piace*; ***A me*** *piace l'Italia*), mentre in molte lingue è diretto (*I love Italy*).

Completa queste frasi, che hai trovato nelle presentazioni dei quattro studenti stranieri.

a. Io sono di Tunisi, ma *a me piacciono* le città piccole. (→ **ES. 1, KRIMO**)
b. .... gli italiani perché non ci hanno mai colonizzato. (→ **ES. 1, KRIMO**)
c. .... le vostre città perché sono piene di gente. (→ **ES. 1, ANDREW**)
d. Non .... le vostre strade nelle colline, nelle montagne. (→ **ES. 1, ANDREW**)
e. Sto bene, ... stare qui! (→ **ES. 1, ANDREW**)

Ricorda che se il **soggetto** è **plurale** (*le città*, *gli italiani*, *le strade*) il verbo *piacere* va al ....

5 **In questo Passo hai trovato un verbo che funziona come *piacere*: *sembrare*.**

Completa queste frasi che hai trovato nelle presentazioni dei quattro studenti stranieri.

a. *A me sembra* il posto più bello del mondo. (→ **ES. 1, MARIKA**)
b. .... impossibile che mentre da noi piove, qui in Italia c'è il sole. (→ **ES. 1, MARIKA**)
c. .... quasi di essere in un deserto di vetro e cemento. (→ **ES. 1, ANDREW**)
d. Quando guido in Toscana .... di morire! (→ **ES. 1, ANDREW**)

Il verbo *sembrare* significa che una cosa non è quello che... *sembra*, come in queste battute.

Nelle frasi *Il sole sembra una palla!* e *Il sole sembra un'arancia!* il soggetto (*il sole*) è singolare e quindi il verbo *sembrare* è al .... (*sembra*).
Ma nella frase *Quei ragazzi sembrano italiani*, il soggetto (*ragazzi*) è .... e quindi il verbo *sembrare* è al .... (*sembrano*).
Anche in questo caso, *sembrare* funziona come *piacere*.

Nelle frasi dei fumetti (***Mi*** *sembra di essere al Polo*; ***A me*** *sembra l'Alaska*) c'è la **persona** alla quale "sembra qualcosa". Quindi se vuoi aggiungere la persona, puoi usare i pronomi personali: le **forme "deboli"** (che vanno prima del verbo e si appoggiano al verbo anche nella pronuncia) o le **forme "forti"** (che vanno prima del verbo ma hanno un loro accento).

	forme deboli (atone)	forme forti (toniche)
singolare	mi, ti, gli / le	a me, a te, a lui / lei
plurale	ci, vi, gli	a noi, a voi, a loro

6 **Completa le frasi inserendo il verbo *sembrare*: fai attenzione al singolare e al plurale.**

a. La luna è piena e *sembra* giorno.
b. Le pianure americane .... senza fine.
c. Che caldo: .... di essere in Africa!
d. Quelle ragazze .... felici.

Adesso completa le frasi aggiungendo la persona a cui "sembra qualcosa"; usa la forma debole (*mi*) e quella forte (*a me*).

a. La luna è piena e *mi / a me sembra* giorno.
b. Le pianure americane .... senza fine.
c. Che caldo: .... di essere in Africa!
d. Quelle ragazze .... felici.

7 **Trasforma le frasi usando il verbo *sembrare* e indicando anche la persona, come nell'esempio.**

a. **Carlo**: "Forse è il cane della professoressa".
Gli sembra il cane della professoressa.
b. **Lucia**: "Forse è l'ora giusta".
Le sembra ....
c. **Noi**: "Forse è impossibile arrivare in orario".
....
d. **Io**: "Forse ho sbagliato".
.... *di avere* ....
e. **Loro**: "Forse hanno vinto".
.... *di avere* ....

Come vedi, se dopo *sembrare* c'è un verbo all'**infinito** devi mettere la **preposizione *di***.

Sintesi

8 **Facciamo una sintesi sul modo di comunicare l'incertezza.**

Spesso non possiamo essere sicuri di una cosa che ci *sembra* ma forse *non è*.
Hai lavorato sul verbo *sembrare*, ma ci sono altre parole per comunicare l'incertezza.

Completa le frasi usando queste parole.

a. **Forse** resto a Milano per sempre! (→ **ES. 1, MARIKA**)
b. .... è il cane della professoressa. (→ **ES. 7**)
c. Sono qui a Milano da **quasi** sei mesi. (→ **ES. 1, MARIKA**)
d. La cucina tunisina è .... come quella del Sud. (→ **ES. 1, KRIMO**)
e. Mi sembra .... di essere in un deserto di vetro e cemento. (→ **ES. 1, ANDREW**)

forse
Indica un'ipotesi, un'idea non certa.

quasi
Indica una quantità un po' più bassa (*è quasi 1 kg*) o attenua una somiglianza.

9 **Facciamo la sintesi su alcune forme "strane" di *bello*, *grande* e *buono*.**

Completa queste frasi.

a. Il mio Paese è in *gran* parte nelle Ande. (→ **ES. 1, MANUELA**)
b. La Colombia è un .... Paese! (→ **ES. 1, MANUELA**)
c. Mi sono innamorata della vostra lingua e di un ....'uomo italiano. (→ **ES. 1, MARIKA**)
d. Quando arrivi saluti dicendo: .... *giorno*.

Bello*, *grande* e *buono (come *quello* → **P20**) diventano ***bel*, *gran*, *buon*** (*quel*, *quei*) davanti a **consonante** (ma non davanti a *s* + consonante o *z*: *un bello studente*, *un grande zero*).

10 **Descrivi il tuo Paese in un testo scritto. L'insegnante può chiederti di leggerlo a tutta la classe.**

11 **Ricordi queste parole? Se vuoi, a casa scrivi sul quaderno le parole corrispondenti nella tua lingua madre: scrivere aiuta la memoria!**

- capitale, mondo, mondiale • casino • vetro, cemento, grattacielo • guidare, strada diritta, strada curva
- Colombia, colombiano, droga, cocaina, coca • Polonia, polacco • Tunisia, tunisino, musulmano, carne di maiale
- scambio commerciale • coltivare, costruire, organizzare • terra • fiore, foresta, bosco, parco naturale • fabbrica
- innamorarsi • migliorare • morire • assomigliare, sembrare
- parola chiave • mentre, durante, invece • forse, quasi

12 **Controlla negli esercizi di lessico di P1-P28 le parole che hai sottolineato.**

Adesso le ricordi? Scrivi sul quaderno quelle che ancora non ricordi. Tra qualche giorno, controlla ancora e cancella la matita dalle parole che ricordi bene.

P30 / Trenta | Parla di te

Nei primi 29 Passi di *A-Uno* abbiamo parlato di Italia e italiani, di scuole e banche italiane, di città, strade e piazze del nostro Paese. In questo ultimo Passo parliamo di te, delle tue caratteristiche fisiche e del tuo carattere.

Comprensione e Analisi

Che parole puoi usare per descrivere una persona?

BIONDI, CORTI, LISCI

MORI, SCURI, NERI

ROSSI

BIANCHI, GRIGI

CASTANI

RICCI

MOSSI, ONDULATI

CORTISSIMI

LUNGHI

I capelli hanno differenti colori e forme: possono essere bianchi, biondi, rossi, castani, mori, neri, grigi, scuri; possono essere cortissimi, corti o lunghi e possono essere lisci, mossi, ondulati o ricci.

Il viso ha occhi (scuri, verdi, azzurri, nocciola), orecchie (grandi o piccole; possono avere gli orecchini, come questa donna), naso, bocca, mento, fronte e guance.
I capelli della donna nella foto grande sono biondi, corti e lisci; gli occhi sono blu e porta gli occhiali; gli uomini possono avere i baffi (come il ragazzo moro, nella prima foto in alto) o la barba (come il signore con i capelli grigi).

1 Descrivi il viso del tuo compagno... e vediamo se lui è d'accordo con la tua descrizione. Poi, lui descrive te!

2 Queste sono le più comuni caratteristiche fisiche e di carattere delle persone. Unisci ogni aggettivo al suo contrario, come nell'esempio.

a. allegro	**1.** antipatico
b. basso	**2.** brutto
c. bello → 2	**3.** uomo
d. bianco	**4.** nero
e. donna	**5.** grasso
f. felice	**6.** infelice
g. giovane	**7.** alto
h. grande	**8.** piccolo
i. magro	**9.** vecchio
j. simpatico	**10.** triste
k. timido	**11.** deciso

Quali di questi aggettivi ti sembrano belli e positivi? Sottolineali, poi confronta la tua scelta con il tuo compagno.

Quali aggettivi puoi usare per descrivere te stesso? ....
....
....
....
....
....

3 **Ascolta nell'AUDIO 161 la descrizione di questi quattro uomini.**

Un aiuto prima dell'ascolto. Ci sono due parole che compaiono in tutte le descrizioni: il nome *sorriso* e il verbo *sorridere*; se guardi le foto capisci facilmente il significato di queste parole.
Scrivi il numero delle descrizioni vicino alle foto corrispondenti. Poi controlla le tue risposte con il tuo compagno e riascolta l'audio per imparare bene come si descrive un viso.

4 **Nei testi delle descrizioni qui sotto ci sono degli errori: trovali e poi riascolta l'AUDIO 161 per controllare.**

Descrizione n. 1
Un bel sorriso in un viso "normale", con gli occhi nocciola e i capelli quasi più neri che grigi. Non ha nulla di speciale, sembra un po' timido, una persona simpatica, dolce, semplice come la sua camicia bianca sopra una semplice maglietta bianca.
Ha circa 40-45 anni.

Descrizione n. 2
Tanti capelli biondi, un sorriso non molto aperto, gli occhi piccoli dietro gli occhiali, le guance grandi, da uomo forte, sportivo. La maglietta rossa e blu sembra giusta per una persona con un carattere forte, che sa quello che vuole.

Descrizione n. 3
Circa 40 anni, con i capelli molto scuri un po' mossi, gli occhi azzurri, le orecchie piccole, un mento forte, il sorriso giusto che serve per la fotografia... ma non sembra una persona forte. La camicia bianca dà l'idea di un manager, di un carattere deciso.

Descrizione n. 4
Il bel viso aperto, sorridente, di un uomo tra i 30 e i 35, con la barba. Ha pochi capelli, ma sono grigi e quindi lui non sembra vecchio - ci sono tanti giovani con pochi capelli! Gli occhi, castani come i capelli e la barba, sorridono più della bocca e danno l'impressione di una persona aperta e antipatica.

5 **Come si può parlare del carattere di una persona?**

Leggi queste descrizioni, trova le caratteristiche che ti assomigliano e sottolineale. C'è qualcuno che assomiglia a te?

Con il passare degli anni sono diventato una persona tranquilla. Da giovane ho viaggiato per il mondo, ho fatto mille mestieri, ma poi ho trovato la tranquillità: sono contento del mio lavoro e ho costruito una famiglia con la quale sono felice. Eh, sì, con gli anni sono molto cambiato!

Sono un immigrato, sono arrivato in Italia a 10 anni e per molti anni sono stato infelice e triste: quindi sono diventato antipatico a tutti e mi sono trovato solo e senza amici. Poi mi sono innamorato e oggi sono allegro, faccio casino, non sto fermo un momento e tutti dicono che sono simpaticissimo. Sì: l'amore cambia la vita!

Non mi interessa se sono antipatica o simpatica, a me piace mostrarmi agli altri come sono, non voglio sembrare diversa da quello che sono... Ma questa caratteristica del mio carattere non mi aiuta a trovare amici. Molti preferiscono stare con persone che non creano problemi!

6 **Scrivi qualche riga sul tuo carattere, poi falle leggere al tuo compagno: è d'accordo con te?**

7 **Descrivi un tuo compagno.**

Su un foglio, senza scrivere il nome, descrivi le caratteristiche fisiche e il carattere di un tuo compagno. Date i fogli all'insegnante, che ne sceglie alcuni e li fa leggere davanti alla classe: chi pensa di essere la persona descritta deve alzare la mano. Se non c'è nessuno che si sente descritto, provate a fare delle ipotesi insieme!

Sintesi

8 **Una sintesi delle parole usate per parlare dell'italiano.**

Hai usato molte parole che riguardano la grammatica. Sono parole importanti perché aiutano a imparare. Unisci le parole alle definizioni corrispondenti.

Sta al posto di un nome.

Connette frasi e parole.

Indica una persona, un animale, una cosa o un sentimento.

Indica una qualità, una quantità o una caratteristica di un nome. ← AGGETTIVO

AGGETTIVO
ARTICOLO
CONNETTORE
GENERE
NOME
NUMERO
PREPOSIZIONE
PRONOME
VERBO

Indica se una parola è maschile o femminile.

È una parola piccola messa prima, "pre + posta" ad altre parole. Può essere "articolata", cioè legata a un articolo.

Sta davanti al nome e indica il genere e il numero. Può essere unito a una preposizione.

Indica un'azione, uno stato o un'emozione.

Indica se una parola è singolare o plurale.

9 **Ricordi queste parole? Se vuoi, a casa scrivi sul quaderno le parole corrispondenti nella tua lingua madre: scrivere aiuta la memoria!**

- carattere • allegro, simpatico, felice • triste, antipatico, infelice • timido, dolce, deciso, forte • sorridere, sorriso
- caratteristica fisica • biondo, moro, bianco, grigio, scuro • corto, lungo, liscio, ondulato, riccio • viso, fronte, guancia, mento, barba, baffi • occhio, naso, bocca, orecchio, occhiali • nocciola, azzurro

10 **Controlla negli esercizi di lessico di P1-P29 le parole che hai sottolineato.**

Ora sei alla fine del corso e ricordi tutte le parole degli esercizi di lessico.

Palestra di italiano

1 Usa i pronomi atoni (*mi, ti, gli / le* ecc.) al posto di quelli tonici (*a me, a te, a lui / a lei* ecc.).

a. Ho studiato molto perché *a me* piace studiare.
Ho studiato molto perché mi piace studiare.

b. *A me* sembra che sia già passata mezzanotte.
....

c. *A lei* hanno detto che non deve più pensare a Gianni.
....

d. *A loro* sembra di essere antipatici, e invece non lo sono!
....

e. *A noi* piace l'italiano perché ci ricorda delle vacanze stupende!
....

f. *A voi* non piace l'italiano perché non siete ancora stati in Italia.
....

quindi
Unisce la causa all'effetto.

perché
Unisce l'effetto alla causa.

2 Inserisci *quindi* o *perché* per legare la causa e l'effetto.

a. Ho studiato troppo quindi ho un po' di mal di testa.

b. Ho sonno .... abbiamo ballato fino alle 3 di notte!

c. Ho mal di pancia .... ho mangiato troppo.

d. Sono stanco di te e delle tue telefonate: .... non voglio più vederti.

e. Sono contento .... è quasi finito il corso.

f. Questa è l'ultima *Palestra di italiano*, ... siamo a fine corso.

3 Inserisci *forse* o *quasi* per indicare incertezza.

forse
Indica un'ipotesi, un'incertezza piena.

quasi
Indica incertezza rispetto a una quantità.

a. Non ho l'orologio, ma secondo me è quasi mezzanotte.

b. Sono .... tre giorni che non mi telefoni. Perché?

c. Non mi telefona più: .... non mi ama più!

d. Non sono sicuro, ma .... hai ragione tu.

e. Guadagno .... 1.200 euro al mese.

f. .... il mese prossimo mi assumono a tempo indeterminato!

4 Inserisci la forma corretta di *bello*, *buono* e *grande*.

«È davvero una (*bello*) bella donna.»
«È vero, ma anche lui è un (*bello*) .... uomo!»
«Uomo? Ma se ha 20 anni! È solo un (*bello*) .... ragazzo!»
«Non è solo bello, è anche un (*buono*) .... ragazzo, è gentile!»
«Ed è anche un (*grande*) .... sportivo, sempre allegro.»
«Gentile, sportivo e bello: è una (*grande*) .... fortuna innamorarsi di lui.»
«Mah... sai, non dice mai la verità: è bugiardo. Anzi: un (*grande*) .... bugiardo!»

5 Inserisci *anche* o il suo contrario *neanche*.

a. "Ho voglia di ballare, stare allegra... Posso andare fuori anche con Paolo!"
"Con Paolo!? Non vado fuori con lui .... se me lo dice il medico! È antipatico e .... brutto."

b. "Io non amo andare al mare quando è troppo caldo! Tu?" ".......... io. Io preferisco andare a fare il bagno verso le 5-6 di sera."

c. Non voglio mangiare e .... bere con te!

d. Stasera voglio mangiare e .... bere un po', sono felice.

6 **In queste frasi, *mentre* indica tempo (T = *durante, allo stesso tempo*) o qualcosa di contrario (C = *invece, al contrario*)?**

a. Io studio sempre, *mentre* lui se può non studia. Ⓣ Ⓒ ✓
b. Io non guardo la televisione *mentre* studio. Ⓣ Ⓒ
c. Puoi venire da me *mentre* vai a scuola? Ⓣ Ⓒ
d. Lui ama il mare *mentre* a lei piace la montagna. Ⓣ Ⓒ
e. I verbi inglesi sono facili, *mentre* quelli italiani... no! Ⓣ Ⓒ

e
Unisce due cose e dice che ci sono tutte e due.

ma
Indica che due cose sono in contrasto.

7 **Inserisci *e* o *ma* per indicare unione o contrasto.**

a. Non ho l'orologio, ...ma... secondo me è mezzanotte.
b. Sono tre giorni che non mi telefoni .... che non rispondi alle mie telefonate!
c. Sono stata molto innamorata di te, ... adesso non ti amo più!
d. Non lo so .... non lo voglio sapere!
e. Guadagno 1.000 euro al mese: sono pochi, lo so, ... sono meglio di niente!

8 **Unisci ogni testo alla foto della stagione corrispondente.**

(3) A me non piace... cioè, mi piacciono alcuni sapori della frutta e della verdura di stagione, ma piove sempre e comincia a far freddo. Mi fa diventare triste.

( ) Natale e Capodanno... a molti piacciono, ma quando le feste finiscono io mi sento triste e vuoto. Soprattutto quando incomincia a piovere e a fare freddo, le giornate sono più corte e il sole sembra andato via.

( ) È facile dire che è la stagione più bella: i fiori, le prime giornate di sole... il freddo diventa un ricordo e si incomincia ad aspettare l'estate.

( ) Molti pensano a questa stagione con parole come "caldo", "fatica a lavorare", ma a me viene in mente solo "vacanza"!

1

2

3

4

( ) Molti preferiscono la primavera con i fiori, l'estate con il mare... ma a me piace il freddo, la neve e il vento. Basta una maglia di lana, una sciarpa e un berretto e io sono felice, in Gennaio!

( ) Il passaggio tra estate e inverno è sempre troppo veloce: a Settembre c'è ancora il ricordo dell'estate, del caldo... Poi, in Ottobre e Novembre, ci sono le prime nebbie e arriva l'inverno.

( ) Odio questa stagione che tanti amano. Si va in vacanza, si trovano degli "amici", nascono degli "amori"... e poi quando si torna in città, al lavoro e a scuola tutto scompare: dimentichiamo gli amici, gli amori e la spiaggia.

( ) A molti questa stagione piace moltissimo, perché la natura torna a vivere e si avvicina l'estate... Ma queste cose sono quelle che ci ricordiamo qualche mese dopo. In realtà, il tempo cambia continuamente: esci di casa e sembra estate, e due ore dopo sta piovendo, e poi viene freddo e poi caldo... non mi piace!

9 **Scrivi poche righe su ogni stagione, parlando del clima, dei vestiti, dei cibi e spiegando se e perché ti piacciono.**

10 **Inserisci i nomi dei colori in questo schema.**

11 **Descrivi brevemente come sono vestite queste persone.**

1. ....
....
2. ....
....
3. ....
....
4. ....
....

12 **Completa i dialoghi tra un medico e le persone nelle foto.**

«Buon giorno. Che cosa... oh, lo vedo! Mi spieghi tutto.»
«..
....»
«È un ascesso.»
«..
....»
«Tre giorni di antibiotici e antidolorifici, e poi ci vediamo.»
«..
....»
«Buon giorno.»

«Buona sera. Che cosa ha?»
«..
....»
«Forse è solo un'influenza. Una forte influenza.»
«..
....»
«Torna a casa, si mette a letto, e se la febbre va sopra i 38 gradi prende queste medicine.»
«..
....»
«Buona sera. Mi telefoni fra tre giorni e mi dica come sta.»

Trovi altri esercizi in **www.bonaccieditore.it**

INDICE ANALITICO DELLA GRAMMATICA E DEGLI AMBITI LESSICALI

Tra parentesi le prime presentazioni intuitive.